300 POINTS DE TRICOT

300 POINTS DE TRICOT

LES GRANDS CLASSIQUES • DES CRÉATIONS ORIGINALES • DES POINTS ANCIENS RETROUVÉS

Lesley Stanfield & Melody Griffiths

FLEURUS
www.fleuruseditions.com

Titre original en langue anglaise :
The Knitter's Stitch Collection
Traduction et adaptation française :
Marie Pieroni

Première publication au Royaume-Uni en 2010
par Search Press Ltd, Wellwood,
North Farm Road, Tunbridge Wells,
Kent TN2 3DR, Grande-Bretagne

Photographies : Simon Pask, David Crawford
et Phil Wilkins

Imprimé en Chine
par 1010 Printing International Ltd
Dépôt légal : octobre 2010
ISBN : 978-2-215-09198-1
5e édition - mai 2015 - n° P10071

Sommaire

Introduction

Cette belle collection de trois cents points s'adresse à toutes les personnes qui aiment tricoter, quelles que soient leur habileté et leurs ambitions. Elle comporte en effet des points simples, d'autres plus élaborés et des motifs complexes très stimulants. L'apprentissage du tricot commence parfois par quelques frustrations mais, une fois que vous maîtrisez la mécanique de formation des mailles, vous devenez styliste. Vous êtes libre de choisir les matières, d'associer les couleurs et de combiner les points en jouant à la fois de précision et de créativité.

Si vous débutez, vous trouverez un large éventail de points faciles dans ce livre. Sachez toutefois que les points spectaculaires exigent souvent davantage de patience que d'expérience. Testez-les sans crainte sur des échantillons : il n'existe rien de plus gratifiant que de parvenir à réaliser quelque chose que l'on pensait au-dessus de ses capacités, de se dire que ce n'était finalement pas si difficile que cela.

Nous avons réuni des points classiques, recherché quelques points anciens oubliés et pris un grand plaisir à en imaginer de nombreux autres. Nous espérons que cette collection vous communiquera notre enthousiasme.

Laissez-vous aller à la magie du fil et des aiguilles !

À propos de ce livre

Ce livre présente trois cents points classés en plusieurs chapitres repérés par des couleurs différentes afin de faciliter la consultation. Il progresse depuis les points les plus simples (jeux de mailles endroit et envers) jusqu'aux points spéciaux. Pour finir, un guide explique comment exploiter ces points et rappelle les techniques de base du tricot.

COLLECTION DE POINTS

Panoramas

Chaque chapitre débute par un « panorama » qui montre un échantillon de chaque point afin que vous puissiez les comparer et effectuer votre choix.

Points

Ils sont classés en huit chapitres : Jeux de mailles endroit et envers, Mailles croisées, Torsades, Points ajourés, Nopes et feuilles, Jacquard et incrustations, Effets spéciaux, Lettres et chiffres.

GUIDE DE TRICOT

Exploiter les points

Pages 186 à 191. Il ne suffit pas de disposer d'une riche collection de points, encore faut-il savoir l'employer. Ce chapitre vous explique comment concevoir vos modèles et intégrer les points choisis (influence des fils, séquences à répéter, diminutions et augmentations...).

Techniques de base

Pages 194 à 199. Ce chapitre rappelle les techniques de base du tricot, depuis le montage des mailles jusqu'aux augmentations et diminutions. Il vous aide à choisir les méthodes les mieux appropriées à votre projet.

Lecture des diagrammes

Pages 200 à 203. Ce chapitre vous explique comment lire les diagrammes pour en tirer le meilleur parti.

Abréviations et symboles

Pages 204-205. Ces deux pages récapitulent les abréviations et symboles les plus fréquemment utilisés dans ce livre. Les abréviations et symboles moins courants sont légendés à côté des diagrammes des points concernés. Vous trouverez également un rappel des abréviations et des symboles sur le rabat dépliant de la page 207.

Panorama
La juxtaposition sur une double page de tous les points du chapitre vous aide à trouver celui qui vous convient.

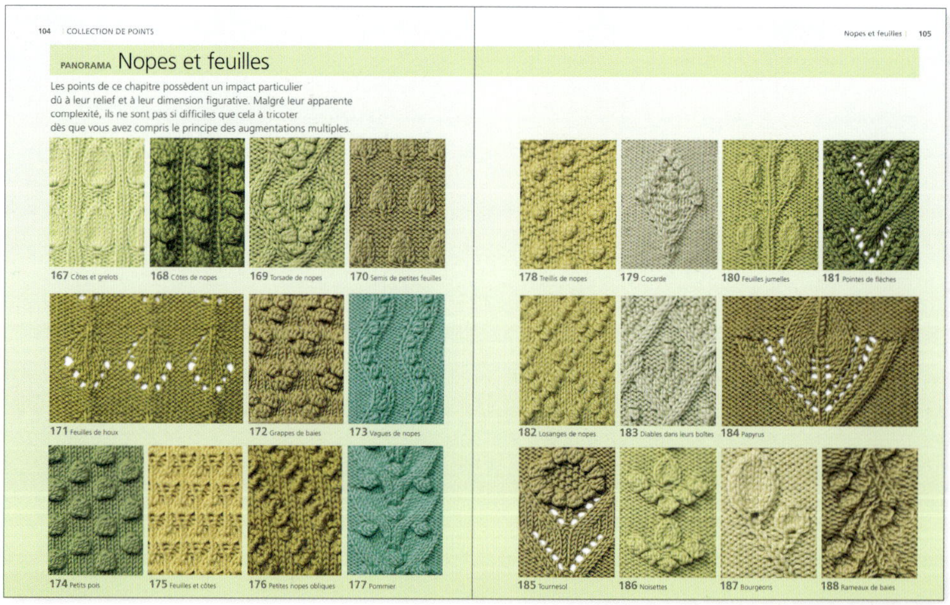

Explications
Au sein de chaque chapitre, les points sont classés par niveau d'habileté. Tous sont accompagnés de diagrammes, et les plus simples sont expliqués rang par rang pour les personnes débutantes.

Niveau de difficulté
Les points sont classés par niveau croissant de difficulté, de 1 à 3.

Fils utilisés
Par souci de clarté, les échantillons ont été tricotés avec des fils unis et lisses.

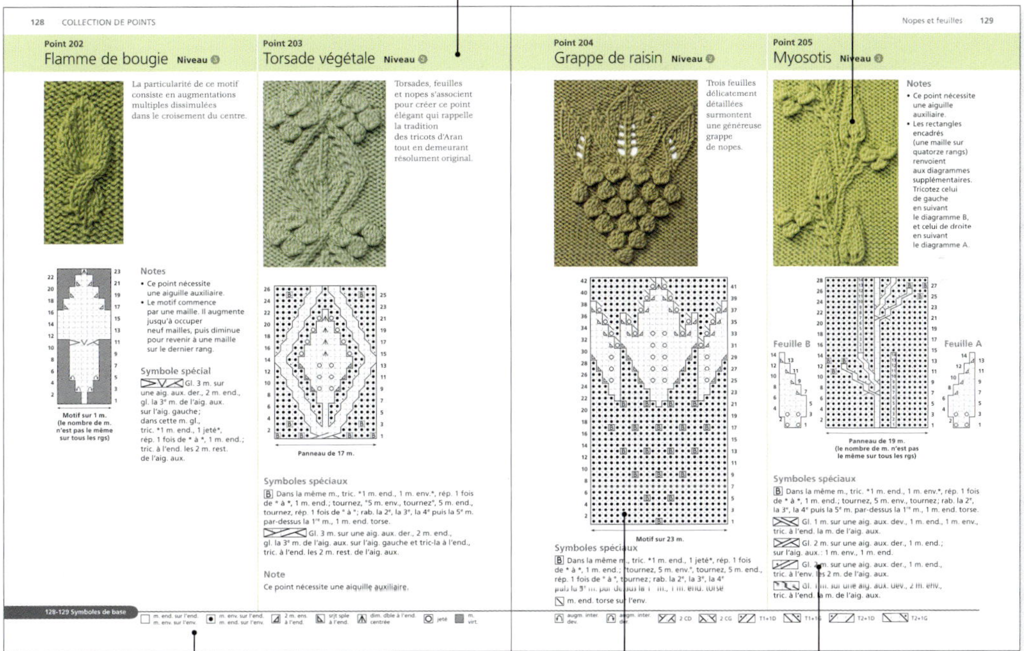

Symboles de base
Ils sont récapitulés dans une bande en bas de page.

Points complexes
Ils sont uniquement représentés par un diagramme, sauf quand des explications rang par rang sont indispensables.

Symboles spéciaux
Les symboles spécifiques à un point sont légendés à côté du diagramme.

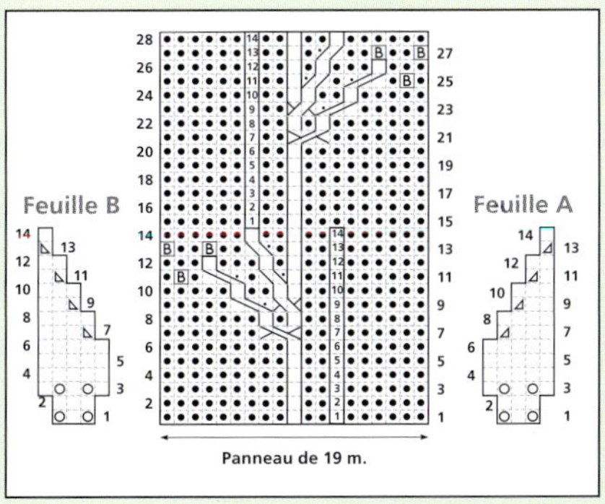

Reproduction des diagrammes
Vous pouvez photocopier ou scanner les diagrammes afin de les agrandir. Ils seront ainsi plus pratiques à utiliser si vous avez une vue faible, si vous ne bénéficiez pas d'un bon éclairage ou si vous emportez votre ouvrage à l'extérieur.

Volet dépliant
La page 207 comporte un volet dépliant avec les abréviations et les symboles. Très pratique, il vous permet de retrouver facilement leur signification, tout en suivant les explications d'un point.

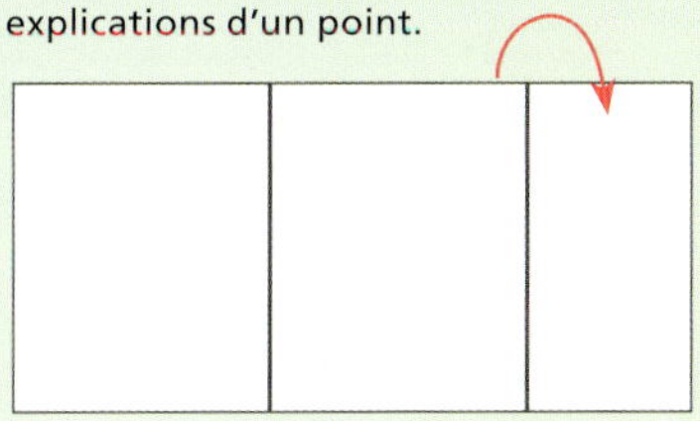

Collection de points

Les trois cents points de cette collection sont répartis en huit chapitres. Afin de faciliter votre choix, chaque chapitre est repéré par une couleur différente et débute par un panorama. La collection commence par des points de base (jeux de mailles endroit et envers), explore un large éventail de points fantaisie, puis se termine par différents effets spéciaux.

PANORAMA Jeux de mailles endroit et envers

Les mailles endroit et envers sont les « unités de base » du tricot. Elles constituent le jersey endroit et envers, de nombreuses côtes et bien d'autres points qui jouent sur leur opposition pour créer toutes sortes de textures.

001 Point mousse

002 Godron serré

003 Godron large

004 Jersey endroit

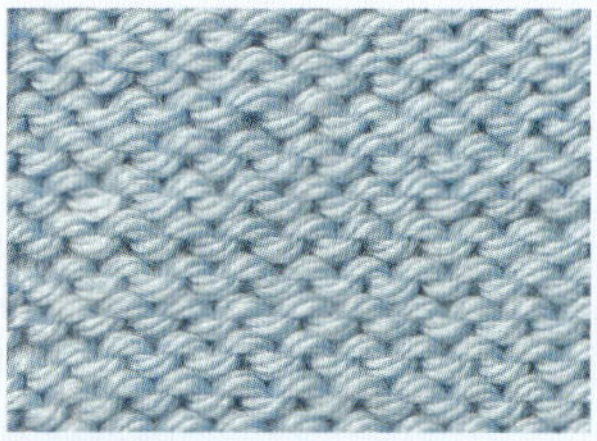

005 Jersey envers

006 Point de riz

007 Point de blé

008 Point de riz double

009 Côtes 1/1

010 Côtes 1/1 torsadées

011 Côtes 1/1 brisées

012 Côtes 2/2

013 Côtes 2/2 brisées

014 Côtes 2/2 imbriquées

015 Lignes obliques

016 Losanges inclinés

017 Carrés emboîtés

018 Losanges au point de riz

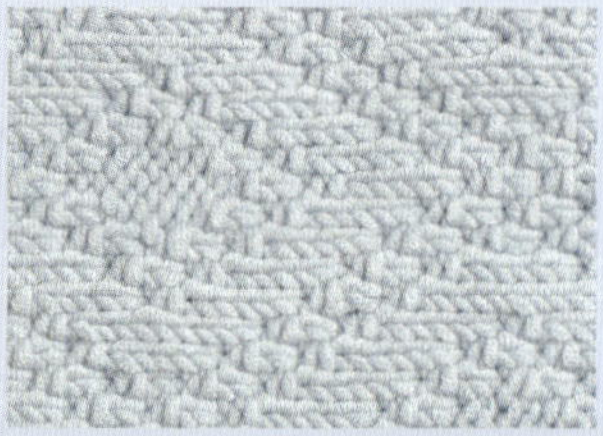

019 Losanges au point de blé

020 Losanges en relief

021 Côtes cartouchières

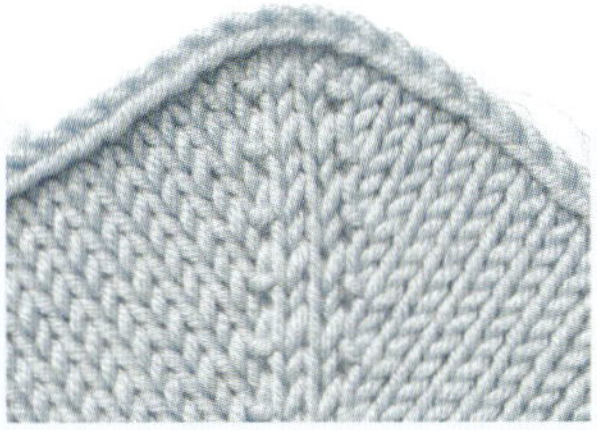

022 Jersey endroit en biais

023 Étoiles en relief

024 Hexagones en relief

025 Fanions en relief

026 Côtes cordelées

027 Chevrons en relief

028 Résille en relief

029 Point de blé en relief

030 Fanions plissés

031 Petit damier

032 Étoile à cinq branches

033 Damier tissé

034 Tissage brisé

035 Point de mûre

036 Point mousse festonné

Point 001

Point mousse **Niveau 1**

Il s'agit du point le plus simple puisqu'il consiste à tricoter toutes les mailles à l'endroit. Il est pratique pour les bordures, car il ne s'enroule pas sur lui-même. Les mailles s'étirant un peu en largeur et se rétractant un peu en hauteur s'inscrivent presque dans un carré. Lorsque vous comptez les rangs, n'oubliez pas qu'il y a un rang entre chaque paire de «petits ponts». On obtient le même résultat (identique sur les deux faces) en tricotant toutes les mailles à l'envers.

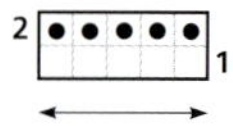

Sur n'importe quel nombre de m.

Méthode

1

1er rg (end.). Tric. à l'end.
2e rg. Tric. à l'end.
Rép. toujours ces 2 rgs.

Point 002

Godron serré **Niveau 1**

Les points godron présentent des côtes horizontales de point mousse séparées par des bandes de jersey endroit qui leur donnent du relief. Ils ont tendance à s'étirer en largeur. Ce point godron sur quatre rangs est l'un des plus simples.

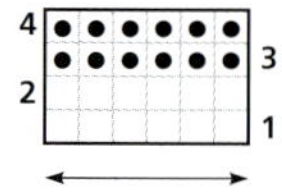

Sur n'importe quel nombre de m.

Méthode

1er rg (end.). Tric. à l'end.
2e rg. Tric. à l'env.
3e rg. Tric. à l'env.
4e rg. Tric. à l'end.
Rép. toujours ces 4 rgs.

Point 003

Godron large **Niveau 1**

Sept rangs sur huit sont tricotés à l'endroit, ce qui donne à ce point godron une texture plus douce et plus profonde que d'autres.

Méthode

1er rg (end.). Tric. à l'end.
2e rg. Tric. à l'env.
3e au 8e rg. Tric. à l'end.
Rép. toujours ces 8 rgs.

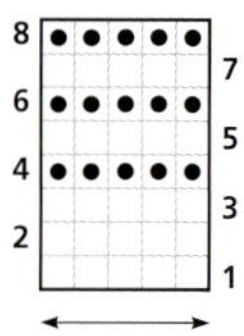

Sur n'importe quel nombre de m.

Point 004

Jersey endroit **Niveau 1**

Il s'agit probablement du point le plus connu et le plus employé. Il consiste à tricoter à l'endroit toutes les mailles des rangs endroit, et à l'envers toutes les mailles des rangs envers. Il en résulte une texture lisse et régulière.

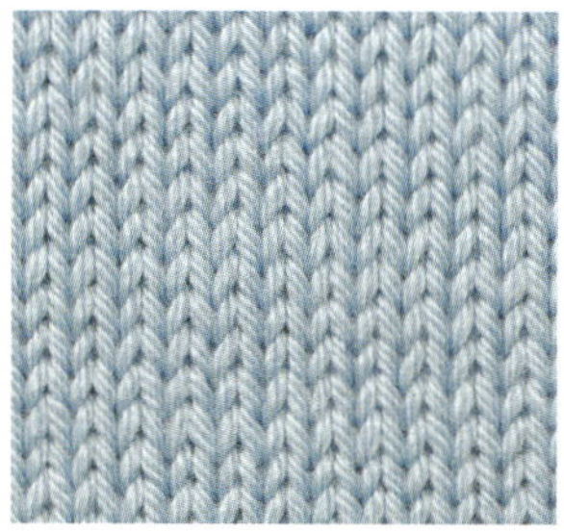

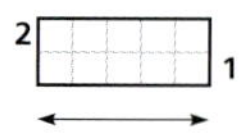

Sur n'importe quel nombre de m.

Méthode

1er rg (end.). Tric. à l'end.
2e rg. Tric. à l'env.
Rép. toujours ces 2 rgs.

□ m. end. sur l'end. / m. env. sur l'env.
● m. env. sur l'end. / m. end. sur l'env.

Point 005

Jersey envers **Niveau 1**

Moins fréquemment utilisé que le jersey endroit mais tout aussi reconnaissable, il en offre la version inversée : on tricote à l'envers toutes les mailles des rangs endroit, et à l'endroit toutes les mailles des rangs envers.

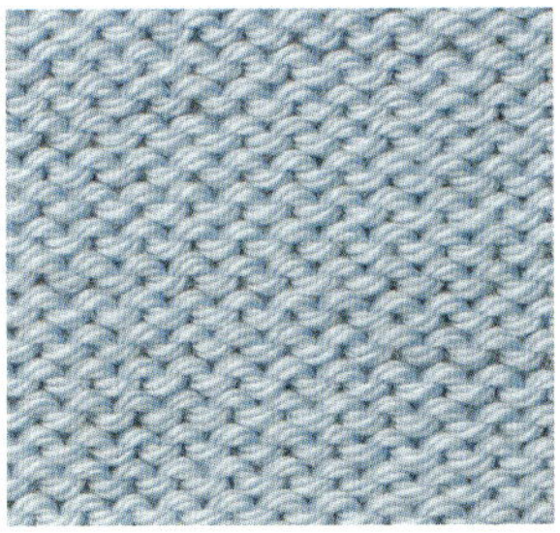

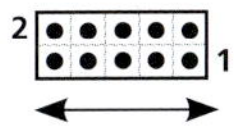

Sur n'importe quel nombre de m.

Méthode

1er rg (end.). Tric. à l'env.
2e rg. Tric. à l'end.
Rép. toujours ces 2 rgs.

Point 006

Point de riz **Niveau 1**

Bien que très simple, il présente une texture très intéressante. Comme le point mousse, il s'étire un peu en largeur et se rétracte un peu en hauteur, ce qui donne des mailles presque carrées.

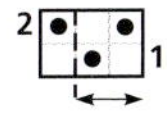

Sur un nombre impair de m.

Méthode

1er rg (end.). *1 m. end., 1 m. env.*, rép. de * à * jusqu'à 1 m. avant la fin du rg, 1 m. end.
2e rg. Comme le 1er rg.
Rép. toujours ces 2 rgs.

Note

Sur un nombre pair de m. :
1er rg (end.). *1 m. end., 1 m. env.*, rép. de * à * jusqu'à la fin du rg.
2e rg. *1 m. env., 1 m. end.*, rép. de * à * jusqu'à la fin du rg.

Point 007

Point de blé **Niveau 1**

Il s'agit d'une variante du point de riz sur quatre rangs, qui a moins tendance à se rétracter en hauteur. Pour tricoter au point de blé sur un nombre pair de mailles, reportez-vous à la Note du point de riz.

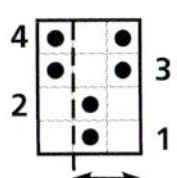

Sur un nombre impair de m.

Méthode

1er rg (end.). *1 m. end., 1 m. env.*, rép. de * à * jusqu'à 1 m. avant la fin du rg, 1 m. end.
2e rg. *1 m. env., 1 m. end.*, rép. de * à * jusqu'à 1 m. avant la fin du rg, 1 m. env.
3e rg. Comme le 2e rg.
4e rg. Comme le 1er rg.
Rép. toujours ces 4 rgs.

Point 008

Point de riz double **Niveau 1**

Exécuté sur quatre rangs, il forme un damier constitué de blocs de quatre mailles. Le résultat est très différent du point de riz, mais tout aussi texturé.

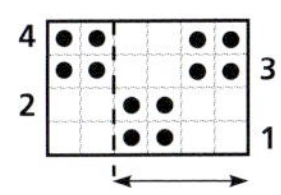

Sur un nombre de m. multiple de 4, + 2 m.

Méthode

1er rg (end.). *2 m. end., 2 m. env.*, rép. de * à * jusqu'à 2 m. avant la fin du rg, 2 m. end.
2e rg. *2 m. env., 2 m. end.*, rép. de * à * jusqu'à 2 m. avant la fin du rg, 2 m. env.
3e rg. Comme le 2e rg.
4e rg. Comme le 1er rg.
Rép. toujours ces 4 rgs.

Point 009

Côtes 1/1

Niveau 1

On alterne une maille endroit et une maille envers sur toute la longueur du rang. Il en résulte des côtes étroites et élastiques. On les tricote en général sur un nombre impair de mailles afin d'obtenir des lisières symétriques.

Méthode

1er rg (end.). *1 m. end., 1 m. env.*, rép. de * à * jusqu'à 1 m. avant la fin du rg, 1 m. end.
2e rg. *1 m. env., 1 m. end.*, rép. de * à * jusqu'à 1 m. avant la fin du rg, 1 m. env.
Rép. toujours ces 2 rgs.

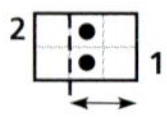

Sur un nombre impair de m.

Note

Sur un nombre pair de m. : **Tous les rgs.** *1 m. end., 1 m. env.*, rép. de * à * jusqu'à la fin du rg.

Point 010

Côtes 1/1 torsadées

Niveau 1

Cette variante présente un motif nettement dessiné, mais elle est moins élastique que les côtes 1/1 classiques. On tricote des mailles endroit torses sur l'endroit, et des mailles envers torses sur l'envers.

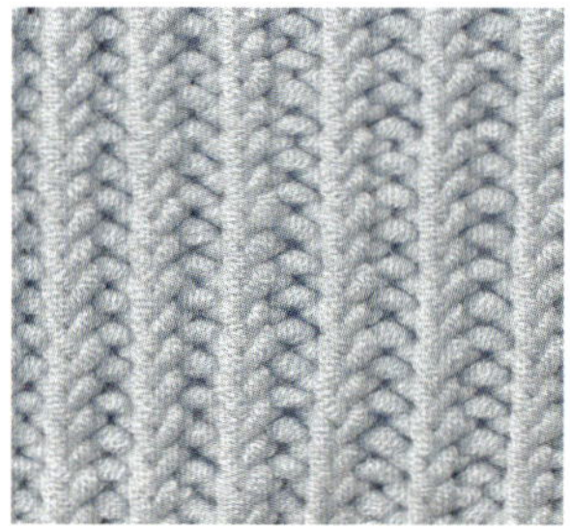

Méthode

1er rg (end.). *1 m. env., 1 m. end. torse*, rép. de * à * jusqu'à 1 m. avant la fin du rg, 1 m. env.
2e rg. *1 m. end., 1 m. env. torse*, rép. de * à * jusqu'à 1 m. avant la fin du rg, 1 m. end.
Rép. toujours ces 2 rgs.

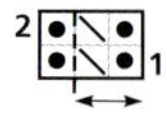

Sur un nombre impair de m.

Point 011

Côtes 1/1 brisées

Niveau 1

Les rangs endroit sont exécutés en côtes 1/1, mais les rangs envers sont entièrement tricotés à l'envers. Il en résulte des côtes texturées et très peu élastiques.

Méthode

1er rg (end.). *1 m. end., 1 m. env.*, rép. de * à * jusqu'à 1 m. avant la fin du rg, 1 m. end.
2e rg. Tric. à l'env.
Rép. toujours ces 2 rgs.

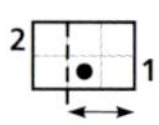

Sur un nombre impair de m.

Point 012

Côtes 2/2

Niveau 1

Ces côtes aux sillons profonds sont très employées en bordures, mais on peut aussi les utiliser pour tricoter un vêtement entier.

Méthode

1er rg (end.). *2 m. end., 2 m. env.*, rép. de * à * jusqu'à 2 m. avant la fin du rg, 2 m. end.
2e rg. *2 m. env., 2 m. end.*, rép. de * à * jusqu'à 2 m. avant la fin du rg, 2 m. env.
Rép. toujours ces 2 rgs.

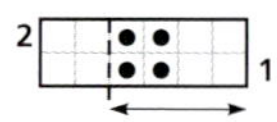

Sur un nombre de m. multiple de 4, + 2 m.

16-17 Symboles de base

m. end. sur l'end.
m. env. sur l'env.

m. env. sur l'end.
m. end. sur l'env.

m. end. torse sur l'end.
m. env. torse sur l'env.

Point 013

Côtes 2/2 brisées

Niveau 1

Les rangs envers sont entièrement tricotés à l'envers pour créer des bandes verticales de point mousse. Les côtes qui en résultent sont plus plates que les côtes 2/2 classiques, mais dotées d'une texture plus ferme.

Méthode

1er rg (end.). *2 m. end., 2 m. env.*, rép. de * à * jusqu'à 2 m. avant la fin du rg, 2 m. end.
2e rg. Tric. à l'env.
Rép. toujours ces 2 rgs.

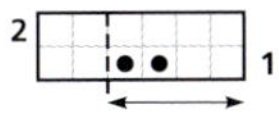

Sur un nombre de m. multiple de 4, + 2 m.

Point 014

Côtes 2/2 imbriquées

Niveau 2

Ici, les côtes 2/2 sont tricotées en bandes séparées par 2 rangs de jersey endroit. Leur rythme décalé de deux mailles à chaque bande crée un point fantaisie très différent des côtes 2/2 classiques.

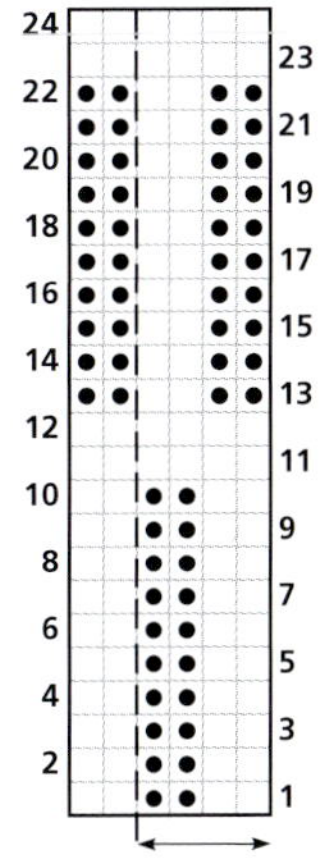

Sur un nombre de m. multiple de 4, + 2 m.

Point 015

Lignes obliques

Niveau 2

On décale le rythme du point d'une maille à chaque rang.

Méthode

1er rg (end.). *4 m. end., 4 m. env.*, rép. de * à *.
2e rg. *3 m. end., 4 m. env., 1 m. end.*, rép. de * à *.
3e rg. *2 m. env., 4 m. end., 2 m. env.*, rép. de * à *.
4e rg. *1 m. end., 4 m. env., 3 m. end.*, rép. de * à *.
5e rg. *4 m. env., 4 m. end.*, rép. de * à *.
6e rg. *3 m. env., 4 m. end., 1 m. env.*, rép. de * à *.
7e rg. *2 m. end., 4 m. env., 2 m. end.*, rép. de * à *.
8e rg. *1 m. env., 4 m. end., 3 m. env.*, rép. de * à *.
Rép. toujours ces 8 rgs.

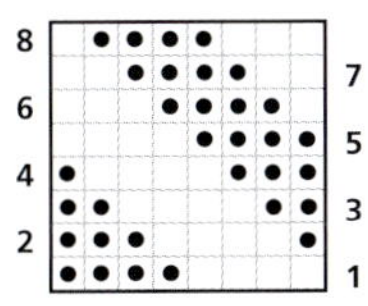

Sur un nombre de m. multiple de 8

Point 016

Losanges inclinés

Niveau 2

Méthode

1er rg (end.). *4 m. env., 4 m. end.*, rép. de * à *.
2e rg. *3 m. env., 4 m. end., 1 m. env.*, rép. de * à *.
3e rg. *2 m. end., 4 m. env., 2 m. end.*, rép. de * à *.
4e rg. *1 m. env., 4 m. end., 3 m. env.*, rép. de * à *.
5e rg. *4 m. end., 4 m. env.*, rép. de * à *.
6e rg. *4 m. env., 4 m. end.*, rép. de * à *.
7e rg. *1 m. end., 4 m. env., 3 m. end.*, rép. de * à *.
8e rg. *2 m. env., 4 m. end., 2 m. env.*, rép. de * à *.
9e rg. *3 m. end., 4 m. env., 1 m. end.*, rép. de * à *.
10e rg. *4 m. end., 4 m. env.*, rép. de * à *.
Rép. toujours ces 10 rgs.

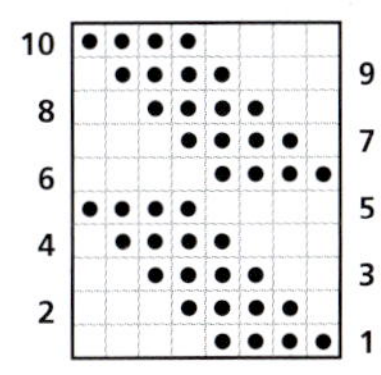

Sur un nombre de m. multiple de 8

Point 017

Carrés emboîtés

Niveau 2

Cette alternance de carrés en jersey endroit et envers crée un motif très graphique, renforcé par les petits carrés centraux. Notez qu'il faut plus de rangs que de mailles pour tricoter chaque carré.

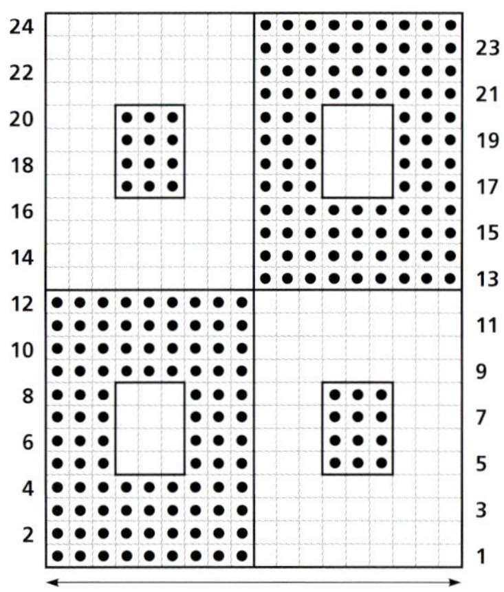

Sur un nombre de m. multiple de 18

Point 018

Losanges au point de riz

Niveau 2

Des lignes de deux mailles en jersey envers encadrent et mettent en relief des losanges au point de riz.

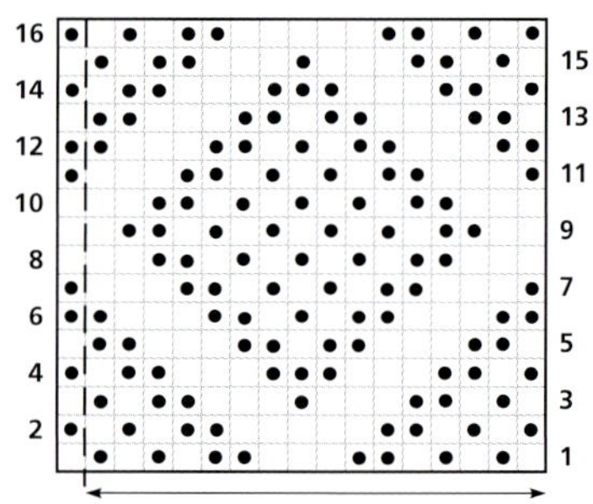

Sur un nombre de m. multiple de 16, + 1 m.

□	m. end. sur l'end. m. env. sur l'env.
●	m. env. sur l'end. m. end. sur l'env.

Point 019

Losanges au point de blé **Niveau 2**

Des losanges emboîtés tricotés au point de blé se détachent sur un fond en jersey endroit. Les losanges centraux sont remplis d'un minuscule panneau en jersey envers.

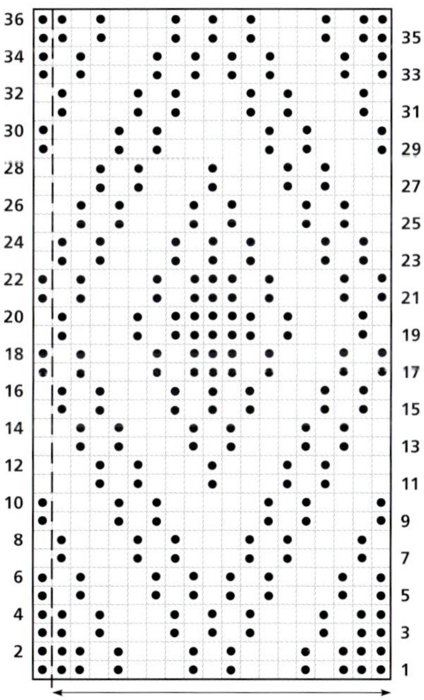

Sur un nombre de m. multiple de 18, + 1 m.

Point 020

Losanges en relief

Niveau 2

Des losanges en jersey envers sont encadrés par des lignes de deux mailles en jersey endroit. Il en résulte un effet de relief ressemblant à un matelassage.

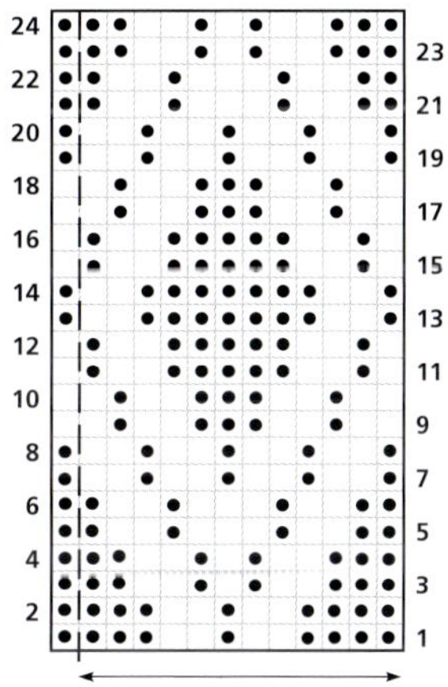

Sur un nombre de m. multiple de 12, + 1 m.

Point 021

Côtes cartouchières

Niveau 2

Ces côtes classiques présentent l'avantage d'être réversibles. Leurs reliefs profonds sont obtenus en glissant des mailles. Il s'agit d'un point très simple sur deux rangs, sans mailles envers.

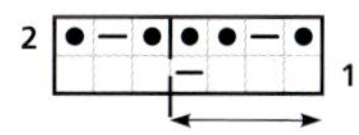

Sur un nombre de m. multiple de 4, + 3 m.

Symbole spécial

– m. gl. à l'env. (voir page 195)

Méthode

1er rg (end.). 3 m. end., *1 m. gl. à l'env. avec le fil dev., 3 m. end.*, rép. de * à * jusqu'à la fin du rg.
2e rg. 1 m. end., *1 m. gl. à l'env. avec le fil dev., 3 m.a end.*, rép. de * à * jusqu'à 2 m. avant la fin du rg, 1 m. gl. à l'env. avec le fil dev., 1 m. end.
Rép. toujours ces 2 rgs.

Point 022

Jersey endroit en biais **Niveau 2**

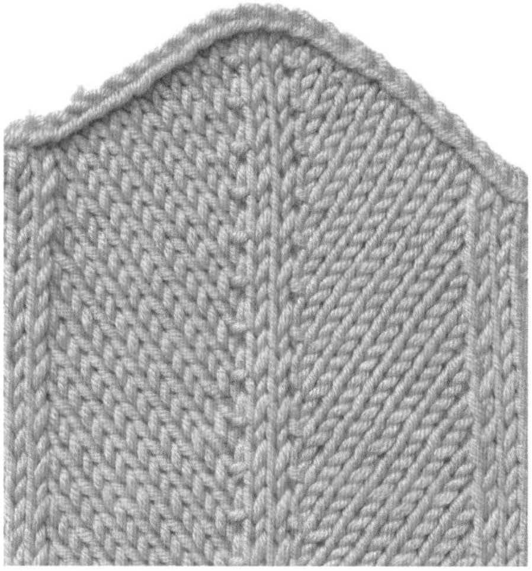

Grâce à un jeu régulier d'augmentations et de diminutions, on obtient du jersey endroit en biais et un bord festonné. Plus vous rapprochez les augmentations et les diminutions, plus les festons sont étroits et inclinés. Le diagramme montre le point sur vingt-six mailles, mais vous pouvez le décliner sur n'importe quel nombre de mailles.

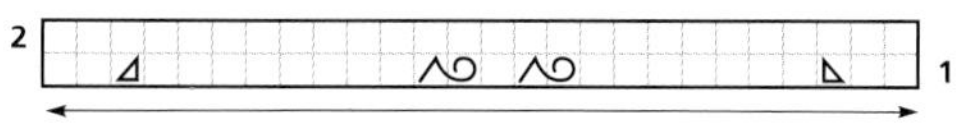

26 m.

Symbole spécial

augm. sple à l'end. : tric. la m. à l'end. 1 fois par son brin avant, puis 1 fois par son brin arrière (voir page 198).

Méthode

1er rg (end.). 2 m. end., 1 srjt sple à l'end., 7 m. end., 1 augm. sple à l'end., 1 m. end., 1 augm. sple à l'end., 8 m. end., 2 m. ens. à l'end., 2 m. end.
2e rg. Tric. à l'env.
Rép. toujours ces 2 rgs.

Point 023

Étoiles en relief **Niveau 2**

Sur un fond en jersey endroit, une résille de mailles en relief encadre de petites étoiles à huit branches. Ce point est bien plus simple qu'il n'en a l'air.

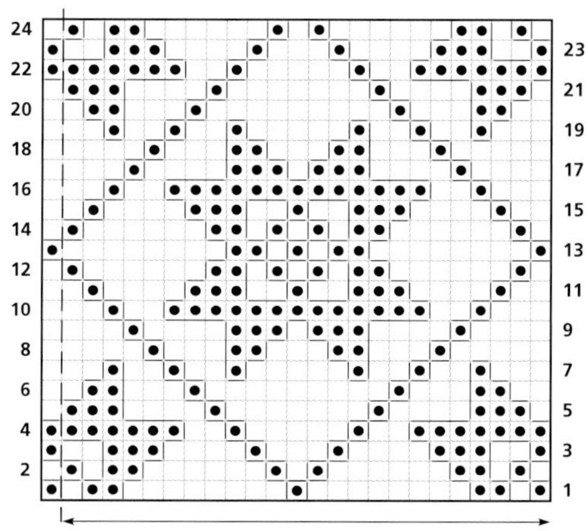

Sur un nombre de m. multiple de 24, + 1 m.

m. end. sur l'end. / m. env. sur l'env. — m. env. sur l'end. / m. end. sur l'env. — m. end. torse sur l'end. / m. env. torse sur l'env. — 2 m. ens. à l'end. — srjt sple à l'end.

Point 024

Hexagones en relief **Niveau 2**

Sur ce point aux allures de patchwork, l'intérieur des hexagones est rempli en jersey tricoté uniquement avec des mailles torses.

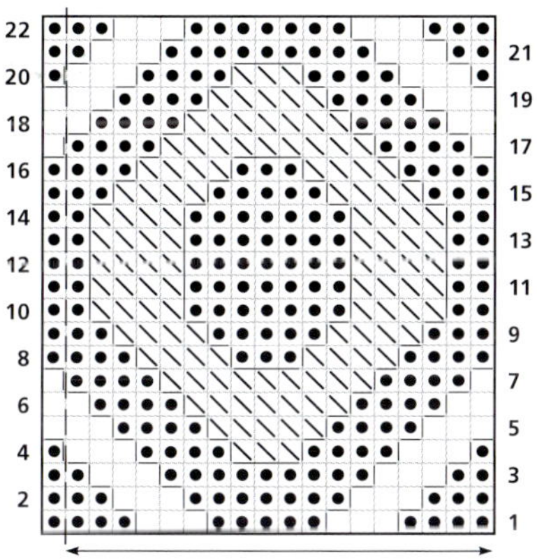

Sur un nombre de m. multiple de 18, + 1 m.

Point 025

Fanions en relief **Niveau 2**

Voici l'exemple parfait d'un point qui se passe très bien d'une explication rédigée rang par rang. En effet, bien que l'endroit et l'envers diffèrent, les motifs de fanions vous permettent de toujours savoir où vous en êtes. Les mailles torses et le jersey envers confèrent à l'ensemble une texture subtile.

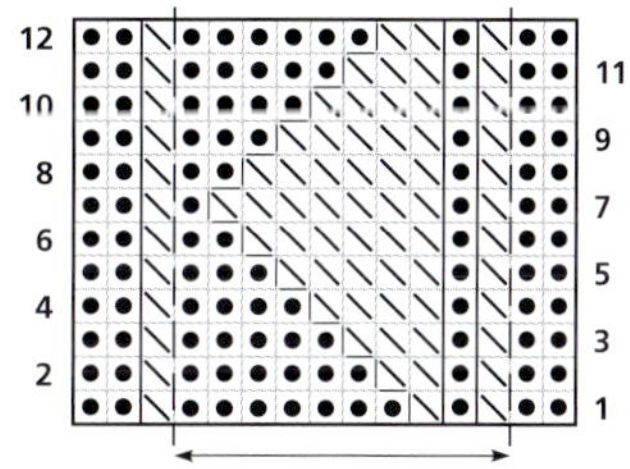

Sur un nombre de m. multiple de 10, + 5 m.

Point 026

Côtes cordelées

Niveau 2

Facile à tricoter, cette intéressante variante de côtes 2/2 présente une texture ferme et nettement dessinée.

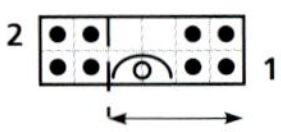

Sur un nombre de m. multiple de 4, + 2 m.

Symbole spécial

1 m. gl. à l'env., 1 jeté, 1 m. end., rab. la m. gl. par-dessus le jeté et la m. end.

Point 027

Chevrons en relief

Niveau 2

L'emploi de mailles torses pour tricoter les chevrons en jersey endroit donne à ce point un subtil effet de relief.

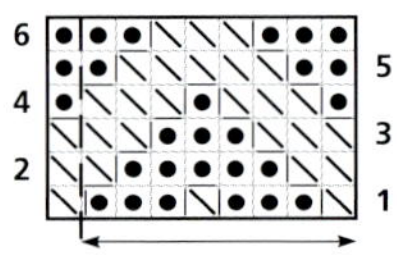

Sur un nombre de m. multiple de 8, + 1 m.

Point 028

Résille en relief

Niveau 2

Les motifs discrets de ce point évoquent les couvre-lits en coton blanc qui étaient à la mode à la fin du XIXe siècle. L'envers de l'ouvrage est différent, mais également charmant.

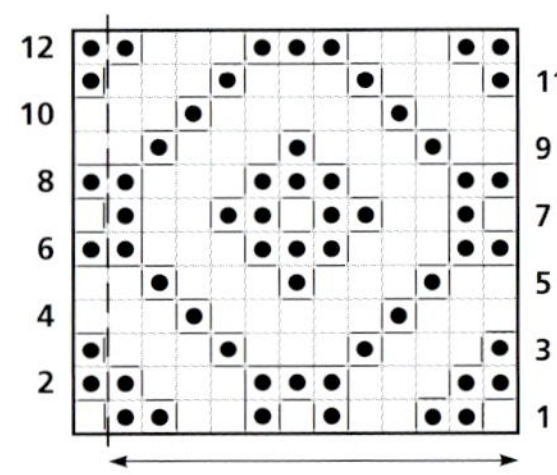

Sur un nombre de m. multiple de 12, + 1 m.

22-23 Symboles de base

m. end. sur l'end. / m. env. sur l'env.

m. env. sur l'end. / m. end. sur l'env.

m. end. torse sur l'end. / m. env. torse sur l'env.

Point 029

Point de blé en relief

Niveau 2

Le point de blé prend ici un relief particulier en tricotant une maille sur deux torse. Ce point est réversible car, bien qu'il soit différent, l'envers est tout aussi intéressant.

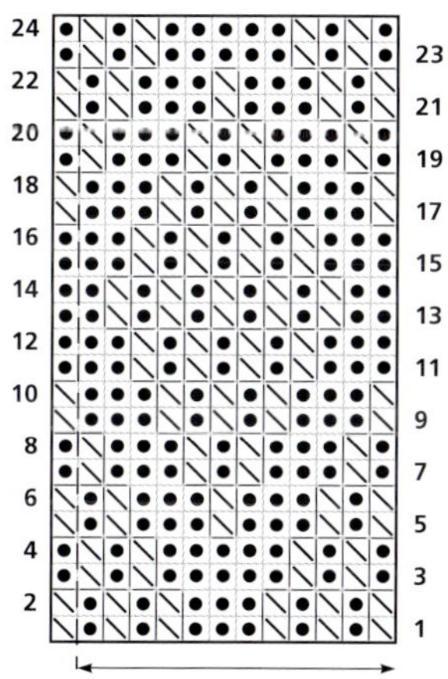

Sur un nombre de m. multiple de 12, + 1 m.

Point 030

Fanions plissés

Niveau 2

Les lignes verticales de mailles glissées mettent les petits fanions en relief. L'échantillon a été repassé afin de l'aplatir. Pour obtenir un effet plissé plus marqué, utilisez un fil souple en pure laine et ne repassez pas l'ouvrage.

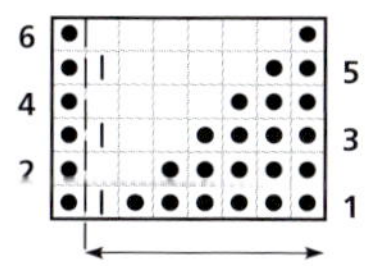

Sur un nombre de m. multiple de 7, + 1 m.

Point 031

Petit damier

Niveau 2

Un fond en jersey endroit est rayé de rangs au point mousse et animé de mailles glissées.

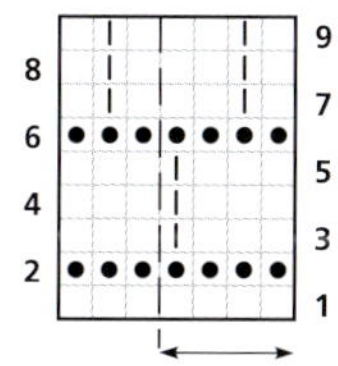

Sur un nombre de m. multiple de 4, + 3 m.

Symbole spécial

| ***Sur l'end.*** 1 m. gl. à l'env. avec le fil der.
Sur l'env. 1 m. gl. à l'env. avec le fil dev.

Note

Répétez toujours du 2ᵉ au 9ᵉ rg.

Point 032

Étoile à cinq branches

Niveau 2

Cette étoile au point de riz se détache nettement sur un fond en jersey endroit. En comparant le diagramme et la photographie, vous voyez que le point de riz diminue la hauteur des rangs.

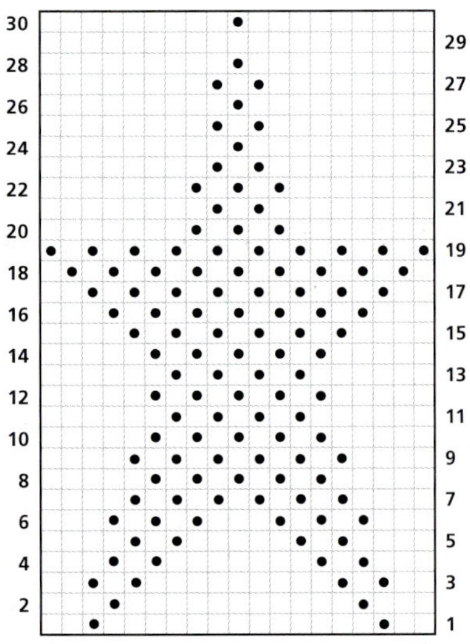

Motif sur 19 m.

Point 033

Damier tissé

Niveau 2

Pour créer ce convaincant effet de tissage, on associe des carrés au point mousse, en jersey endroit et en jersey envers.

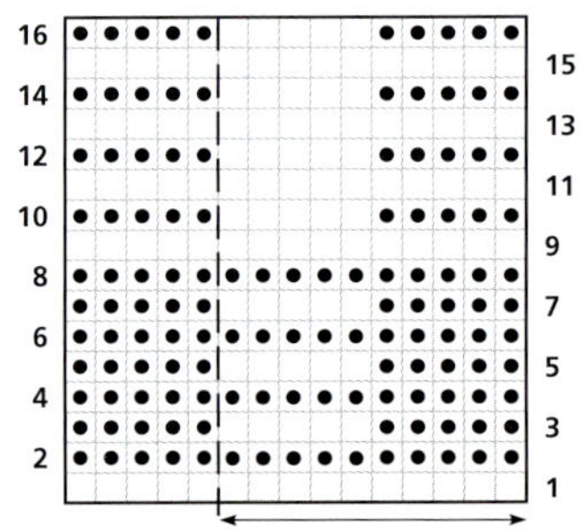

Sur un nombre de m. multiple de 10, + 5 m.

24-25 Symboles de base

- m. end. sur l'end. m. env. sur l'env.
- m. env. sur l'end. m. end. sur l'env.
- 2 m. ens. à l'end.
- srjt sple à l'end.
- m. virt.
- augm. inter. dev.
- augm. inter. der.

Point 034

Tissage brisé

Niveau 2

Cet effet tissé est créé en plaçant à intervalles réguliers des groupes de quatre mailles envers sur l'endroit. Les rangs envers sont entièrement tricotés à l'envers.

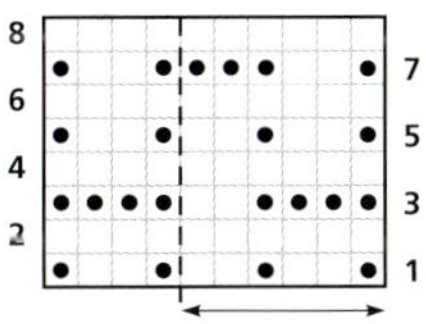

Sur un nombre de m. multiple de 6, + 4 m.

Méthode

1er rg (end.). *1 m. env., 2 m. end.*, rép. de * à * jusqu'à 1 m. avant la fin du rg, 1 m. env.
2e rg et tous les rgs env. Tric. à l'env.
3e rg. *4 m. env., 2 m. end.*, rép. de * à * jusqu'à 4 m. avant la fin du rg, 4 m. env.
5e rg. Comme le 1er rg.
7e rg. *1 m. env., 2 m. end., 3 m. env.*, rép. de * à * jusqu'à 4 m. avant la fin du rg, 1 m. env., 2 m. end., 1 m. env.
8e rg. Tric. à l'env.
Rép. toujours ces 8 rgs.

Point 035

Point de mûre

Niveau 3

Une alternance d'augmentations et de diminutions doubles exécutées sur l'envers génère ces jolis reliefs réguliers, rehaussés par des mailles envers sur l'endroit.

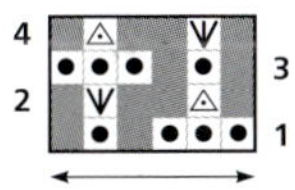

Sur un nombre de m. multiple de 4

Méthode

1er rg (end.). Tric. à l'env.
2e rg. *Dans la même m., tric. 1 m. end., 1 m. env. et 1 m. end.; 3 m. ens. à l'env.*, rép. de * à * jusqu'à la fin du rg.
3e rg. Tric. à l'env.
4e rg. *3 m. ens. à l'env.; dans la même m., tric. 1 m. end., 1 m. env. et 1 m. end.*, rép. de * à * jusqu'à la fin du rg.
Rép. toujours ces 4 rgs.

Symboles spéciaux

△ 3 m. ens. à l'env.

V Dans la même m., tric. 1 m. end., 1 m. env. et 1 m. end.

Point 036

Point mousse festonné

Niveau 3

Des paires d'augmentations et de diminutions symétriques créent un bord festonné bien dessiné. Des côtes au point mousse soulignent l'effet. Pour obtenir des festons identiques à la fin de la pièce, rabattez les mailles sur un quatrième rang.

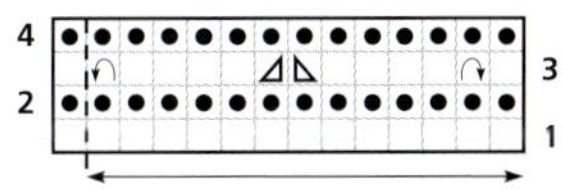

Sur un nombre de m. multiple de 13, + 1 m.

Méthode

1er rg (end.). Tric. à l'end.
2e rg. Tric. à l'end.
3e rg. *1 m. end., 1 augm. inter. der., 4 m. end., 1 srjt sple à l'end., 2 m. ens. à l'end., 4 m. end., 1 augm. inter. dev.*, rép. de * à * jusqu'à la fin du rg, 1 m. end.
4e rg. Tric. à l'end.
Rép. toujours ces 4 rgs.

PANORAMA Mailles croisées

Cette technique ressemble un peu aux torsades, mais n'exige pas d'aiguille auxiliaire. Elle permet de croiser et de décaler les mailles pour créer toutes sortes de motifs, répétitifs ou isolés.

037 Croisements subtils

038 Côtes en épi

039 Treillage texturé

040 Losanges au point mousse

041 Petite résille

042 Palme

043 Flammes ajourées

044 Côtes enlacées

045 Double treillage

046 Faux smocks

047 Entrelacs

048 Vagues verticales

049 Mailles voyageuses

050 Sur trois mailles

051 Fausses torsades

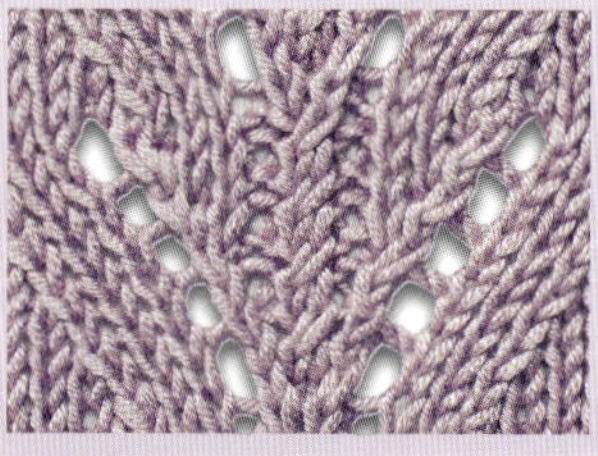

052 Feuillage

053 Diagonales ajourées

054 Lotus

055 Côtes tressées

056 Éclairs

057 Nopes et zigzags

058 Paires de feuilles

059 Vagues texturées

060 Treillis d'épis

061 Treillage et nopes

062 Illusion d'optique

063 Chardons

064 Roseau

065 Échevettes

066 Double ramification

067 Cœur avec contour

068 Losanges gravés

069 Orchidée

070 Losanges entrelacés

071 Fleur d'ail

072 Ocelle

073 Boîtes en perspective

Point 037

Croisements subtils

Niveau 1

Facile à tricoter, ce point discret est composé de bandes verticales croisées alternativement à gauche et à droite. Les croisements à gauche sont plus visibles. Si vous voulez compenser cet effet, tirez légèrement la maille après chaque croisement à droite pour la desserrer.

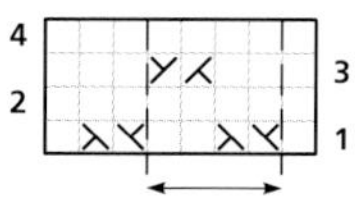

Sur un nombre de m. multiple de 4

Méthode

1er rg (end.). 1 m. end., *2 CG, 2 m. end.*, rép. de * à * jusqu'à 3 m. avant la fin du rg, 2 CG, 1 m. end.
2e rg. Tric. à l'env.
3e rg. 1 m. end., *2 m. end., 2 CD*, rép. de * à * jusqu'à 3 m. avant la fin du rg, 3 m. end.
4e rg. Tric. à l'env.
Rép. toujours ces 4 rgs.

Point 038

Côtes en épi

Niveau 1

Sur ces côtes fermes et profondes, les croisements à droite et à gauche sont séparés par des lignes verticales d'une seule maille torse.

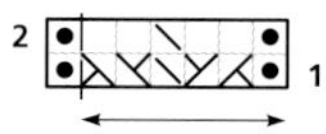

Sur un nombre de m. multiple de 6, + 1 m.

Méthode

1er rg (end.). *1 m. env., 2 CD, 1 m. end. torse, 2 CG*, rép. de * à * jusqu'à 1 m. avant la fin du rg, 1 m. env.
2e rg. 1 m. end., *2 m. env., 1 m. env. torse, 2 m. env., 1 m. end.*, rép. de * à * jusqu'à la fin du rg.
Rép. toujours ces 2 rgs.

Point 039

Treillage texturé

Niveau 1

Pour donner davantage de relief à ce point, un losange sur deux du treillage n'est pas rempli en jersey, mais au point de blé.

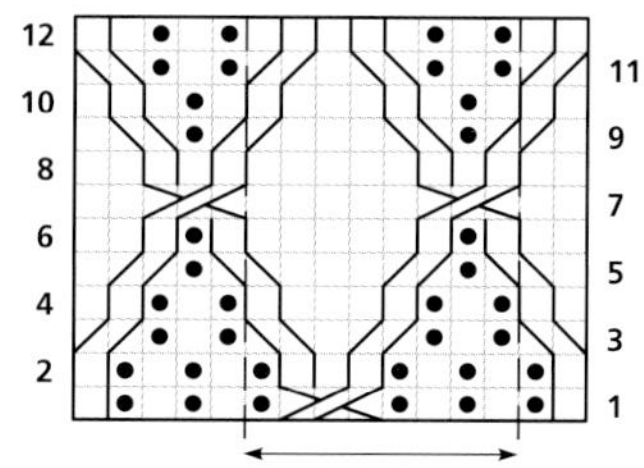

Sur un nombre de m. multiple de 8, + 7 m.

Symbole spécial

Sans les écoul., tric. à l'end. la 3e m., la 2e m., puis la 1re m.; écoul. les 3 m.

Note

Pour une meilleure lisibilité, les symboles des mailles torses sont inclinés tour à tour à droite et à gauche.

m. end. sur l'end. / m. env. sur l'env. — m. env. sur l'end. / m. end. sur l'env. — m. end. torse sur l'end. / m. env. torse sur l'env. — 2 CD — 2 CG

Point 040

Losanges au point mousse

Niveau 1

Sur une bande en jersey envers, des lignes de mailles croisées dessinent des losanges remplis au point mousse.

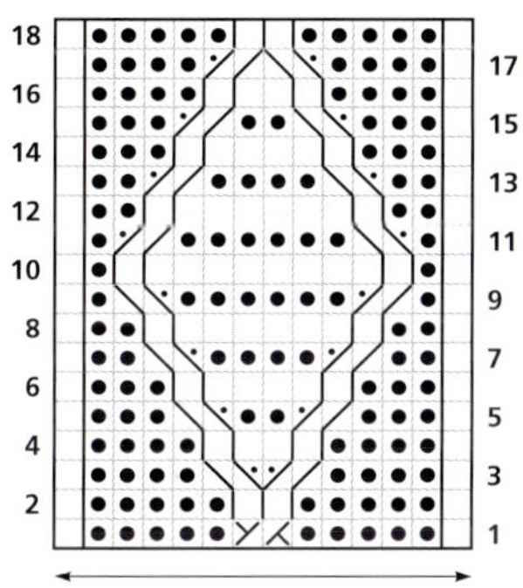

Panneau de 14 m.

Point 041

Petite résille

Niveau 1

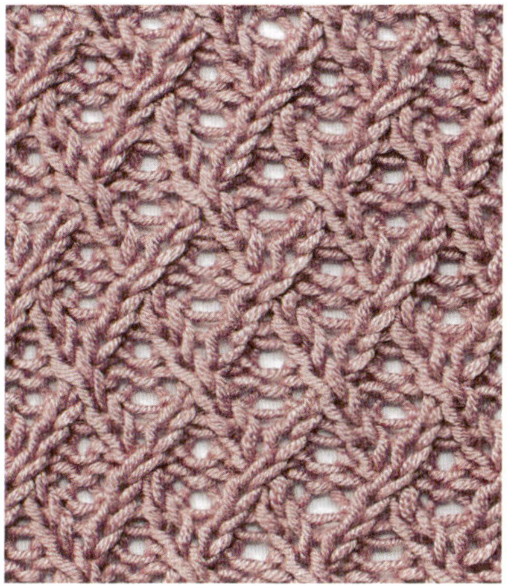

Ce point reste facile malgré sa densité car, sur l'envers, il suffit de tricoter les mailles comme elles se présentent.

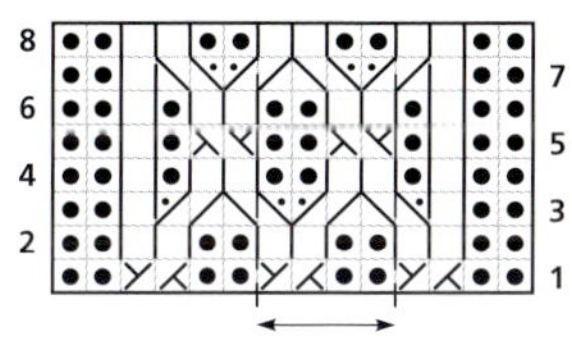

Sur un nombre de m. multiple de 4, + 10 m.

Point 042

Palme

Niveau 1

Cette feuille en côtes 1/1 torsadées est soulignée par des mailles croisées. Vous pouvez la tricoter seule, ou en ligne verticale en répétant les vingt-huit rangs du diagramme.

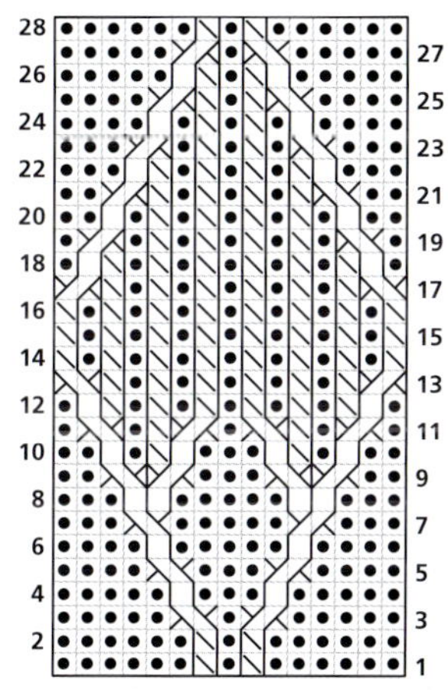

Panneau de 15 m.

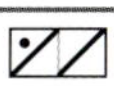

1+1 CD

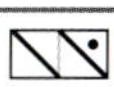

1+1 CG

Point 043

Flammes ajourées **Niveau 1**

La base ajourée des motifs est réalisée à l'aide de diminutions et de jetés, alors que le sommet est simplement cerné par des mailles croisées.

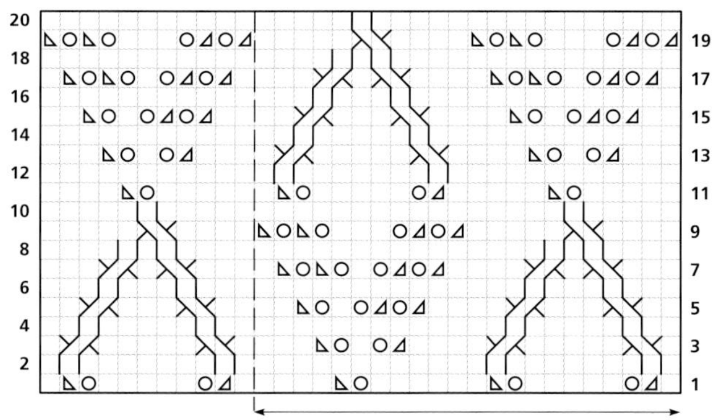

Sur un nombre de m. multiple de 22, + 11 m.

- ☐ m. end. sur l'end. / m. env. sur l'env.
- ● m. env. sur l'end. / m. end. sur l'env.
- ◿ 2 m. ens. à l'end.
- ◺ srjt sple à l'end.
- O jeté

Point 044

Côtes enlacées **Niveau 1**

Des côtes 4/4 sont reliées par des lignes sinueuses de mailles croisées. Au lieu de répéter le motif horizontalement, vous pouvez le placer sur une bande verticale de seize mailles.

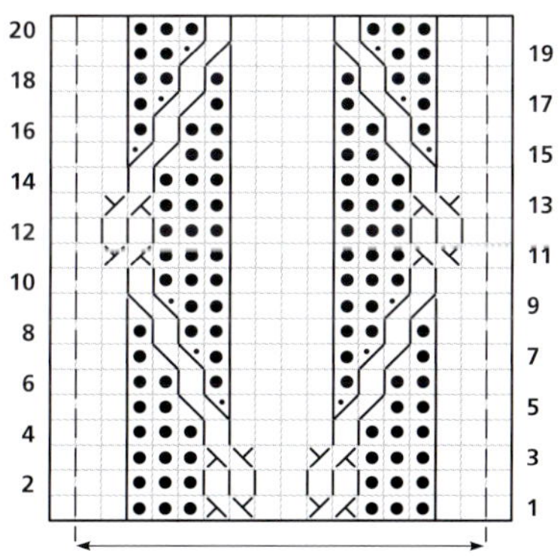

Sur un nombre de m. multiple de 16

Point 045

Double treillage **Niveau 1**

Des paires de lignes de mailles croisées s'entrecoupent alternativement pour former un grand motif de treillage sur un fond en jersey envers. Vous pouvez tricoter une seule bande verticale de losanges sur douze mailles.

Sur un nombre de m. multiple de 12, + 16 m.

2 CD   2 CG   1+1 CD   1+1 CG

Point 046

Faux smocks Niveau 1

Ce point est construit sur la même base que Petite résille (voir page 29), mais les mailles enroulées lui donnent un impact tout à fait différent. Bien qu'il exige un peu de temps à cause des enroulements, il est très facile à exécuter.

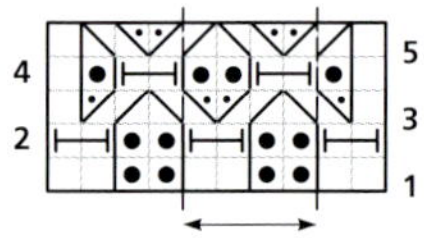

Sur un nombre de m. multiple de 4, + 6 m.

Symbole spécial

2 m. enrl. : *2 m. gl. à l'env. avec le fil der., placez le fil dev., remettez les 2 m. gl. sur l'aig. gauche, placez le fil der.*, rép. 2 fois de * à *, 2 m. gl. à l'env. avec le fil der.

Méthode

1er rg (end.). 2 m. end., *2 m. env., 2 m. end.*, rép. de * à *.
2e rg. 2 m. enrl., *2 m. end., 2 m. enrl.*, rép. de * à *.
3e rg. 1 m. end., *1+1 CG, 1+1 CD*, rép. de * à * jusqu'à 1 m. avant la fin du rg, 1 m. end.
4e rg. 1 m. env., 1 m. end., 2 m. enrl., *2 m. end., 2 m. enrl.*, rép. de * à * jusqu'à 2 m. avant la fin du rg, 1 m. end., 1 m. env.
5e rg. 1 m. end., *1+1 CD, 1+1 CG*, rép. de * à * jusqu'à 1 m. avant la fin du rg, 1 m. end.
Rép. toujours du 2e au 5e rg.

Note

Quand vous réalisez les enroulements, tirez fermement le fil afin que les deux mailles soient bien réunies.

Point 047

Entrelacs Niveau 1

Des côtes 1/1 s'entrecroisent pour former un élégant panneau bordé de part et d'autre par deux mailles croisées. Ce point spectaculaire reste facile à tricoter car tous les croisements sont effectués sur l'endroit.

Panneau de 20 m.

m. end. sur l'end. / m. env. sur l'env.
m. env. sur l'end. / m. end. sur l'env.
m. end. torse sur l'end. / m. env. torse sur l'env.
2 CD
2 CG

Point 048

Vagues verticales **Niveau 1**

Sur un fond en jersey envers, des lignes de mailles endroit sinuent entre des côtes torsadées. Vous pouvez tricoter uniquement les six mailles de base, ou répéter le motif.

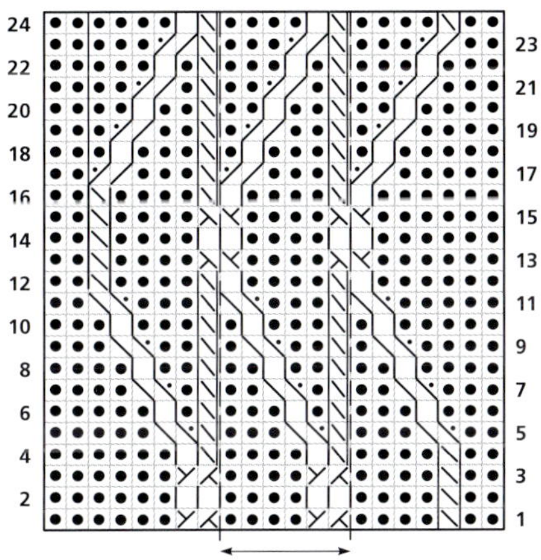

Sur un nombre de m. multiple de 6, + 15 m.

Point 049

Mailles voyageuses **Niveau 1**

Ce point ressemble à une torsade, mais il est plus facile à tricoter et présente un relief plus subtil. Il est constitué d'une base de onze mailles inversées en miroir de part et d'autre d'une maille centrale. Vous pouvez placer davantage de mailles au centre, ou encore répéter les onze mailles de chaque côté pour couvrir, par exemple, toute la largeur d'un pull-over.

Panneau de 23 m.

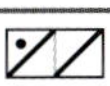 1+1 CD 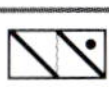 1+1 CG

Point 050

Sur trois mailles

Niveau 1

Tricoté de façon serrée avec un fil dense et des aiguilles relativement fines, ce point est aussi élastique que des côtes classiques. En revanche, si vous utilisez un fil lâche et que vous repassez l'ouvrage, vous obtenez une intéressante texture ajourée.

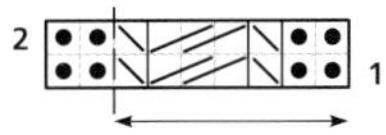

Sur un nombre de m. multiple de 7, + 2 m.

Symbole spécial

3 m. croisées

Sur l'end. Sans les écoul., tric. à l'end la 3e m., la 1re m., puis la 2e m.; écoul. les 3 m.

Sur l'env. Sans les écoul., tric. à l'env. la 2e m., la 3e m., puis la 1re m.; écoul. les 3 m.

Méthode

1er rg (end.). 2 m. env., *1 m. end. torse, 3 m. croisées, 1 m. end. torse, 2 m. env.*, rép. de * à * jusqu'à la fin du rg.

2e rg. 2 m. end., *1 m. env. torse, 3 m. croisées, 1 m. env. torse, 2 m. end.*, rép. de * à * jusqu'à la fin du rg.

Rép. toujours ces 2 rgs.

Point 051

Fausses torsades

Niveau 1

Des médaillons en jersey endroit cernés de mailles croisées imitent des torsades. Il est possible de les allonger en ajoutant des rangs sur la partie centrale sans croisements, ou de les espacer en intercalant les côtes de votre choix.

Méthode

1er rg (end.). 1 m. env., *1 m. end. torse, 3 m. env., 2 CD, 3 m. env.*, rép. de * à * jusqu'à 2 m. avant la fin du rg, 1 m. end. torse, 1 m. env.

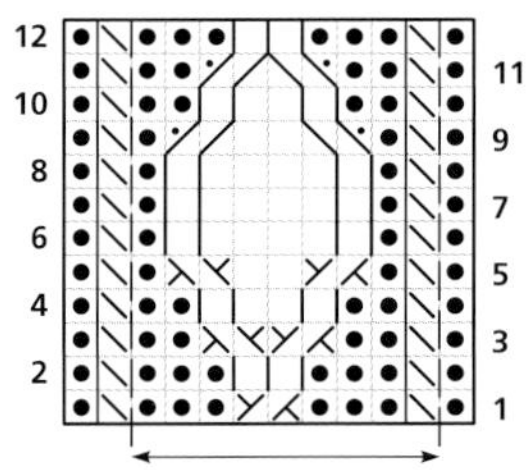

Sur un nombre de m. multiple de 9, + 3 m.

2e rg. 1 m. end, *1 m. env. torse, 3 m. end., 2 m. env., 3 m. end.*, rép. de * à * jusqu'à 2 m. avant la fin du rg, 1 m. env. torse, 1 m. end.

3e rg. 1 m. env., *1 m. end. torse, 2 m. env., 2 CD, 2 CG, 2 m. env.*, rép. de * à * jusqu'à 2 m. avant la fin du rg, 1 m. end. torse, 1 m. env.

4e et 10e rgs. 1 m. end, *1 m. env. torse, 2 m. end., 4 m. env., 2 m. end.*, rép. de * à * jusqu'à 2 m. avant la fin du rg, 1 m. env. torse, 1 m. end.

5e rg. 1 m. env., *1 m. end. torse, 1 m. env., 2 CD, 2 m. end., 2 CG, 1 m. env.*, rép. de * à * jusqu'à 2 m. avant la fin du rg, 1 m. end. torse, 1 m. env.

6e et 8e rgs. 1 m. end, *1 m. env. torse, 1 m. end., 6 m. env., 1 m. end.*, rép. de * à * jusqu'à 2 m. avant la fin du rg, 1 m. env. torse, 1 m. end.

7e rg. 1 m. env., *1 m. end. torse, 1 m. env., 6 m. end., 1 m. env.*, rép. de * à * jusqu'à 2 m. avant la fin du rg, 1 m. end. torse, 1 m. env.

9e rg. 1 m. env., *1 m. end. torse, 1 m. env., 1+1 CG, 2 m. end., 1+1 CD, 1 m. env.*, rép. de * à * jusqu'à 2 m. avant la fin du rg, 1 m. end. torse, 1 m. env.

11e rg. 1 m. env., *1 m. end. torse, 2 m. env., 1+1 CG, 1+1 CD, 2 m. env.*, rép. de * à * jusqu'à 2 m. avant la fin du rg, 1 m. end. torse, 1 m. env.

12e rg. Comme le 2e rg.

Rép. toujours ces 12 rgs.

Symbole	Signification
□	m. end. sur l'end. / m. env. sur l'env.
●	m. env. sur l'end. / m. end. sur l'env.
⧵	m. end. torse sur l'end. / m. env. torse sur l'env.
◿	2 m. ens. à l'end.
◺	srjt sple à l'end.
O	jeté

Point 052

Feuillage

Niveau 2

Des bandes ondoyantes de jersey endroit sont délicatement rehaussées de jours et de mailles croisées.

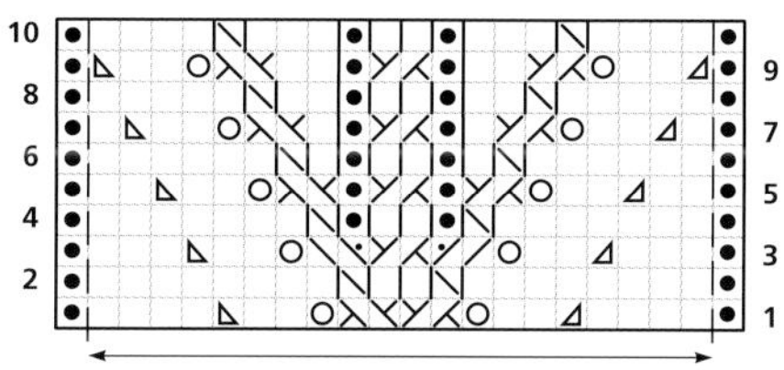

Panneau de 20 m.

Point 053

Diagonales ajourées

Niveau 2

Des diagonales ajourées et croisées se fondent les unes dans les autres dans un mouvement fluide. Ce point génère des festons sur le rang de montage et le rang de rabattage.

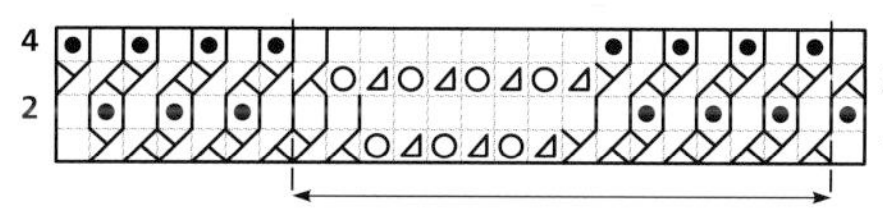

Sur un nombre de m. multiple de 16, + 8 m.

 2 CD  2 CG  1+1 CD 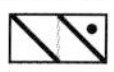 1+1 CG

Point 054

Lotus

Niveau 2

Ce motif simple et nettement dessiné se suffit à lui-même, mais vous pouvez aussi le répéter à intervalles réguliers.

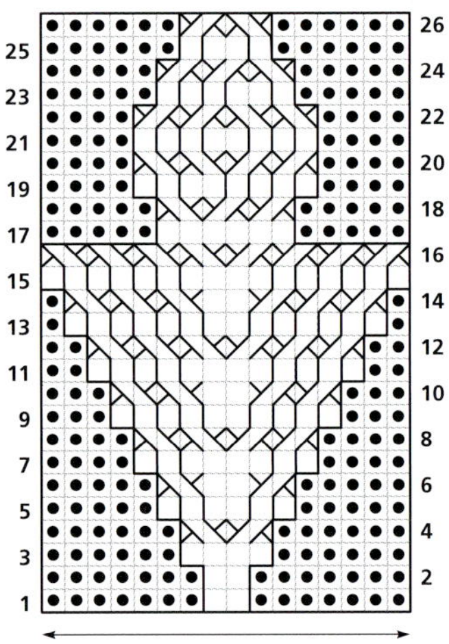

Panneau de 16 m.

Note

Ce point commence par un rang envers.

Point 055

Côtes tressées

Niveau 2

Des paires de mailles croisées imitent une large tresse. Ces côtes plates et fermes ne rétractent pas le tricot.

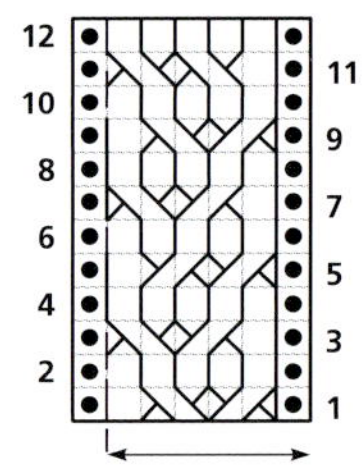

Sur un nombre de m. multiple de 6, + 1 m.

Point 056

Éclairs

Niveau 2

Ce point ferme et dense alterne des zigzags au point mousse et des zigzags réalisés en mailles torses sur l'endroit.

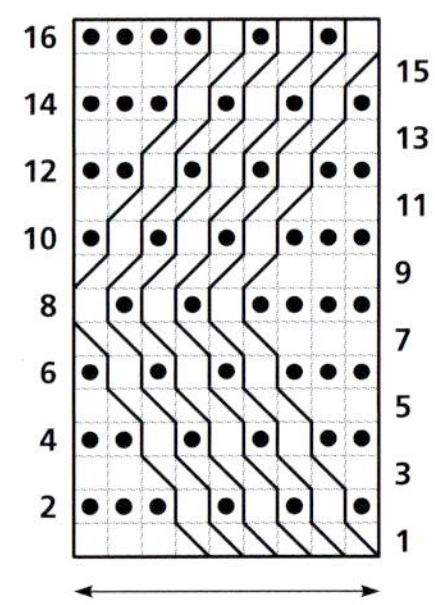

Sur un nombre de m. multiple de 9

Note

Pour une meilleure compréhension du dessin du point, les symboles des mailles torses sont inversés sur les 9e, 11e, 13e et 15e rgs.

36-37 Symboles de base

m. end. sur l'end. m. env. sur l'env.

m. env. sur l'end. m. end. sur l'env.

m. end. torse sur l'end. m. env. torse sur l'env.

2 CD

2 CG

Point 057

Nopes et zigzags

Niveau 2

Cet adorable point associe deux éléments simples : les côtes en zigzag sont créées en croisant deux mailles à chaque rang ; les lignes qui entourent les nopes sont croisées sur cinq mailles tous les huit rangs.

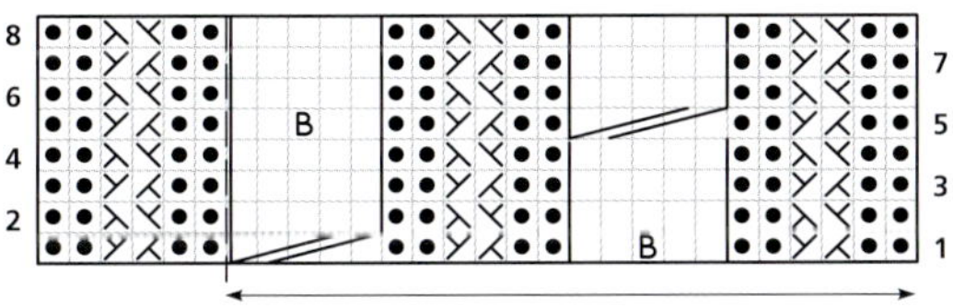

Sur un nombre de m. multiple de 22, + 6 m.

Symboles spéciaux

Sur l'env. Piquez entre la 1re et la 2e m. d'arrière en avant, ramenez der. le brin avant de la 2e m. et tric.-le à l'env. sans l'écoul., tric. la 1re m. à l'env. sans l'écoul., écoul. les 2 m.

Sans les écoul., tric. à l'end la 5e m., la 1re m., la 2e m., la 3e m., puis la 4e m. ; écoul. les 5 m.

B Dans la même m., tric. *1 m. end., 1 jeté*, rép. 1 fois de * à * 1 m. end. ; °tournez, 5 m. end.°, rép. 1 fois de ° à °, Rab. la 4e m., la 3e m., la 2e m. puis la 1re m. par-dessus la 5e m.

Point 058

Paires de feuilles

Niveau 2

Ce motif classique prend du relief grâce à un jeu de mailles croisées sur un fond en jersey envers.

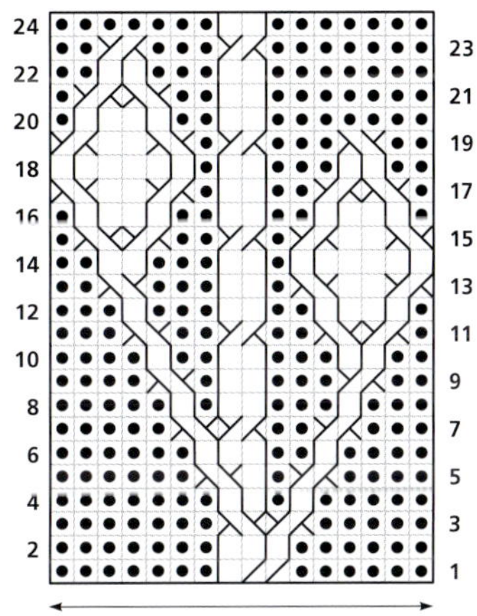

Panneau de 16 m.

Point 059

Vagues texturées

Niveau 2

Soigneusement soulignées de mailles croisées, des vagues alternant le point de riz et le jersey envers ondulent d'un bout à l'autre. Pour tricoter une seule vague au point de riz, placez uniquement les douze mailles de base.

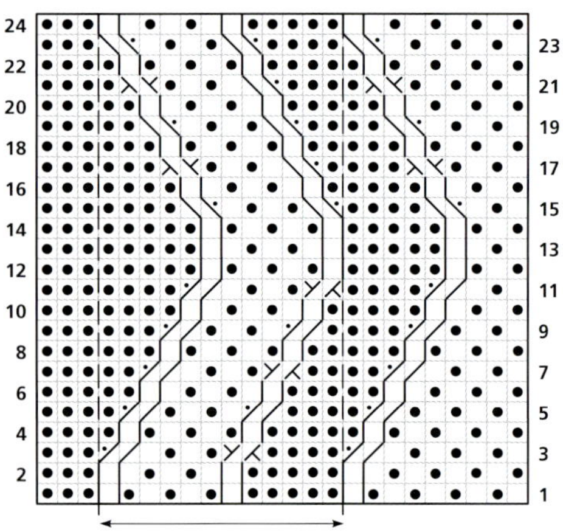

Sur un nombre de m. multiple de 12, + 12 m.

Point 060

Treillis d'épis

Niveau 2

Des lignes verticales de deux mailles croisées forment de minuscules torsades semblables à des épis. D'autres mailles croisées décalées en diagonale dessinent un treillis tout autour.

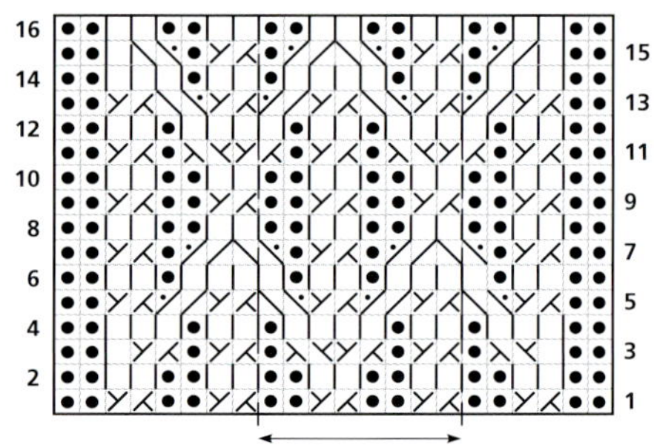

Sur un nombre de m. multiple de 8, + 14 m.

38-39 Symboles de base

m. end. sur l'end.
m. env. sur l'env.

m. env. sur l'end.
m. end. sur l'env.

2 CD

2 CG

1+1 CD

1+1 CG

Point 061

Treillage et nopes

Niveau 2

En glissant sur l'envers les mailles croisées sur l'endroit, on obtient un treillage aux lignes souples mais nettes. Il est agrémenté de petites nopes tricotées sur deux mailles.

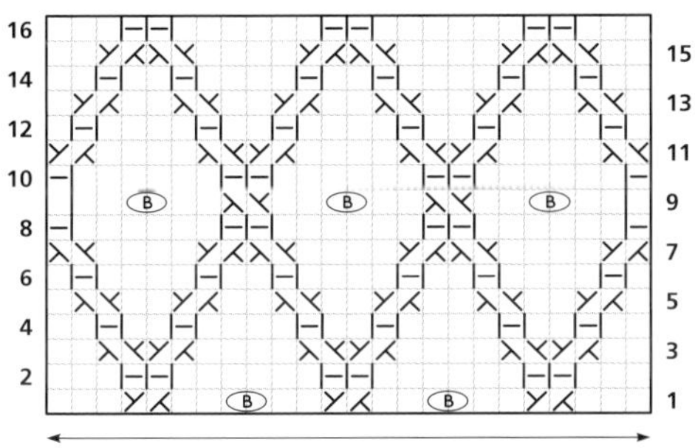

Panneau de 24 m.

Symboles spéciaux

[—] m. gl. à l'env.

[XX] Piquez entre la 1re et la 2e m. d'arrière en avant, ramenez der. le brin avant de la 2e m. et tric.-le à l'end. sans l'écoul., tric la 1re m. à l'end. sans l'écoul., écoul. les 2 m.

[YX] Sans les écoul., tric. à l'end. la 2e m., puis la 1re m.; écoul. les 2 m.

[B] *2 m. end., tournez, 2 m. env., tournez*, rép. 1 fois de * à *, tric. à l'end. chacune des 2 m. avec le brin arrière de la m. située à l'aplomb 4 rgs plus bas.

Note

Les symboles spéciaux remplacent ceux du bas de page.

Point 062

Illusion d'optique

Niveau 2

Les jeux de textures et de croisements donnent beaucoup de mouvement à ce motif pourtant géométrique.

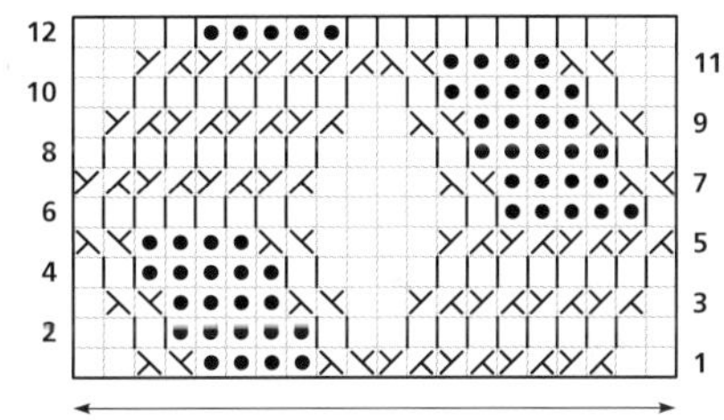

Sur un nombre de m. multiple de 20

Point 063

Chardons

Niveau 2

Mailles croisées, mailles torses et nopes s'associent pour former un motif floral soigné. Répétez-le en frise ou sur un panneau, ou bien disséminez-le au hasard sur votre ouvrage.

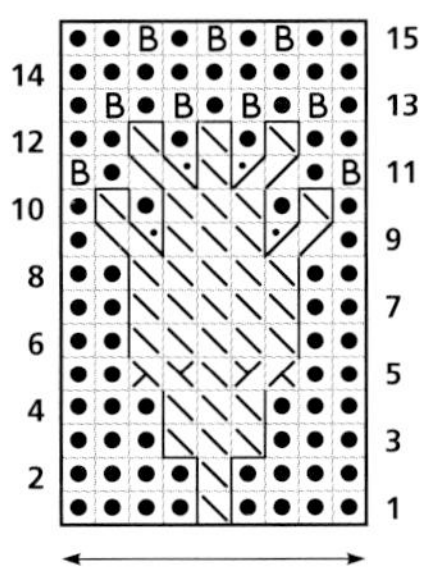

Motif sur 9 m.

Symbole spécial

B Dans la même m., tric. *1 m. end., 1 jeté*, rép. 1 fois de * à *, 1 m. end.; tournez, °5 m. end., tournez°, rép. 2 fois de ° à °, 4 m. gl. à l'end., 1 m. end., rab. les m. gl. par-dessus la m. end.

Point 064

Roseau

Niveau 2

Étroitement juxtaposées sur un fond en jersey envers, des lignes obliques de mailles croisées dessinent le motif stylisé d'un roseau, avec ses feuilles barbues et son large épi.

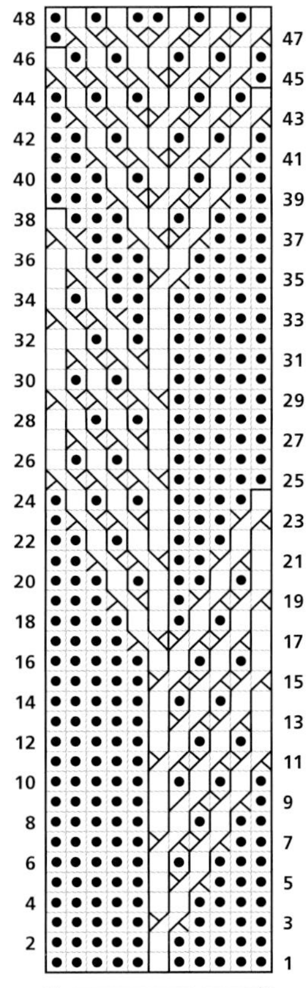

Motif sur 11 m.

40-41 Symboles de base

☐ m. end. sur l'end. / m. env. sur l'env.
● m. env. sur l'end. / m. end. sur l'env.
╲ m. end. torse sur l'end. / m. env. torse sur l'env.
2 CD
2 CG

Point 065

Échevettes

Niveau 2

Le motif central est composé de côtes 1/1 se croisant sur quatre mailles à intervalles réguliers. Le même procédé permet d'entrecroiser les motifs des côtés.

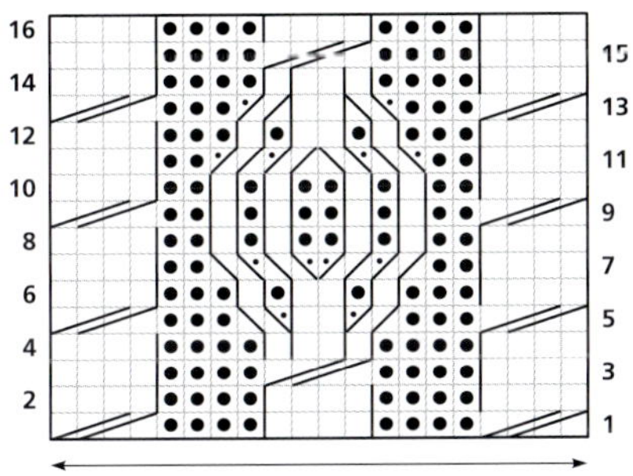

Panneau de 20 m.

Symbole spécial

 Sans les écoul., tric. à l'end. la 4e m., la 1re m., la 2e m., puis la 3e m; écoul. les 4 m.

Point 066

Double ramification

Niveau 2

Des côtes verticales de deux mailles en jersey endroit servent d'axes à des mailles croisées décalées progressivement pour former des losanges.

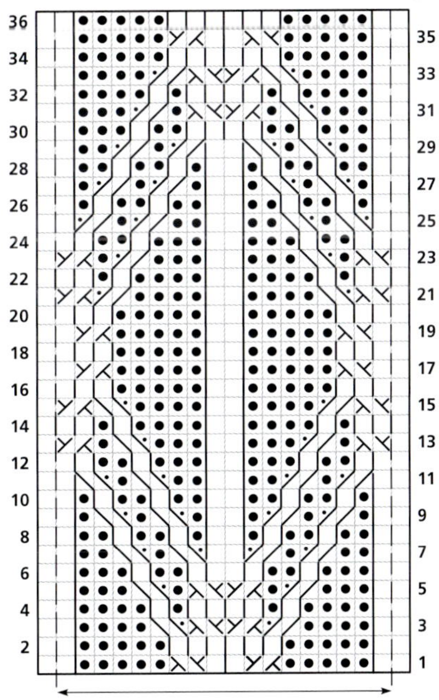

Sur un nombre de m. multiple de 18, + 2 m.

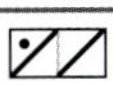 1+1 CD 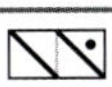 1+1 CG

Point 067

Cœur avec contour **Niveau 2**

Il est possible d'employer ce motif de multiples manières. Placez-le isolément au centre d'un ouvrage, répétez-le en frise horizontale ou verticale sur un vêtement, ou confectionnez un jeté de lit en alternant des carrés avec un cœur et des carrés en jersey endroit.

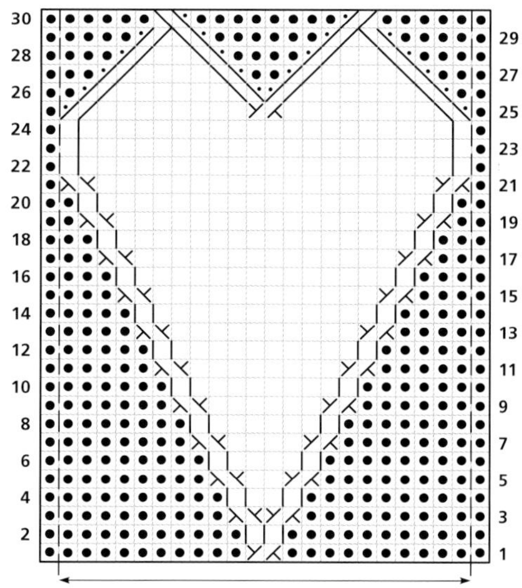

Motif sur 22 m.

Symboles spéciaux

Sur l'end. 1 m. env. dans le brin arrière de la 2e m. sans l'écoul., tric. la 1re m. à l'end. sans l'écoul., écoul. les 2 m.

Sur l'env. Piquez entre la 1re et la 2e m. d'arrière en avant, ramenez le brin avant de la 2e m. der. et tric.-le à l'env. sans l'écoul., tric. la 1re m. à l'end. sans l'écoul., écoul. les 2 m.

Tric. la 2e m. à l'end. sans l'écoul., tric. la 1re m. à l'env. sans l'écoul., écoul. les 2 m.

Note

Les symboles spéciaux remplacent ceux du bas de page.

42-43 Symboles de base

m. end. sur l'end. m. env. sur l'env. | m. env. sur l'end. m. end. sur l'env. | 2 CD | 2 CG | 1+1 CD | 1+1 CG

Point 068

Losanges gravés **Niveau 3**

Réalisés avec des mailles croisées sur l'endroit, des losanges emboîtés se détachent sur un fond en jersey envers. Pour décliner le motif sur toute la largeur de l'ouvrage, répétez les seize mailles de base. Pour réaliser un panneau, tricotez les trente-six mailles du diagramme.

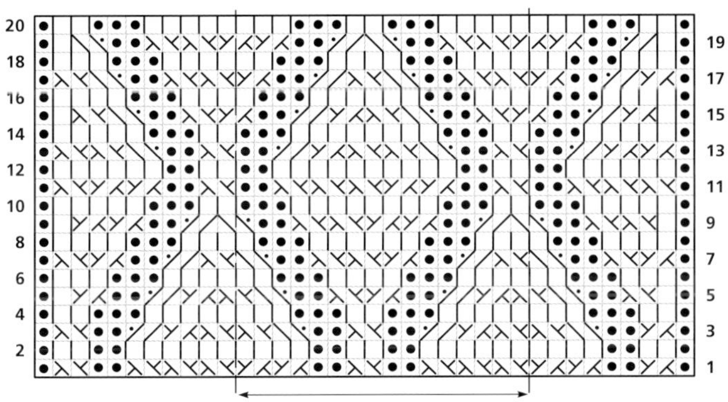

Sur un nombre de m. multiple de 16, + 20 m.

Point 069

Orchidée

Niveau 3

Des mailles croisées et une nope composent ce petit motif floral sur fond de jersey envers. Vous pouvez l'utiliser seul, répété en frise, ou disposé à intervalles réguliers sur tout l'ouvrage.

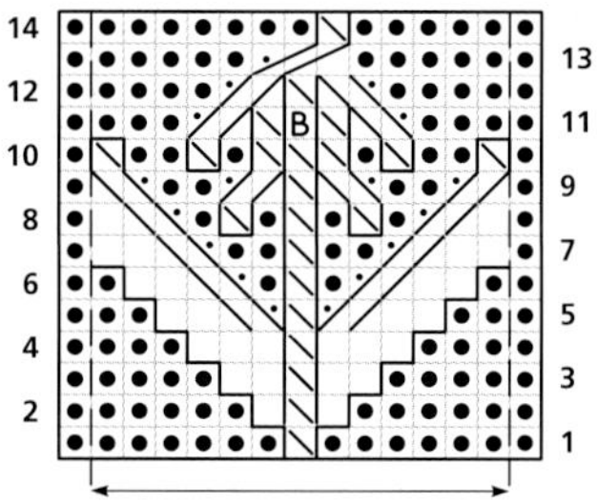

Motif sur 13 m.

Symboles spéciaux

1 m. env. dans le brin arrière de la 2e m. sans l'écoul., tric. la 1re m. à l'end. sans l'écoul, écoul. les 2 m.

Sur l'end. Tric. la 2e m. à l'end. sans l'écoul., tric. la 1re m. à l'env. sans l'écoul., écoul. les 2 m.
Sur l'env. Tric. la 2e m. à l'end. sans l'écoul., tric. à l'env. le brin arrière de la 1re m. sans l'écoul., écoul. les 2 m.

B Dans la même m., tric. *1 m. end., 1 jeté*, rép. 1 fois de * à *, 1 m. end.; tournez, °5 m. end., tournez°, rép. 1 fois de ° à °, 5 m. env., tournez, 4 m. gl. à l'end., 1 m. end., rab. les m. gl. par-dessus la m. end.

Tric. la 3e m. à l'end. sans l'écoul., tric. la 1re m. à l'env. et écoul.-la, tric. la 2e m. à l'env. sans l'écoul., écoul. les 2 m. rest.

Note

Les symboles spéciaux remplacent ceux du bas de page.

Point 070

Losanges entrelacés

Niveau 3

Des mailles croisées sur toute la surface du tricot créent un motif de losanges dense mais finement texturé.

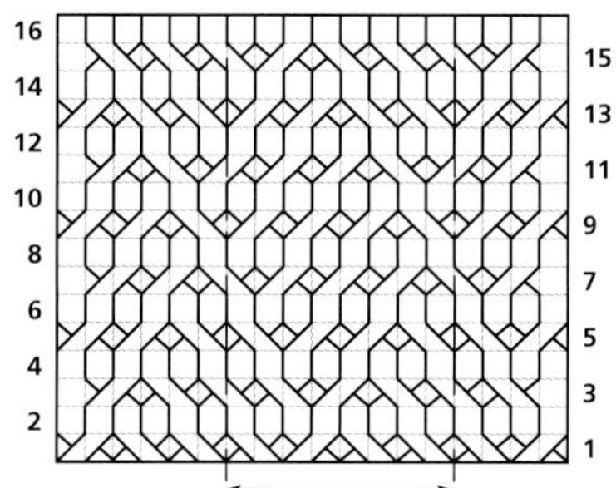

Sur un nombre de m. multiple de 8, + 10 m.

m. end. sur l'end. m. env. sur l'env. | m. env. sur l'end. m. end. sur l'env. | m. end. torse sur l'end. m. env. torse sur l'env. | 2 CD | 2 CG

Point 071

Fleur d'ail

Niveau ③

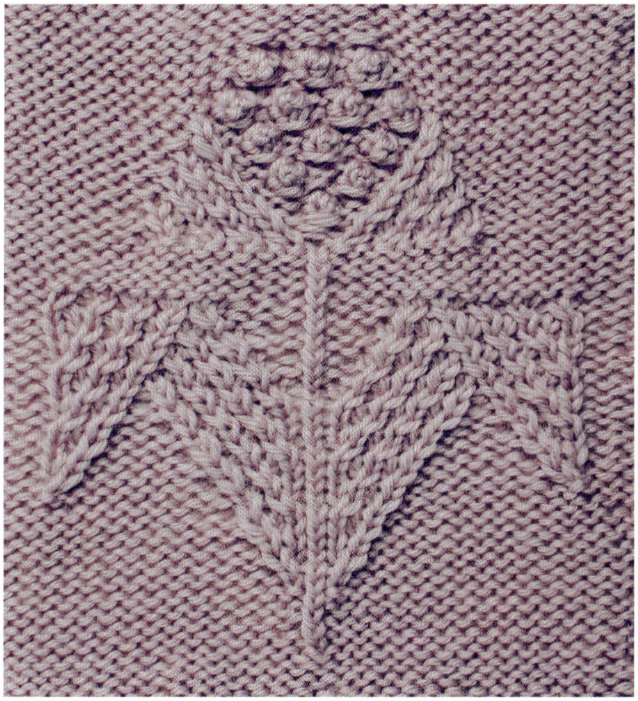

Les feuilles sont nervurées par des lignes obliques de mailles croisées. La tige est tricotée en mailles torses. Un bouquet de petites nopes ajoute un relief supplémentaire au motif.

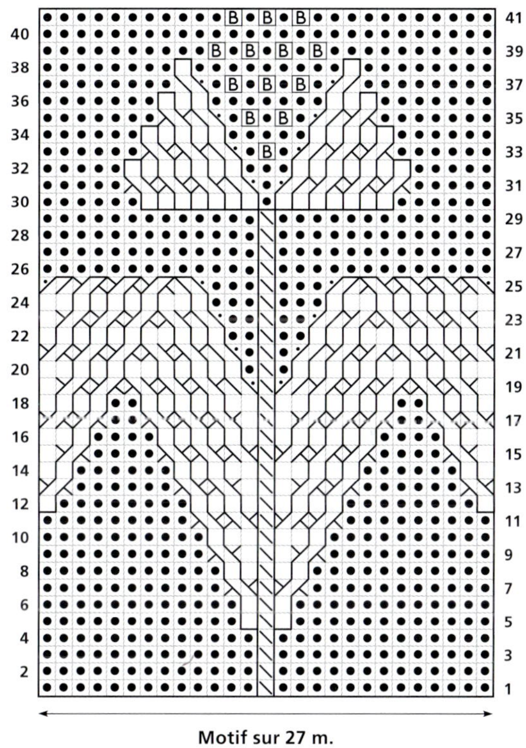

Symbole spécial

[B] Dans la même m., tric. 1 m. end., 1 m. env. et 1 m. end.; tournez, 3 m. end., tournez, rab. les 2e et 3e m. par-dessus la 1re m., 1 m. end. torse.

Point 072

Ocelle Niveau 3

Ce point propose une approche des torsades puisque les croisements à droite nécessitent une aiguille auxiliaire. Le fond est réalisé entièrement en côtes 1/1 torsadées (voir page 16).

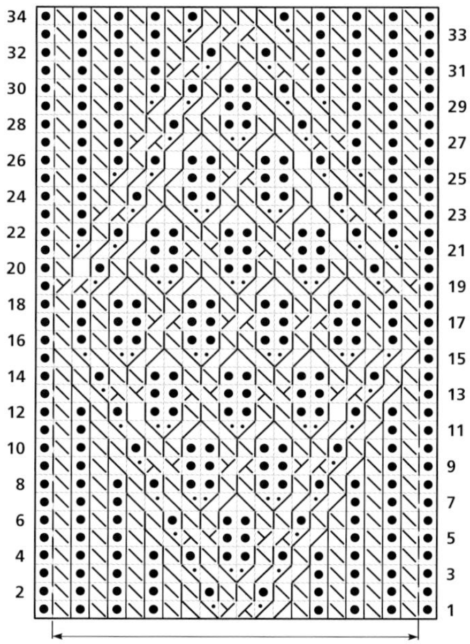

Panneau de 20 m.

Symboles spéciaux

1 m. end. dans le brin arrière de la 2e m. sans l'écoul., 1 m. end. dans le brin arrière de la 1re m. sans l'écoul., écoul. les 2 m.

1 m. env. dans le brin arrière de la 2e m. sans l'écoul., 1 m. end. dans le brin arrière de la 1re m. sans l'écoul., écoul. les 2 m.

Gl. 1 m. sur l'aig. aux. der., 1 m. end. torse, tric. la m. de l'aig. aux. à l'end. et torse.

Gl. 1 m. sur l'aig. aux. der., 1 m. end. torse, tric. la m. de l'aig. aux. à l'env. et torse.

Note

Ce point nécessite une aiguille auxiliaire.

m. end. sur l'end.
m. env. sur l'env.

m. env. sur l'end.
m. end. sur l'env.

m. end. torse sur l'end.
m. env. torse sur l'env.

Point 073

Boîtes en perspective **Niveau 3**

Un jeu complexe de mailles croisées crée cette impression de cubes en perspective sur un fond au point de riz. Si vous souhaitez réaliser une bande verticale d'un seul motif, tricotez les onze premières mailles du diagramme, ou tricotez de la onzième à la dernière maille.

Symboles spéciaux

Sur l'end. Piquez entre la 1re et la 2e m. d'arrière en avant, ramenez der. le brin avant de la 2e m. et tric.-le à l'end. sans l'écoul., tric. la 1re m. à l'end. sans l'écoul., écoul. les 2 m.
Sur l'env. Piquez entre la 1re et la 2e m. d'arrière en avant, ramenez der. le brin avant de la 2e m. et tric.-le à l'env. sans l'écoul., tric. la 1re m. à l'env. sans l'écoul., écoul. les 2 m.

Piquez entre la 1re et la 2e m. d'arrière en avant, ramenez der. le brin avant de la 2e m. et tric.-le à l'env. sans l'écoul., tric. la 1re m. à l'end. sans l'écoul., écoul. les 2 m.

Sur l'end. Sans les écoul., tric. à l'end. la 2e m., puis la 1re m.; écoul. les 2 m.
Sur l'env. Sans les écoul., tric. à l'env. la 2e m., puis la 1re m.; écoul. les 2 m.

Sans les écoul., tric. la 2e m. à l'end., puis la 1re m. à l'env.; écoul. les 2 m.

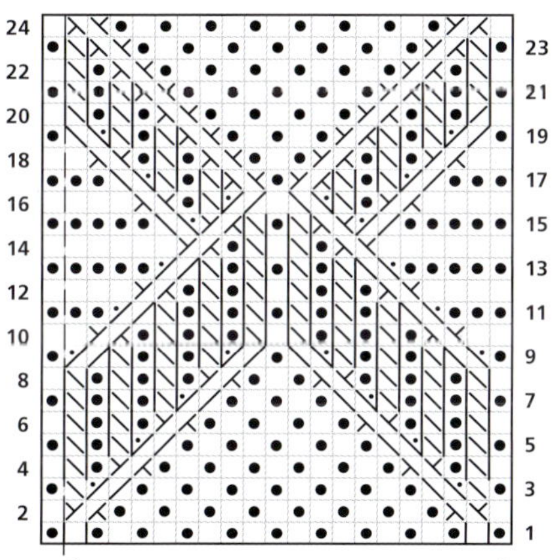

Sur un nombre de m. multiple de 20, + 1 m.

PANORAMA Torsades

En croisant les mailles sur une aiguille auxiliaire, il est possible de créer des effets torsadés et tressés, typiques des tricots nordiques. Exercez-vous avec des points de plus en plus complexes avant d'entreprendre un nœud celtique ou un motif figuratif.

074 Torsades tissées

075 Vaguelettes

076 Nid d'abeille double

077 Volutes

078 Craquelins

079 Bois de cerfs

080 Épis torsadés

081 Torsades décentrées

082 Brindilles

083 X et O

084 Cordelettes

085 Sinusoïdes

086 Cactus

087 Côtes en relief et jours

088 Sucres d'orge

089 Gouttes d'eau

090 Côtes entrecroisées

091 Réseau de torsades

092 Tatami

093 Croix sur point mousse

094 Grand losange quadrillé

095 Torsades sur damier

096 Croix doubles

097 Diagonales en relief

TORSADES, SUITE

098 Galons entrecroisés

099 Médaillons torsadés

100 Maillons doubles

101 Cordes et torsades

102 Arbre torsadé

103 Dessus-dessous

104 Losanges enchâssés

105 Patchwork

106 Échelles de corde

107 Gourmettes

108 Nœud celtique

109 Rameaux celtiques

110 Cœur torsadé

111 Papillon

112 Harpes

113 Colliers de perles

114 Petits anneaux

115 Labyrinthe

116 Zigzags en relief

117 Guirlandes

118 Torsades enroulées

119 Torsades dansantes

120 Croisillons

121 Treillis torsadé

Point 074

Torsades tissées **Niveau 1**

Ces torsades à droite sur six mailles sont très simples, mais les bandes horizontales de jersey envers donnent de l'intérêt au point.

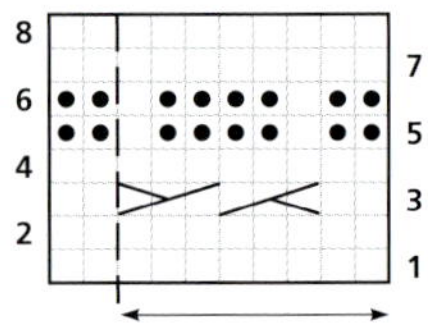

Sur un nombre de m. multiple de 8, + 2 m.

Point 075

Vaguelettes **Niveau 1**

Voici une combinaison facile à tricoter de torsades sur quatre mailles, croisées alternativement à droite et à gauche.

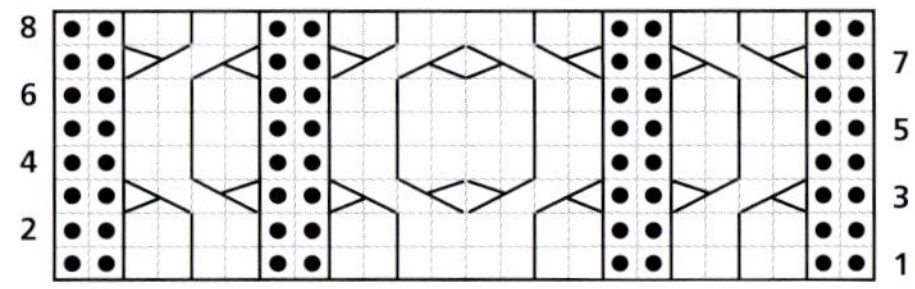

1 torsade sur 4 m. | 2 torsades sur 4 m. = 8 m. | 1 torsade sur 4 m.

Point 076

Nid d'abeille double **Niveau 1**

Comme le nid d'abeille classique, ce point est composé de torsades sur quatre mailles, mais des paires de mailles croisées accentuent les creux.

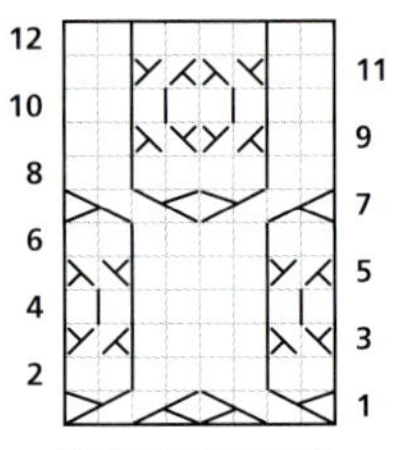

Sur un nombre de m. multiple de 8

Point 077

Volutes **Niveau 1**

Un jeu de torsades de deux mailles endroit et deux mailles envers anime une torsade centrale tricotée sur quatre mailles.

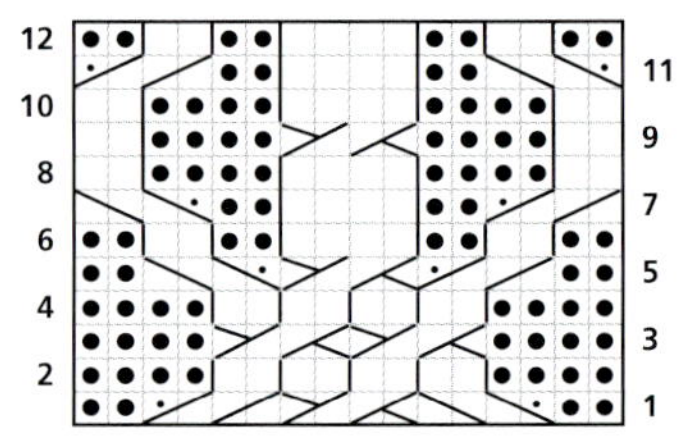

Panneau de 16 m.

52-53 Symboles de base

- m. end. sur l'end. / m. env. sur l'env.
- m. env. sur l'end. / m. end. sur l'env.
- T2D
- T2G
- T2+2D
- T2+2G

Point 078

Craquelins **Niveau 1**

Ce damier tout simple alterne des bandes en jersey envers et des bandes en jersey endroit torsadées deux fois.

Note

Tric. 1 fois du 1er au 21e rg, rép. du 2e au 21e rg autant de fois que voulu, puis term. par le 22e rg.

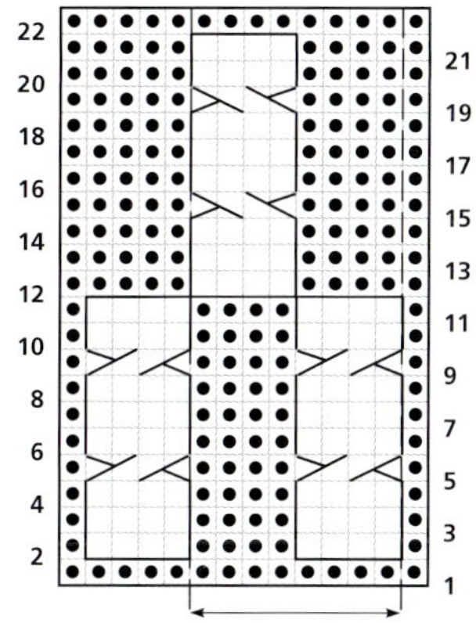

Sur un nombre de m. multiple de 8, + 6 m.

Point 079

Bois de cerfs **Niveau 1**

Ces torsades doucement inclinées semblent complexes, alors que la séquence de base ne comporte que six rangs. C'est sa répétition à brefs intervalles qui donne au motif tout son intérêt.

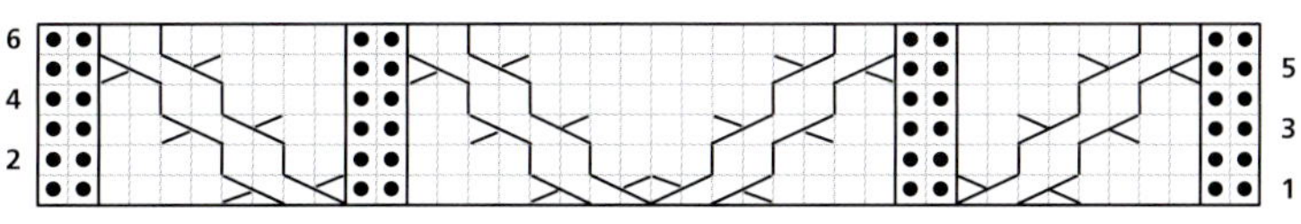

Panneau de 8 m. **Panneau de 16 m.** **Panneau de 8 m.**

Point 080

Épis torsadés

Niveau 1

On obtient ce motif d'épis en accolant deux torsades sur quatre mailles, l'une croisée à droite, l'autre à gauche. Vous pouvez espacer davantage les épis, ou en placer un seul sur un fond en jersey envers.

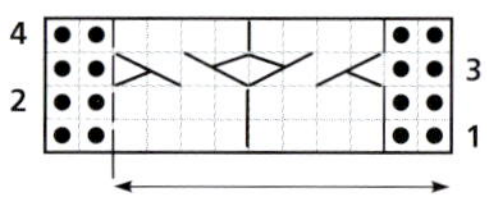

Sur un nombre de m. multiple de 10, + 2 m.

Méthode

1er rg (end.). 2 m. env., *8 m. end., 2 m. env.*, rép. de * à * jusqu'à la fin du rg.
2e rg. 2 m. end., *8 m. env., 2 m. end.*, rép. de * à * jusqu'à la fin du rg.
3e rg. 2 m. env., *T4D, T4G, 2 m. env.*, rép. de * à * jusqu'à la fin du rg.
4e rg. Comme le 2e rg.
Rép. toujours ces 4 rgs.

Point 081

Torsades décentrées

Niveau 1

Il suffit de regarder le diagramme pour s'apercevoir que ce point élégant est tout à fait simple à tricoter. Il alterne des côtes de quatre mailles en jersey endroit avec des torsades à droite sur quatre mailles, décalées sur un fond de jersey envers.

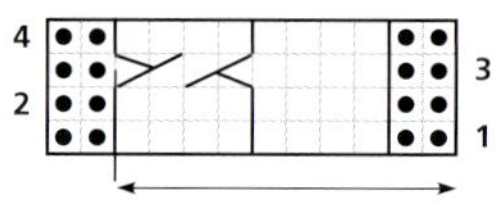

Sur un nombre de m. multiple de 10, + 2 m.

Méthode

1er rg (end.). 2 m. env., *8 m. end., 2 m. env.*, rép. de * à * jusqu'à la fin du rg.
2e rg. 2 m. end., *8 m. env., 2 m. end.*, rép. de * à * jusqu'à la fin du rg.
3e rg. 2 m. env., *4 m. end., T4D, 2 m. env.*, rép. de * à * jusqu'à la fin du rg.
4e rg. Comme le 2e rg.
Rép. toujours ces 4 rgs.

Point 082

Brindilles

Niveau 1

Bien qu'il soit exécuté « ton sur ton » en jersey endroit, ce motif se détache avec une grande précision. De minuscules nopes agrémentent le sommet des branches latérales.

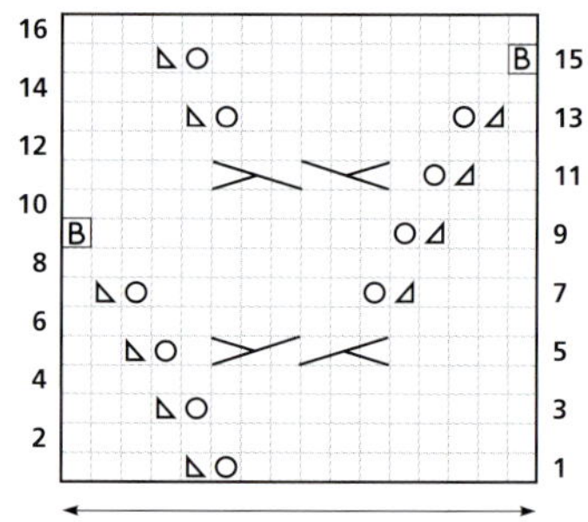

Panneau de 16 m.

Symbole spécial

B Dans la même m., tric. 1 m. end., 1 m. env. et 1 m. end. ; tournez, 3 m. env., tournez, rab. la 2e et la 3e m. par-dessus la 1re m., 1 m. end. torse.

m. end. sur l'end. m. env. sur l'env. | m. env. sur l'end. m. end. sur l'env. | 2 m. ens. à l'end. | srjt sple à l'end.

Point 083

X et O

Niveau 1

Ce point illustre parfaitement le potentiel immense des torsades sur quatre mailles. Le secret ? Les bandes des côtés sont croisées tous les deux rangs, alors que la séquence centrale n'est répétée que tous les seize rangs.

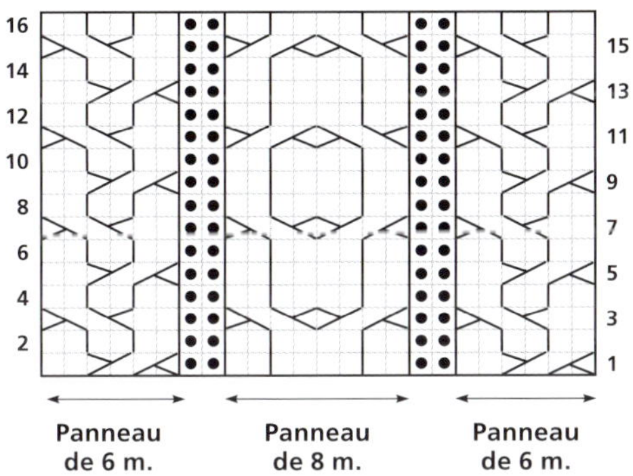

Point 084

Cordelettes

Niveau 1

Ici, les torsades sur six mailles sont croisées tous les six rangs ; les torsades sur quatre mailles, tous les quatre rangs. Rien de plus simple à retenir ! Le fond en jersey envers met l'ensemble en valeur. Cette séquence classique est suffisamment intéressante pour être placée isolément, mais vous pouvez aussi la répéter sur toute la largeur de l'ouvrage.

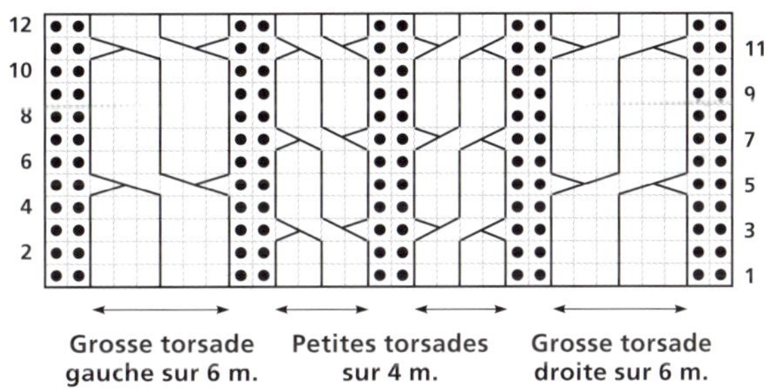

Méthode

PETITE TORSADE DE DROITE

1er rg (end.). Tric. à l'end.
2e rg. Tric. à l'env.
3e rg. T4D.
4e rg. Tric. à l'env.
Rép. toujours ces 4 rgs.

PETITE TORSADE DE GAUCHE

Comme la petite torsade de droite, mais en tric. T4G au lieu de T4D sur le 3e rg.

GROSSE TORSADE DE DROITE

1er et 3e rgs (end.). Tric. à l'end.
2e et 4e rgs. Tric. à l'env.
5e rg. T6D.
6e rg. Tric. à l'env.
Rép. toujours ces 6 rgs.

GROSSE TORSADE DE GAUCHE

Comme la grosse torsade de droite, mais en tric. T6G au lieu de T6D sur le 5e rg.

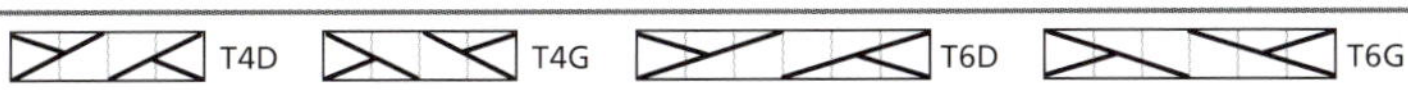

Point 085

Sinusoïdes

Niveau 2

Deux torsades en jersey endroit sur un fond en jersey envers composent ce motif asymétrique aussi fluide que vigoureux.

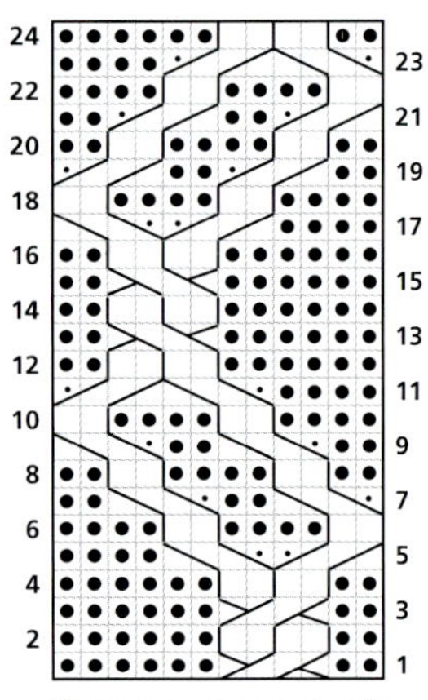

Panneau de 12 m.

Point 086

Cactus

Niveau 2

Malgré son apparente complexité et sa densité, ce motif fait appel à une séquence de base ne comportant que huit rangs.

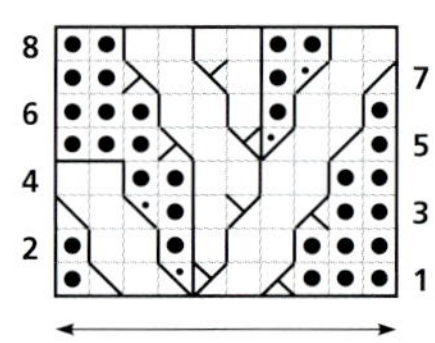

Panneau de 10 m.

Point 087

Côtes en relief et jours

Niveau 2

Sur un fond en jersey endroit, un semis de losanges ajourés est animé par une côte sinueuse sur trois mailles.

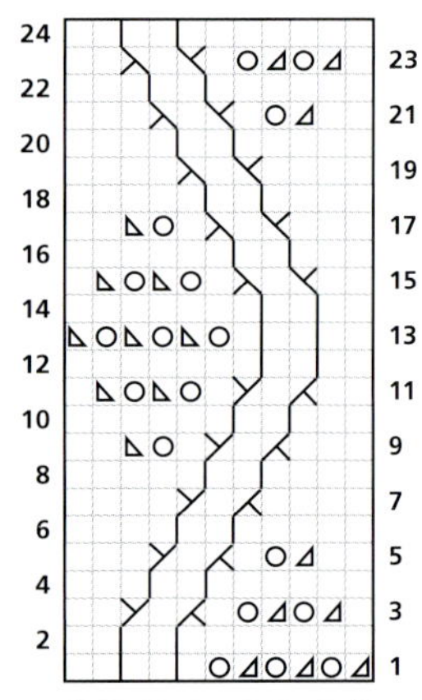

Sur un nombre de m. multiple de 11

56-57 Symboles de base

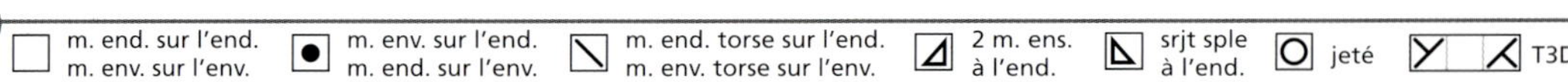

Point 088

Sucres d'orge

Niveau 2

On obtient ces adorables torsades spiralées en jouant différemment sur des groupes de cinq mailles. Bien qu'elles soient croisées tous les quatre rangs, il faut douze rangs pour que les mailles reviennent à leur position de départ.

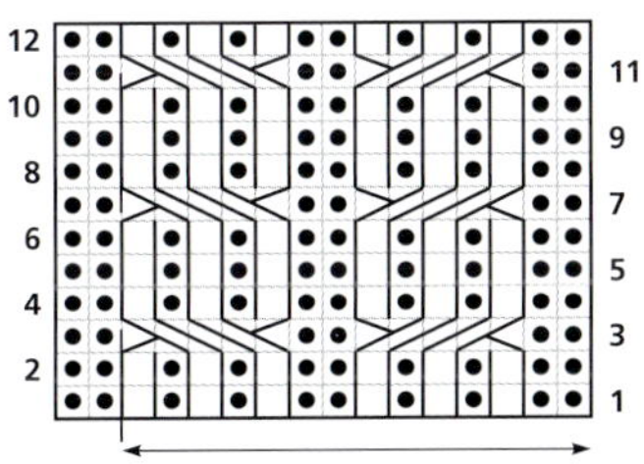

Sur un nombre de m. multiple de 14, + 2 m.

Symboles spéciaux

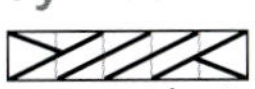 Gl. 2 m. sur l'aig. aux. der., 1 m. end., 1 m. env., 1 m. end.; sur l'aig. aux.: 1 m. env., 1 m. end.

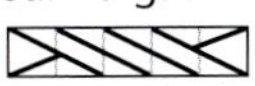 Gl. 3 m. sur l'aig. aux. dev., 1 m. end., 1 m. env.; sur l'aig. aux.: 1 m. end., 1 m. env., 1 m. end.

Point 089

Gouttes d'eau

Niveau 2

Les torsades se détachent toujours plus nettement sur un fond en jersey envers. Ici, l'effet est adouci par la «goutte d'eau» en suspension au centre de chaque motif.

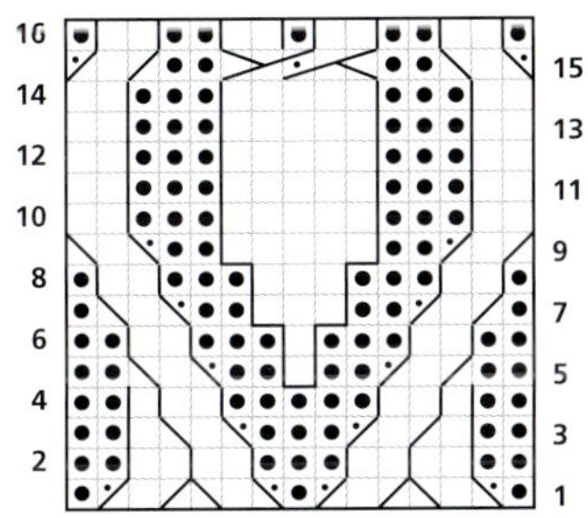

Panneau de 15 m.

Symbole spécial

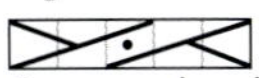 Gl. 3 m. sur l'aig. aux. der., 2 m. end., gl. la 3e m. de l'aig. aux. sur l'aig. gauche et tric.-la à l'env., tric. à l'end. les 2 m. rest. de l'aig. aux.

Point 090

Côtes entrecroisées

Niveau 2

Ce point est composé de simples côtes 1/1 torsadées (voir page 16) croisées sur cinq mailles à intervalles réguliers. L'envers présente aussi une texture intéressante.

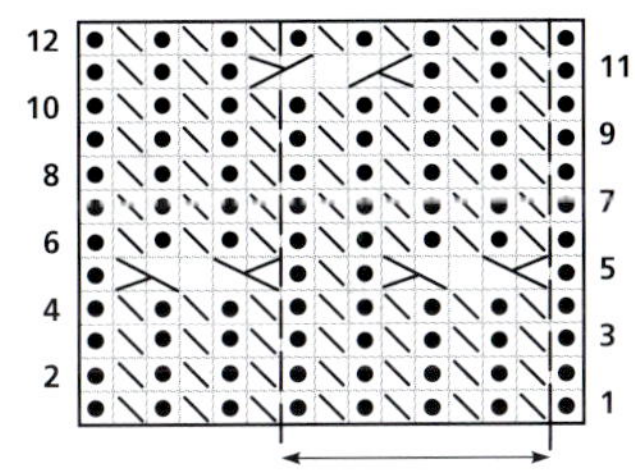

Sur un nombre de m. multiple de 8, + 7 m.

Symboles spéciaux

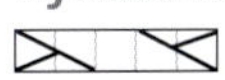 Gl. 3 m. sur l'aig. aux. dev., 1 m. end. torse, 1 m. env.; sur l'aig. aux.: 1 m. end torse, 1 m. env., 1 m. end. torse.

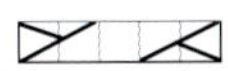 Gl. 2 m. sur l'aig. aux. der., 1 m. end. torse, 1 m. env., 1 m. end. torse; sur l'aig. aux.: 1 m. env., 1 m. end. torse.

 T3G 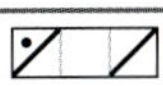 T2+1D 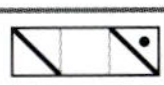 T2+1G 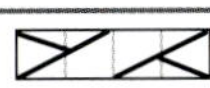 T4D 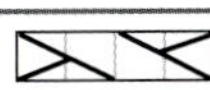 T4G 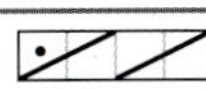 T2+2D 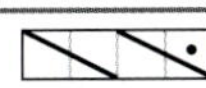 T2+2G

Point 091

Réseau de torsades **Niveau 2**

Ces motifs imbriqués sont entièrement réalisés grâce à des torsades sur quatre mailles. Vous pouvez les répéter sur toute la largeur de l'ouvrage, ou réaliser un panneau en tricotant uniquement les trente-quatre mailles du diagramme.

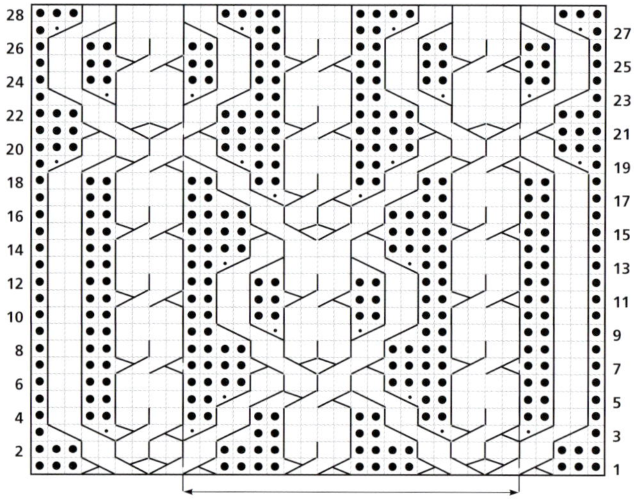

Sur un nombre de m. multiple de 20, + 14 m.

58-59 Symboles de base

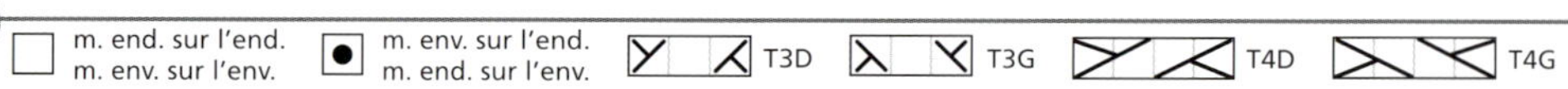

Point 092

Tatami Niveau 2

Ce point d'une belle géométrie ne fait appel qu'à des torsades sur trois mailles, croisées selon les cas à droite ou à gauche. Il est plus facile et rapide à réaliser qu'il ne semble, car un rang sur deux est entièrement tricoté à l'envers.

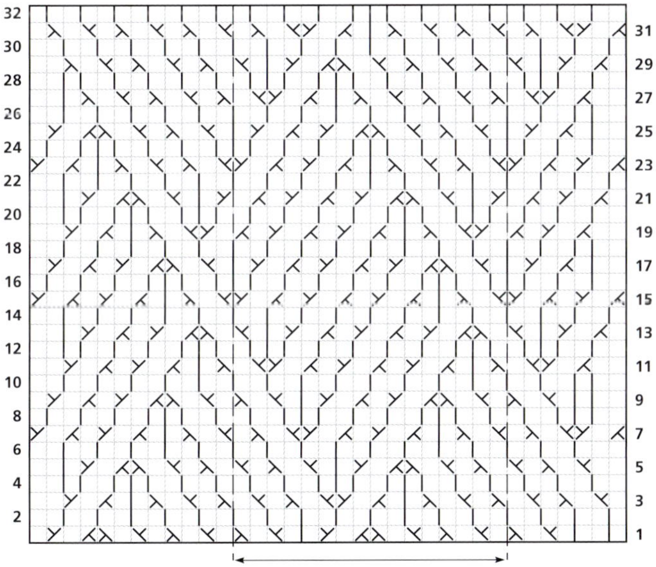

Sur un nombre de m. multiple de 16, + 19 m.

T2+2D T2+2G

Point 093

Croix sur point mousse **Niveau 2**

Ce panneau richement texturé demeure facile à exécuter : le fond est au point mousse, avec un rang sur deux entièrement tricoté à l'envers.

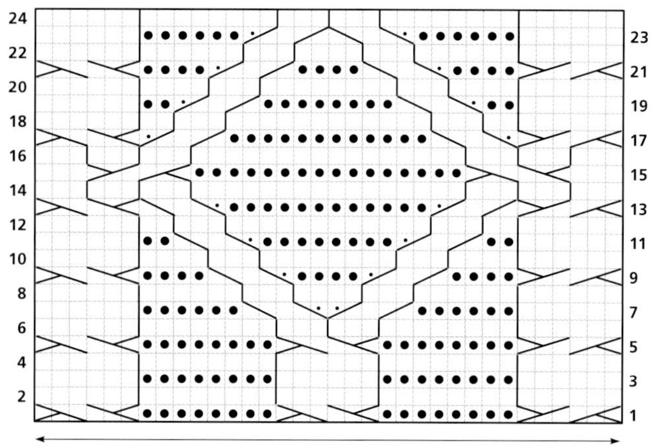

Panneau de 34 m.

60-61 Symboles de base

m. end. sur l'end. m. env. sur l'env. | m. env. sur l'end. m. end. sur l'env. | T3D | T3G | T2+1D | T2+1G

Point 094

Grand losange quadrillé **Niveau 2**

La torsade centrale s'ouvre et se déploie pour former un grand losange en jersey endroit. Ce dernier est quadrillé par les ramifications des torsades latérales. Il en résulte un motif très détaillé, mais qui possède beaucoup d'impact.

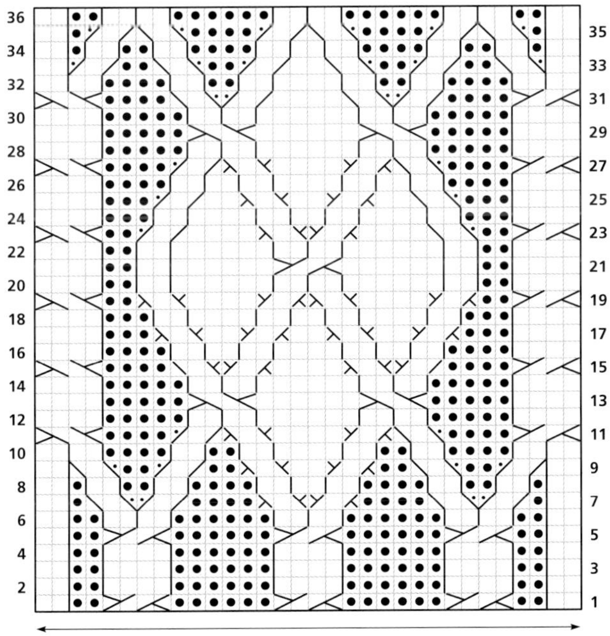

Panneau de 32 m.

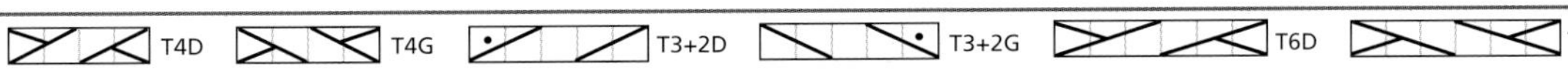

Point 095

Torsades sur damier

Niveau 2

Sur un fond en jersey envers, deux torsades croisées forment un grand losange mis en valeur par un damier en jersey endroit.

Symbole spécial

Gl. 6 m. sur l'aig. aux. der., 3 m. end., gl. les 3e dern. m. de l'aig. aux. sur l'aig. gauche et tric.-les à l'env., tric. à l'end. les 3 m. rest. de l'aig. aux.

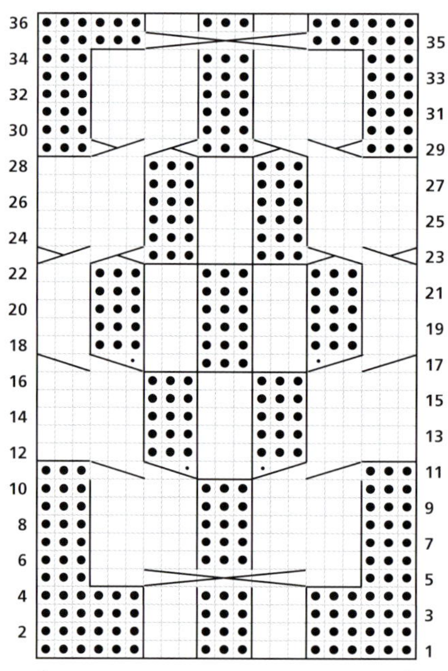

Panneau de 21 m.

Point 096

Croix doubles

Niveau 2

Ces entrecroisements souples mettent en œuvre des torsades sur trois mailles et sur quatre mailles. Le motif reste cependant facile à tricoter.

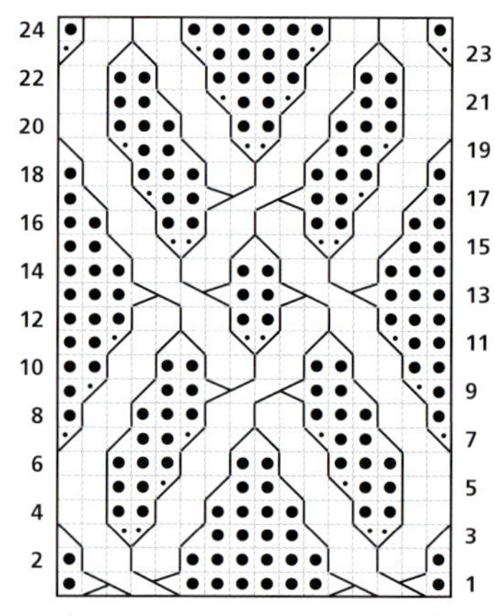

Panneau de 16 m.

Point 097

Diagonales en relief

Niveau 2

Quatre diagonales se détachent nettement sur du point de blé (voir page 15) pour composer un point sobre mais dynamique.

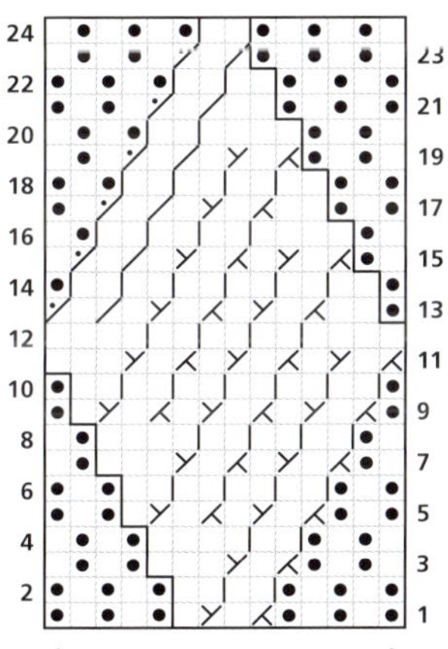

Panneau de 14 m.

Point 098

Galons entrecroisés

Niveau 2

Huit groupes de mailles constituent ce motif complexe aux reliefs vigoureux.

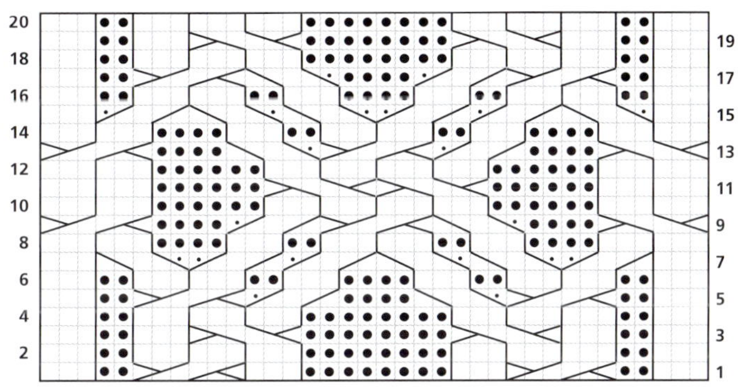

Panneau de 36 m.

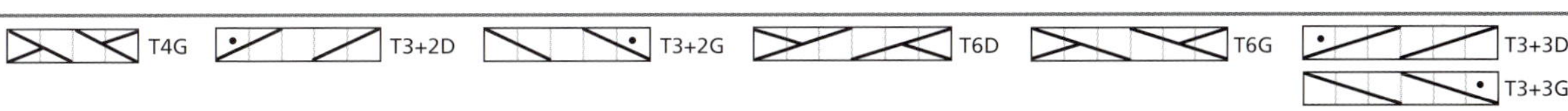

Point 099

Médaillons torsadés **Niveau 2**

Ces entrelacements raffinés sont réalisés à l'aide de torsades croisées sur des groupes de six mailles selon un rythme « 4 + 2 ».

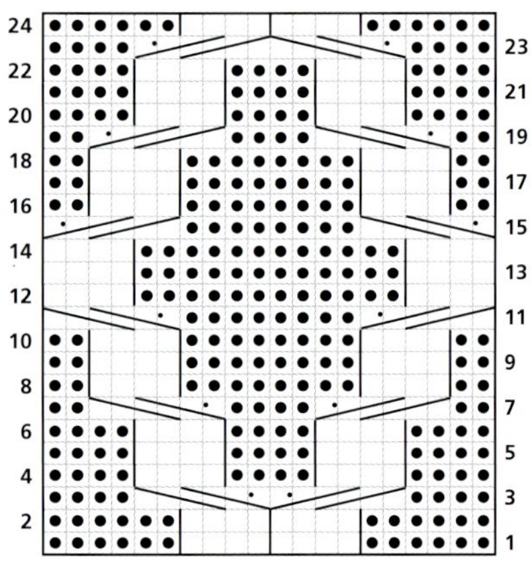

Sur un nombre de m. multiple de 20

Symboles spéciaux

Gl. 4 m. sur l'aig. aux. der., 2 m. end. ; sur l'aig. aux. : 2 m. end., 2 m. env.

Gl. 2 m. sur l'aig. aux. dev., 2 m. env., 2 m. end., tric. à l'end. les 2 m. de l'aig. aux.

Point 100

Maillons double **Niveau 2**

Sur un fond en jersey envers, un jeu de tissage « dessus-dessous » permet de créer ce motif aussi séduisant qu'équilibré.

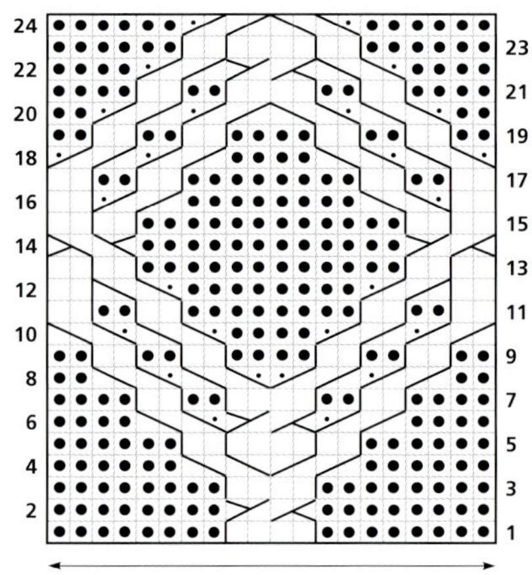

Panneau de 20 m.

m. end. sur l'end. m. env. sur l'env. | m. env. sur l'end. m. end. sur l'env. | T4D | T4G | T2+2D | T2+2G

Point 101

Cordes et torsades **Niveau 2**

Ce point aux entrecroisements spectaculaires est très gratifiant à tricoter. La séquence de base ne se déroule que sur seize rangs, et sa logique est facile à retenir.

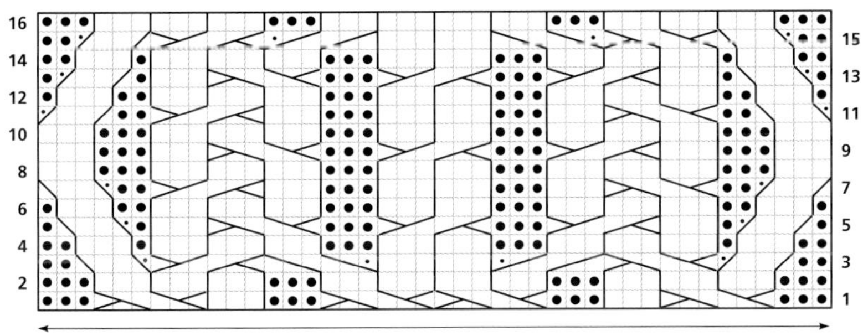

Panneau de 42 m.

Symboles spéciaux

Gl. 1 m. sur l'aig. aux. der., 3 m. end., tric. à l'env. la m. de l'aig. aux.

Gl. 3 m. sur l'aig. aux. dev., 1 m. env., tric. à l'end. les 3 m. de l'aig. aux.

T6D T6G T3+3D T3+3G

Point 102

Arbre torsadé

Niveau 2

Sur un fond en jersey envers, des torsades émergent d'un tronc en jersey endroit pour figurer des branches surmontées de petites nopes. La base au point de riz (voir page 15) n'est pas obligatoire, mais elle assoit le motif dans l'espace.

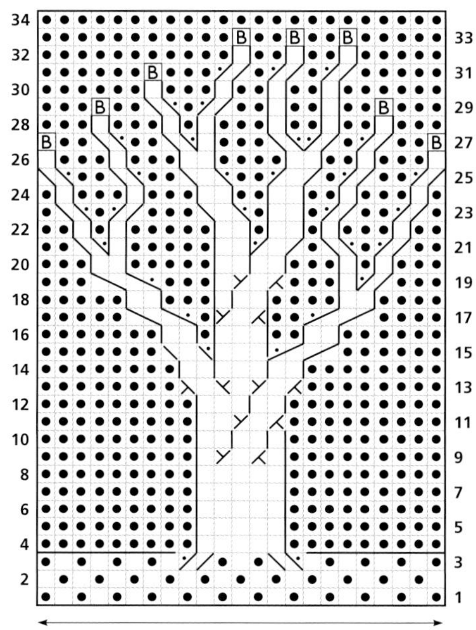

Motif sur 23 m.

Symbole spécial

B Dans la même m., tric. *1 m. end., 1 jeté*, rép. 1 fois de * à *, 1 m. end. ; tournez, 5 m. env., tournez, °1 m. gl. à l'end.°, rép. 3 fois de ° à °, 1 m. end., rab. les m. gl. par-dessus la m. end.

□ m. end. sur l'end. m. env. sur l'env.
● m. env. sur l'end. m. end. sur l'env.
m. end. torse sur l'end. m. env. torse sur l'env.
T1+1D
T1+1G
T3D

Point 103

Dessus-dessous

Niveau 2

Des torsades s'entrecroisent pour former au centre des croix encadrées de médaillons ovales. Il est très plaisant de voir ce motif détaillé se développer au fil des rangs.

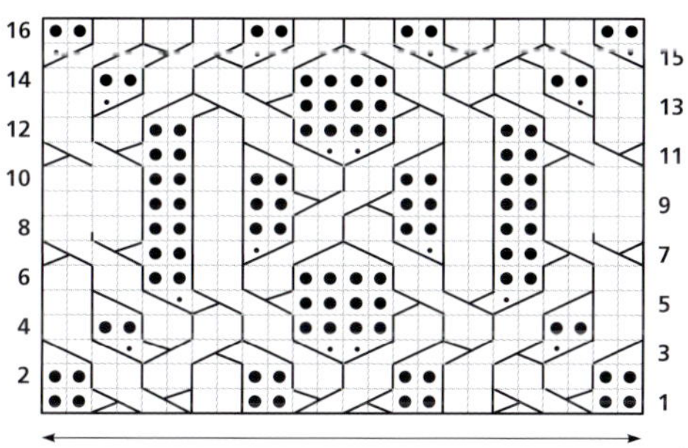

Panneau de 24 m.

Point 104

Losanges enchâssés

Niveau 2

Des torsades sur trois mailles cernent un fond en côtes 1/1 torsadées (voir page 16) et, au centre, encadrent un losange au point mousse.

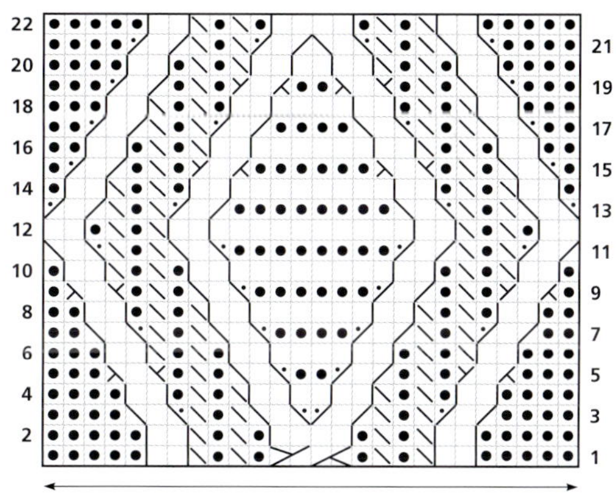

Panneau de 26 m.

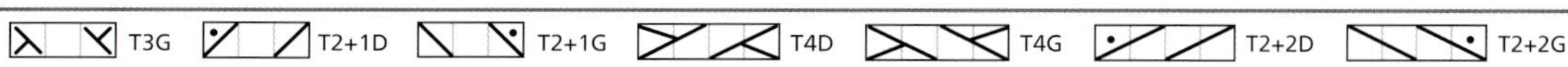

Point 105

Patchwork **Niveau 2**

L'entrecroisement des torsades dessine des losanges dont les différents remplissages créent un effet de patchwork : point mousse, point de blé (voir page 15), côtes 1/1 torsadées (voir page 16).

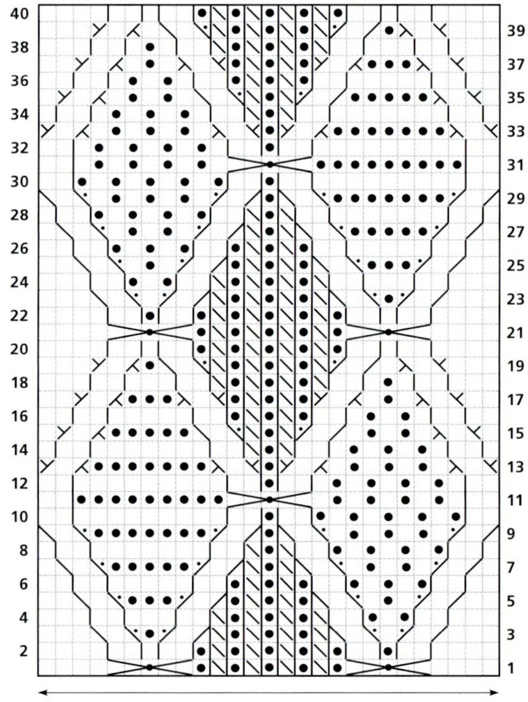

Panneau de 27 m.

Symbole spécial

Gl. 3 m. sur l'aig. aux. der., 2 m. end., gl. la 3e m. de l'aig. aux. sur l'aig. gauche et tric.-la à l'env., tric. à l'end. les 2 m. rest. de l'aig. aux.

- m. end. sur l'end. / m. env. sur l'env.
- m. env. sur l'end. / m. end. sur l'env.
- m. end. torse sur l'end. / m. env. torse sur l'env.
- 2 m. ens. à l'end.
- srjt sple à l'end.
- jeté
- T3D

Point 106

Échelles de corde Niveau 2

Les jours détaillent le motif de manière intéressante et apportent une légèreté inhabituelle dans les points torsadés.

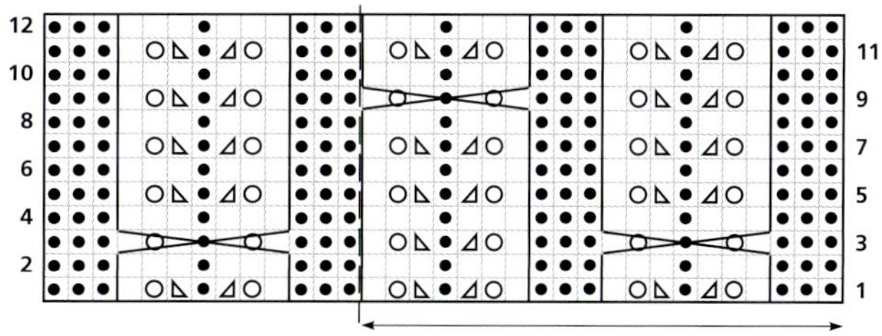

Sur un nombre de m. multiple de 20, + 13 m.

Symbole spécial

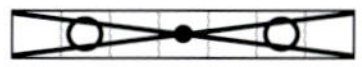 Gl. 4 m. sur l'aig. aux. der., 1 m. end., 1 jeté, 2 m. ens. à l'end., gl. la 4e m. de l'aig. aux. sur l'aig. gauche et tric.-la à l'env. ; sur les m. rest. de l'aig. aux. : 1 srjt sple à l'end., 1 jeté, 1 m. end.

Point 107

Gourmettes Niveau 2

Un jeu bien rythmé de torsades sur six mailles, croisées alternativement à droite et à gauche, donne à ce point toute sa rondeur et sa précision.

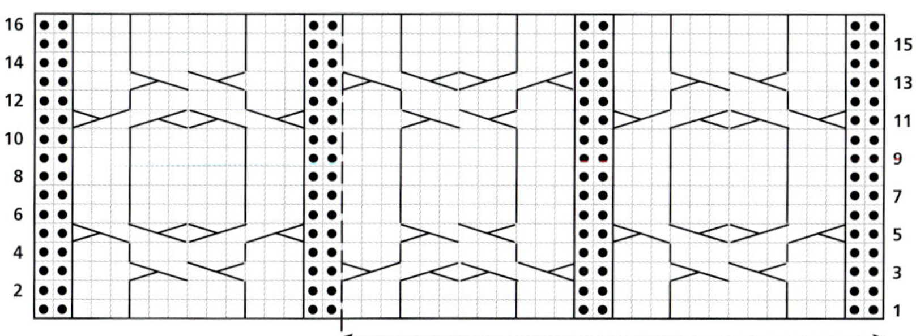

Sur un nombre de m. multiple de 28, + 16 m.

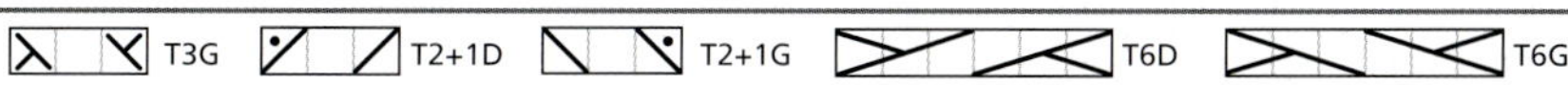

Point 108

Nœud celtique **Niveau 3**

Des augmentations et des diminutions invisibles permettent de créer l'illusion d'une bande continue repliée sur elle-même pour former ce nœud celtique.

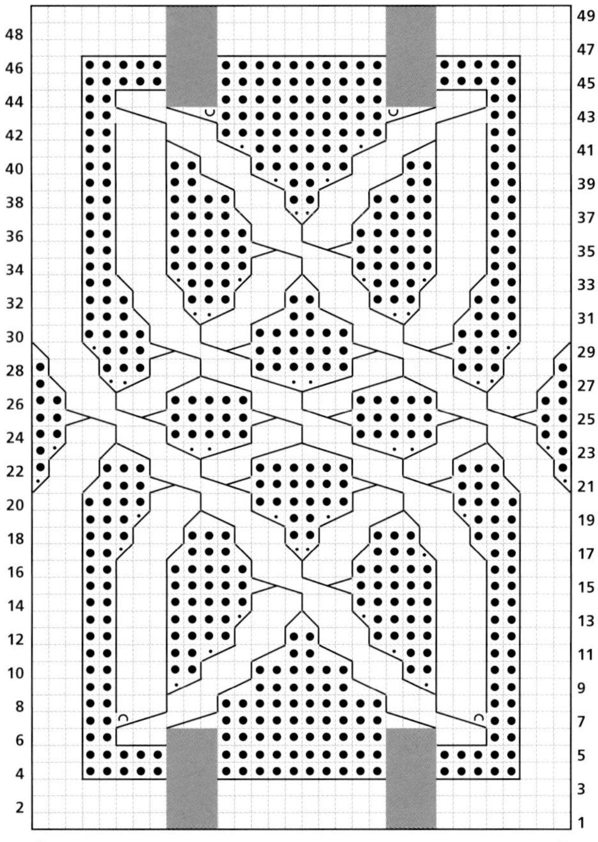

Motif sur 26 m.
(le nombre de m. n'est pas le même sur tous les rgs)

Symboles spéciaux

Gl. 1 m. sur l'aig. aux. der., 3 m. end., tric. à l'env. la m. de l'aig. aux.

Gl. 3 m. sur l'aig. aux. dev., 1 m. env., tric. à l'end. les 3 m. de l'aig. aux.

Avec l'aig. aux., relev. le brin sup. de chacune des 3 m. du rg préc.; placez l'aig. aux. der.; 3 m. end., tric. à l'end. les 3 m. de l'aig. aux.

Tric. à l'end. le brin sup. de chacune des 3 m. du rg préc., 3 m. end.

Gl. 3 m. sur l'aig. aux. der., *tric. ens. à l'end. 1 m. de l'aig. gauche et 1 m. de l'aig. aux.*, rép. 2 fois de * à *.

Gl. 3 m. sur l'aig. aux. dev., *tric. ens. à l'end. 1 m. de l'aig. gauche et 1 m. de l'aig. aux.*, rép. 2 fois de * à *.

m. end. sur l'end. / m. env. sur l'env. — m. env. sur l'end. / m. end. sur l'env. — 3 m. ens. à l'end. — m. virt. — augm. inter. dev. — augm. inter. der. — T3+2D

Point 109

Rameaux celtiques **Niveau 3**

Ce motif s'inspire des frises celtiques gravées dans la pierre. La côte centrale se ramifie de part et d'autre en branches entrelacées.

Symboles spéciaux

Gl. 1 m. sur l'aig. aux. der., 3 m. end., tric. à l'end. la m. de l'aig. aux.

Gl. 3 m. sur l'aig. aux. dev., 1 m. end., tric. à l'end. les 3 m. de l'aig. aux.

Gl. 1 m. sur l'aig. aux. der., 3 m. end., tric. à l'env. la m. de l'aig. aux.

Gl. 3 m. sur l'aig. aux. dev., 1 m. env., tric. à l'end. les 3 m. de l'aig. aux.

Gl. la 1re m. à l'end., gl. la 2e m. à l'end., 1 m. end., rab. les 2 m. gl. par-dessus la m. end.

En utilisant le même brin entre 2 m., tric. 1 augm. inter. der. puis 1 augm. inter dev.

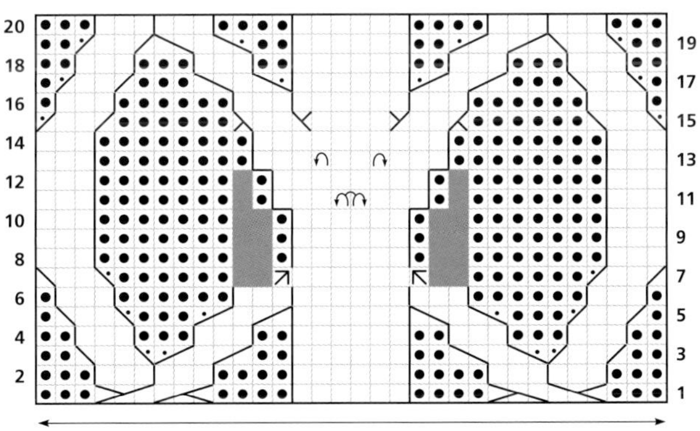

Panneau de 32 m.
(le nombre de m. n'est pas le même sur tous les rgs)

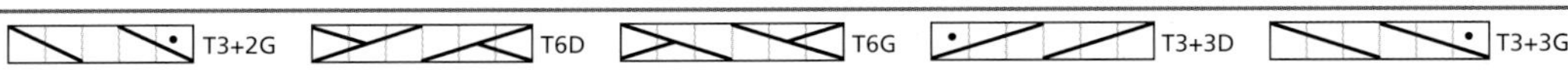

Point 110

Cœur torsadé **Niveau 3**

Outre le point de blé (voir page 15) et des torsades sur quatre mailles, ce modèle combine plusieurs procédés spéciaux pour parvenir à ce motif particulièrement bien dessiné.

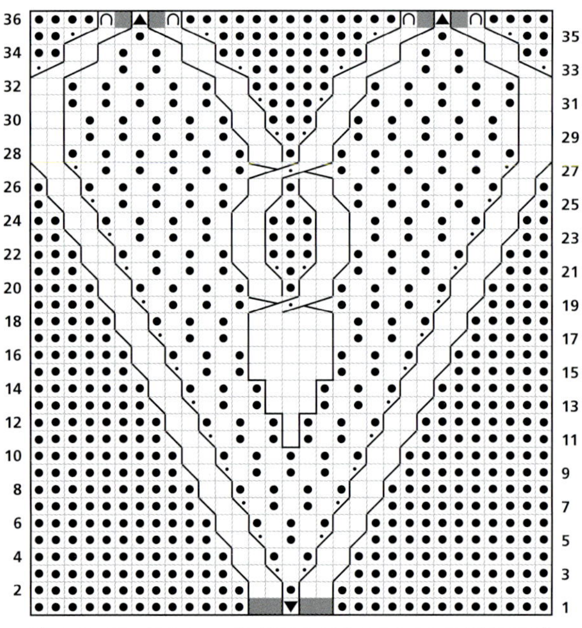

Motif sur 27 m.
(le nombre de m. n'est pas le même sur tous les rgs)

Symboles spéciaux

1 augm. inter. dev., 1 augm. sple à l'end.; par der., relev. le brin horizontal situé entre les 2 m. que vous venez d'obtenir et utilisez-le pour tric. 1 m. end. torse; 1 augm. inter der.

Placez le fil dev., gl. 3 m., *sur l'aig. droite, rab. la 2e m. par-dessus la 1re m.; gl. la 1re m. sur l'aig. gauche, rab. la m. suiv. par-dessus*, gl. de nouveau la 1re m. sur l'aig. droite, rép. 1 fois de * à *, placez le fil der., tric. à l'end. la 1re m. restée sur l'aig. gauche.

Gl. 3 m. sur l'aig. aux. der., 2 m. end., gl. la 3e m. de l'aig. aux. sur l'aig. gauche et tric.-la à l'env., tric. à l'end. les 2 m. rest. de l'aig. aux.

augm. inter. dev. sur l'env.

72-73 Symboles de base

- m. end. sur l'end. / m. env. sur l'env.
- m. env. sur l'end. / m. end. sur l'env.
- 2 m. ens. à l'end.
- srjt sple à l'end.
- 2 m. ens. à l'env.
- srjt dble à l'end.
- jeté
- m virt.
- augm. inter. dev.
- augm. inter. der.

Point 111

Papillon **Niveau 3**

Malgré son apparence complexe, ce motif n'est jamais que la combinaison de points et de procédés qui, individuellement, sont tous très simples. Suivez le diagramme avec attention.

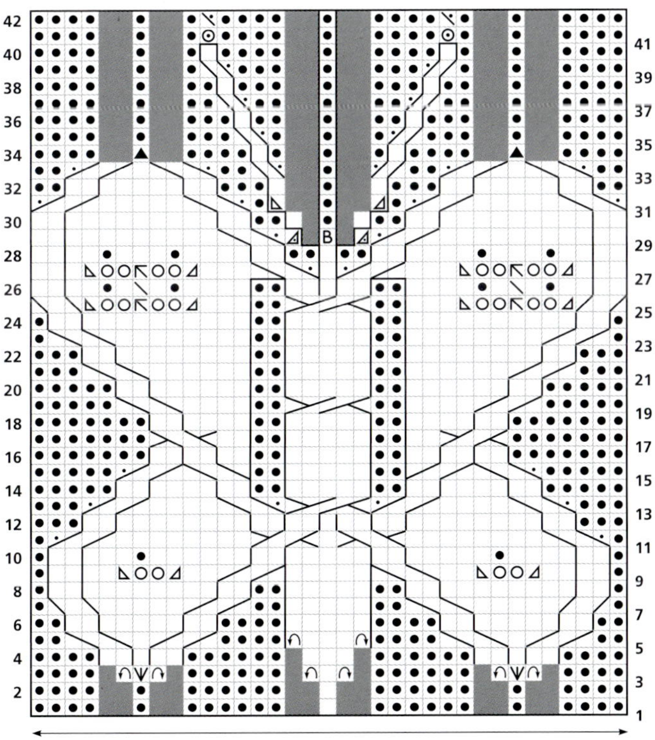

Motif sur 23 m.
(le nombre de m. n'est pas le même sur tous les rgs)

Symboles spéciaux

B Dans la même m., tric. *1 m. end., 1 jeté*, rép. 1 fois de * à *, 1 m. end.; tournez, 5 m. env., tournez, 5 m. end., tournez, 2 m. ens. à l'env., 1 m. env., 2 m. ens. à l'env., tournez, 1 dim. dble à l'end. centrée.

⊙ Dans la même m., tric. 1 m. end., 1 jeté et 1 m. end.; tournez, 3 m. end., tournez, 1 srjt dble à l'end.

⍀ m. end. torse sur l'env.

⍀ m. env. torse sur l'env.

V Tric. 1 m. à l'end. par son brin arrière, puis par son brin avant; par der., relev. le brin horizontal situé entre les 2 m. que vous venez d'obtenir et utilisez-le pour tric. 1 m. end. torse.

▲ Placez le fil dev., gl. 3 m., *sur l'aig. droite, rab. la 2e m. par-dessus la 1re m.; gl. la 1re m. sur l'aig. gauche, rab. la m. suiv. par-dessus*, gl. de nouveau la 1re m. sur l'aig. droite, rép. 1 fois de * à *, placez le fil der., tric. à l'end. la 1re m. restée sur l'aig. gauche.

Symbole de torsade : Gl. 3 m. sur l'aig. aux. der., 2 m. end., gl. la 3e m. de l'aig. aux. sur l'aig. gauche et tric.-la à l'end torse, tric. à l'end. les 2 m. rest. de l'aig. aux.

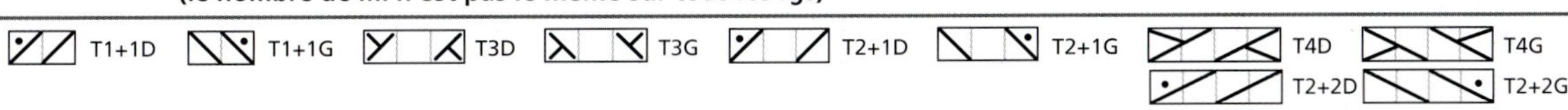

Point 112

Harpes **Niveau 3**

Les deux torsades centrales forment des médaillons remplis de côtes 1/1 torsadées (voir page 16). Ce sont des côtes du même type qui, de part et d'autre sont croisées tous les six rangs.

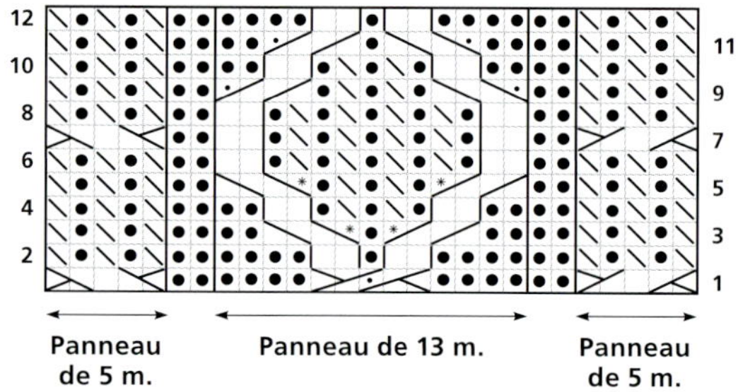

Symboles spéciaux

Gl. 2 m. sur l'aig. aux. der., 1 m. end. torse, 1 m. env., 1 m. end. torse; sur l'aig. aux.: 1 m. env., 1 m. end. torse.

Gl. 3 m. sur l'aig. aux. dev., 1 m. end. torse, 1 m. env.; sur l'aig. aux.: 1 m. end. torse, 1 m. env., 1 m. end. torse.

Gl. 3 m. sur l'aig. aux. der., 2 m. end., gl. la 3e m. de l'aig. aux. sur l'aig. gauche et tric.-la à l'env., tric. à l'end. les 2 m. rest. de l'aig. aux.

Gl. 2 m. sur l'aig. aux. der., 2 m. end.; sur l'aig. aux.: 1 m. env., 1 m. end. torse.

Gl. 2 m. sur l'aig. aux. dev., 1 m. end. torse, 1 m. env., tric. à l'end. les 2 m. de l'aig. aux.

Point 113

Colliers de perles **Niveau 3**

On utilise ici deux aiguilles auxiliaires pour croiser des groupes de six mailles. Les motifs sont bien dessinés, mais très doux.

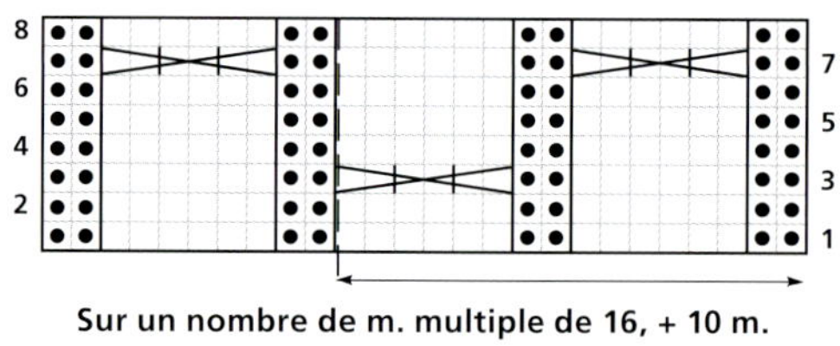

Symbole spécial

Gl. 2 m. sur la 1re aig. aux der., gl. 2 m. sur la 2e aig. aux. dev., 2 m. end., tric. à l'end les 2 m. de la 2e aig. aux., puis les 2 m. de la 1re aig. aux.

Note

Ce point nécessite deux aiguilles auxiliaires.

m. end. sur l'end. / m. env. sur l'env. — m. env. sur l'end. / m. end. sur l'env. — m. end. torse sur l'end. / m. env. torse sur l'env. — T3+2D — T3+2G

Point 114
Petits anneaux **Niveau 3**

Pour obtenir des contours bien ronds, on glisse sur l'envers les mailles qui seront croisées sur le rang endroit suivant. Le centre des anneaux est rempli au point de riz.

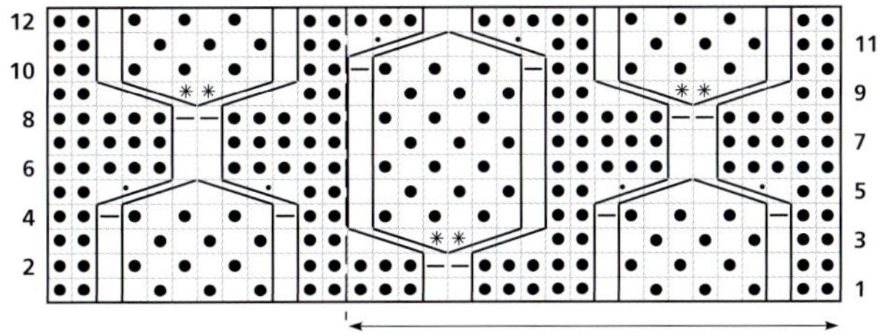

Sur un nombre de m. multiple de 20, + 12 m.

Symboles spéciaux

m. gl. à l'env. sur l'env.

Gl. 3 m. sur l'aig. aux. der., 1 m. end.; sur l'aig. aux.: 1 m. env., 1 m. end., 1 m. env.

Gl. 1 m. sur l'aig. aux. dev., 1 m. end., 1 m. env., 1 m. end., tric. à l'end. la m. de l'aig. aux.

Gl. 3 m. sur l'aig. aux. der., 1 m. end., tric. à l'env. les 3 m. de l'aig. aux.

Gl. 1 m. sur l'aig. aux. dev., 3 m. env., tric. à l'end. la m. de l'aig. aux.

Point 115
Labyrinthe **Niveau 3**

Si vous souhaitez répéter ce motif en miroir, croisez à gauche les torsades sur six mailles, et inversez celles sur sept mailles en commençant par glisser trois mailles sur l'aiguille auxiliaire placée devant.

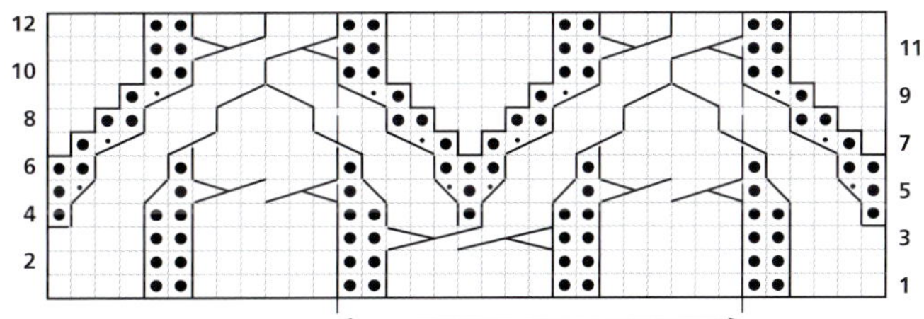

Sur un nombre de m. multiple de 17, + 18 m.

Symboles spéciaux

Gl. 1 m. sur l'aig. aux. der., 3 m. end., tric. à l'env. la m. de l'aig. aux.

Gl. 3 m. sur l'aig. aux. dev., 1 m. env., tric. à l'end. les 3 m. de l'aig. aux.

Gl. 4 m. sur l'aig. aux. der., 3 m. end., gl. la 4e m. de l'aig. aux. sur l'aig. gauche, placez l'aig. aux. dev., tric. à l'env.la m. gl., tric. à l'end. les 3 m. rest. de l'aig. aux.

T6D

Point 116

Zigzags en relief

Niveau 3

Sur ce motif original très texturé, deux zigzags creusés en nid d'abeille encadrent un panneau au point de blé (voir page 15).

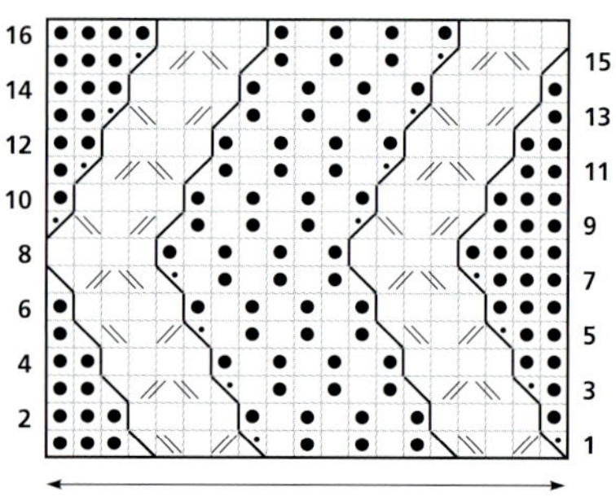

Panneau de 19 m.

Symboles spéciaux

Gl. 4 m. sur l'aig. aux. dev., 1 m. env. ; sur l'aig. aux. : 2 CD, 2 CG.

Gl. 4 m. sur l'aig. aux. dev., 1 m. env. ; sur l'aig. aux. : 2 CG, 2 CD.

Gl. 1 m. sur l'aig. aux. der., 2 CD, 2 CG, tric. à l'env. la m. de l'aig. aux.

Gl. 1 m. sur l'aig. aux. der., 2 CG, 2 CD, tric. à l'env. la m. de l'aig. aux.

Point 117

Guirlandes

Niveau 3

Le relief particulièrement travaillé des deux torsades centrales est obtenu à l'aide de groupes de mailles croisées. Plus simples, les guirlandes latérales alternent des torsades entièrement à l'endroit, sur deux et trois mailles.

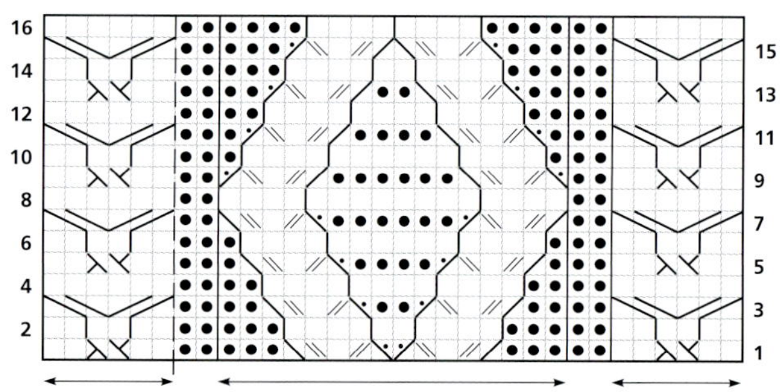

Panneau de 6 m. — Panneau de 16 m. — Panneau de 6 m.

Symboles spéciaux

Gl. 2 m. sur l'aig. aux. der., 1 m. end., tric. à l'end. les 2 m. de l'aig. aux.

Gl. 1 m. sur l'aig. aux. dev., 2 m. end., tric. à l'end. la m. de l'aig. aux.

Gl. 1 m. sur l'aig. aux. der., 2 CD, 2 CG., tric. à l'env. la m. de l'aig. aux.

Gl. 4 m. sur l'aig. aux. dev., 1 m. env. ; sur l'aig. aux. : 2 CD, 2 CG.

m. end. sur l'end. / m. env. sur l'env. — m. env. sur l'end. / m. end. sur l'env. — T2D — T4D — T4G

Point 118

Torsades enroulées

Niveau 3

Ces torsades commencent sur quatre mailles, puis elles prennent deux mailles du fond à chaque croisement de telle sorte qu'elles se déploient sur toute la largeur du panneau.

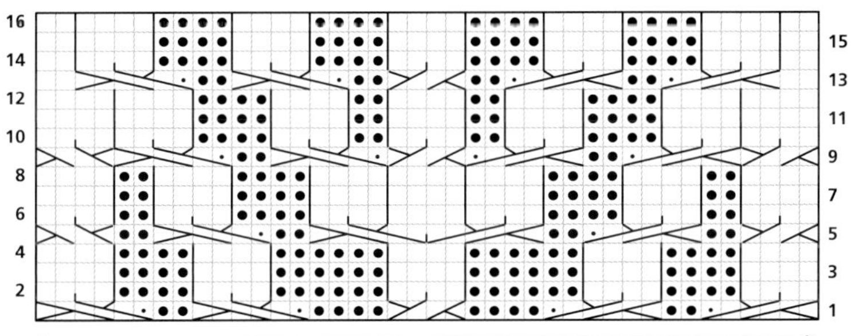

Panneau de 40 m.

Symboles spéciaux

- Gl. 4 m. sur l'aig. aux. der., 2 m. end., tric. à l'end. les 4 m. de l'aig. aux.
- Gl. 4 m. sur l'aig. aux. der., 2 m. end.; sur l'aig. aux.: 2 m. end., 2 m. env.
- Gl. 2 m. sur l'aig. aux. dev., 4 m. end., tric. à l'end. les 2 m. de l'aig. aux.
- Gl. 2 m. sur l'aig. aux. dev., 2 m. env., 2 m. end., tric. à l'end. les 2 m. de l'aig. aux.

Point 119

Torsades dansantes **Niveau 3**

En prenant une maille du fond à chaque croisement, on parvient à incurver souplement les deux torsades les plus larges. Les trois autres – droites et plus fines – doivent être tricotées avec une paire d'aiguilles auxiliaires.

Symboles spéciaux

Gl. 2 m. sur l'aig. aux. der., 1 m. end., gl. la 2e m. de l'aig. aux. sur l'aig. gauche et tric.-la à l'env., tric. à l'end. la m. rest. de l'aig. aux.

Gl. 1 m. sur la 1re aig. aux. dev., gl. la m. suiv. sur la 2e aig. aux. der., 1 m. end., tric. à l'env. la m. de la 2e aig. aux., tric. à l'end. la m. de la 1re aig. aux.

Gl. 4 m. sur l'aig. aux. der., 3 m. end.; sur l'aig. aux.: 3 m. end., 1 m. env.

Gl. 3 m. sur l'aig. aux. dev., 1 m. env., 3 m. end., tric. à l'end. les 3 m. de l'aig. aux.

Note

Ce point nécessite deux aiguilles auxiliaires.

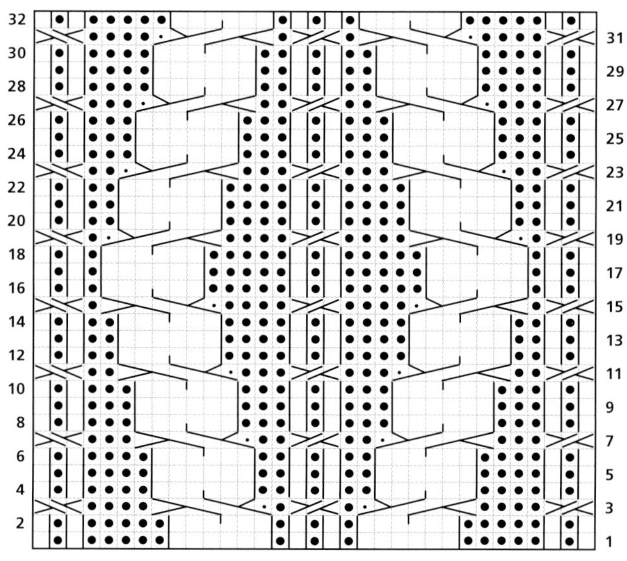

Panneau de 33 m.

m. end. sur l'end. m. env. sur l'env. | m. env. sur l'end. m. end. sur l'env. | m. end. torse sur l'end. m. env. torse sur l'env. | m. virt. | augm. sple à l'end. | T2+1D

Point 120

Croisillons **Niveau 3**

Ce motif, sobre mais très efficace, est réalisé grâce à des torsades classiques sur quatre mailles. Seules les augmentations de la base et les diminutions du sommet font appel à des procédés spéciaux.

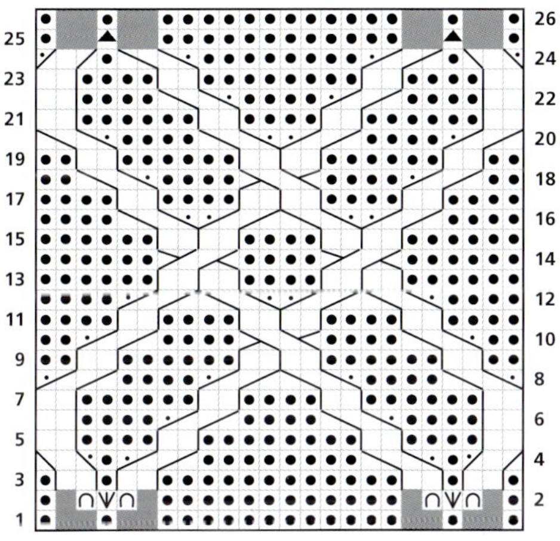

Motif sur 16 m.
(le nombre de m. n'est pas le même sur tous les rgs)

Symboles spéciaux

V Tric. 1 m. à l'end. par son brin arrière, puis par son brin avant; par der., relev. le brin horizontal situé entre les 2 m. que vous venez d'obtenir et utilisez-le pour tric. 1 m. end. torse.

▲ Placez le fil dev., gl. 3 m., *sur l'aig. droite, rab. la 2e m. par-dessus la 1re m.; gl. la 1re m. sur l'aig. gauche, rab. la m. suiv. par-dessus*, gl. de nouveau la 1re m. sur l'aig. droite, rép. 1 fois de * à *, placez le fil der., tric. à l'end. la 1re m. restée sur l'aig. gauche.

Note

Ce point commence par un rang envers.

Point 121

Treillis torsadé **Niveau 3**

Des torsades s'entrecroisent sur un fond en jersey envers finement strié de côtes torsadées (voir page 16). Vous pouvez réaliser un panneau d'un seul motif en tricotant les dix-huit mailles du diagramme.

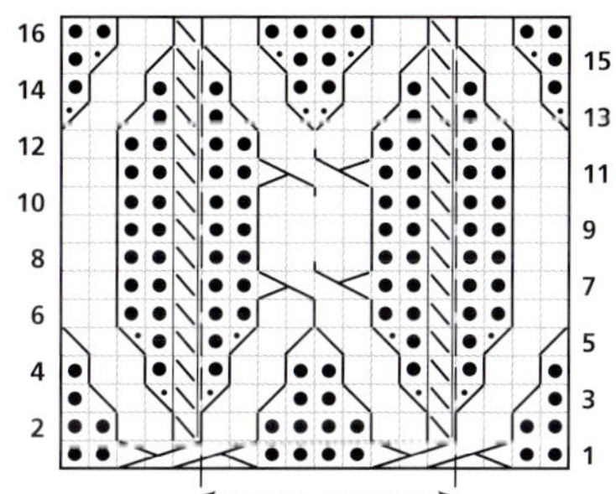

Sur un nombre de m.
multiple de 9, + 9 m.

Symbole spécial

Gl. 3 m. sur l'aig. aux. der., 2 m. end., gl. la 3e m. de l'aig. aux. sur l'aig. gauche, placez l'aig. aux. dev., tric. à l'end. torse la m. gl., tric. à l'end. les 2 m. rest. de l'aig. aux.

T2+1G T4D T4G T2+2D T2+2G

PANORAMA Points ajourés

Qu'ils soient spectaculaires ou discrets, lisses ou rehaussés de détails en relief, les points ajourés reposent tous sur le même principe : des diminutions compensées par le nombre nécessaire d'augmentations ou de jetés.

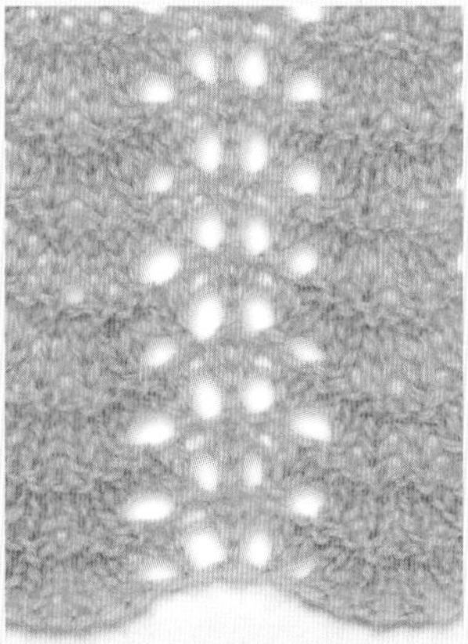

122 Festons layette

123 Côtes ajourées

124 Pastilles

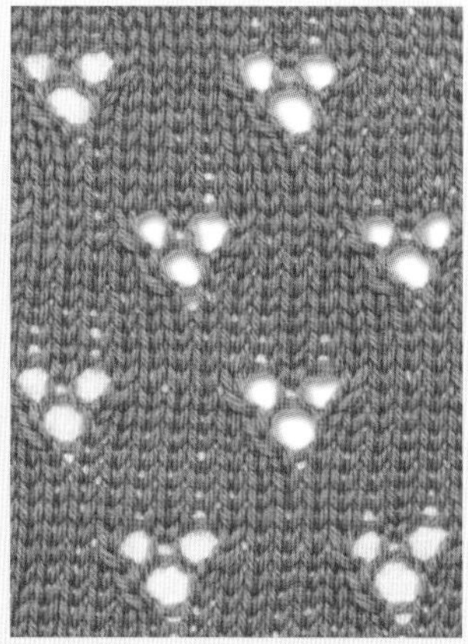

125 Semis de trèfle

126 Losanges ajourés

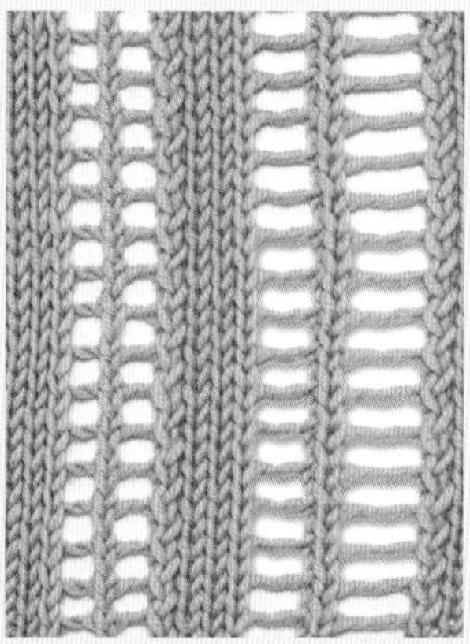

127 Échelles ajourées

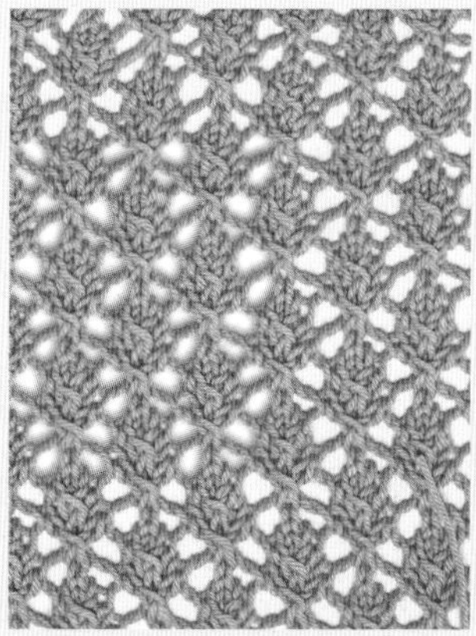

128 Petites feuilles

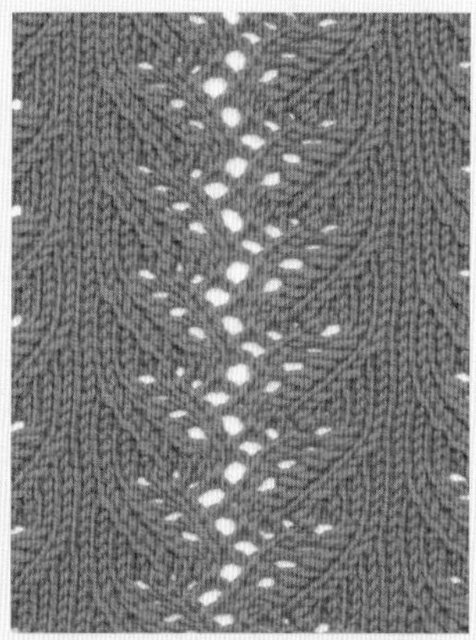

129 Fougères

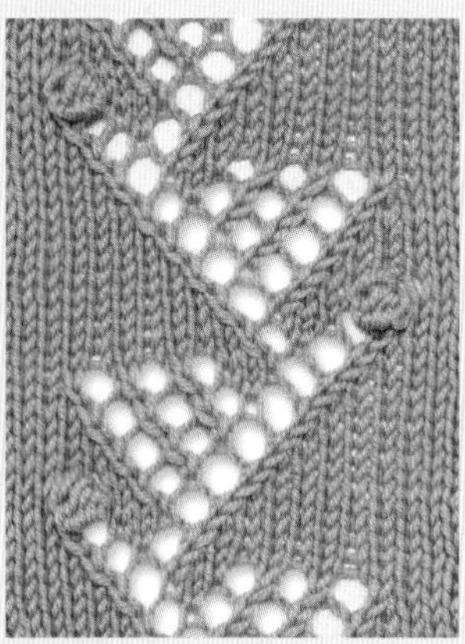

130 Rosier grimpant

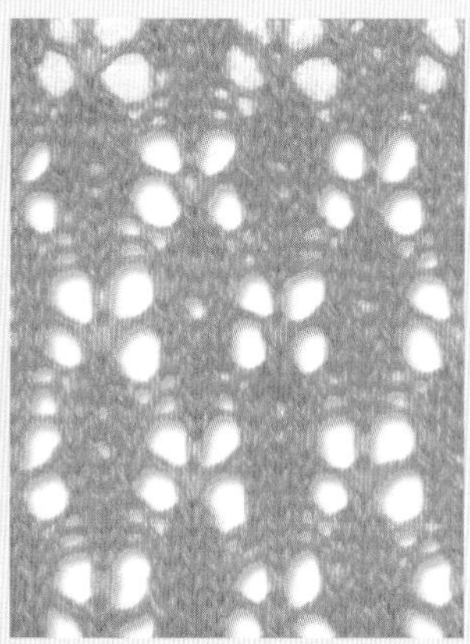

131 Fleurettes

132 Confetti

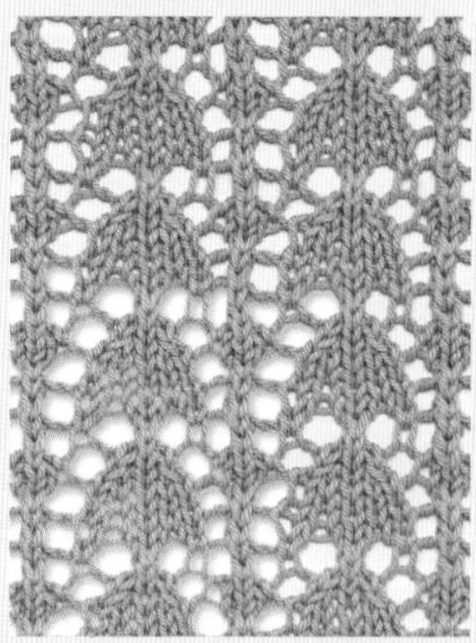

133 Campanules

134 Petites roses

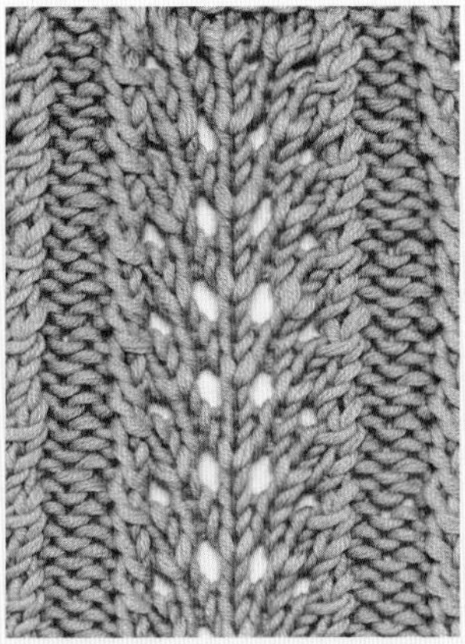

135 Éventails fermés

136 Zigzags ajourés

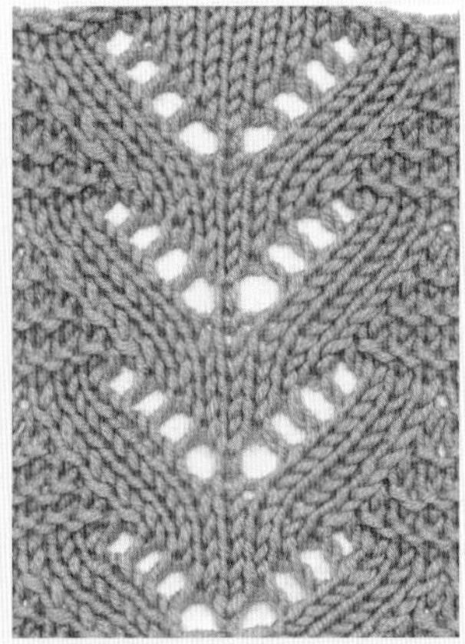

137 Chevrons ajourés

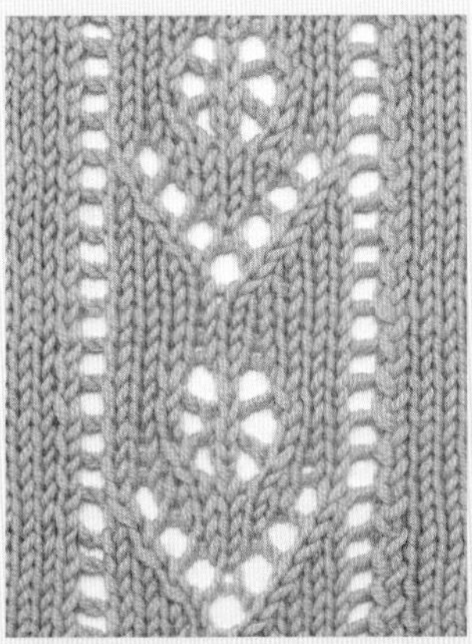

138 Pâquerettes

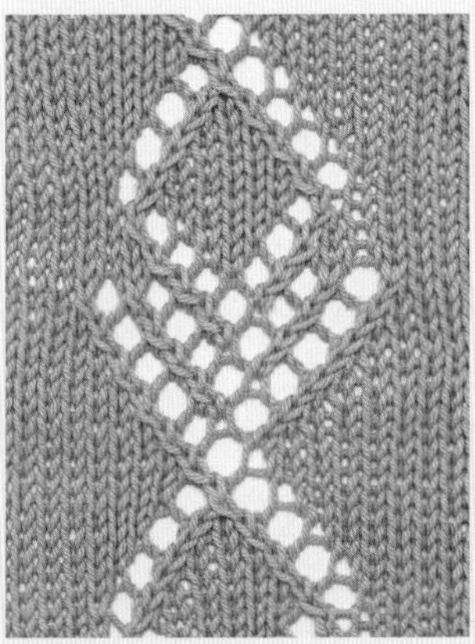

139 Crocus

140 Cœur ajouré

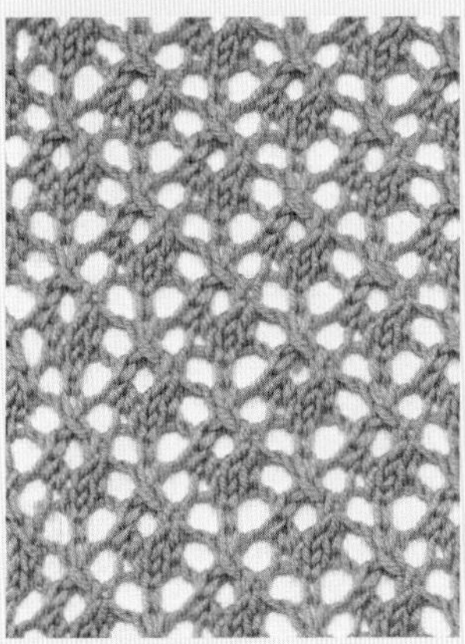

141 Œil de paon

142 Cachemire

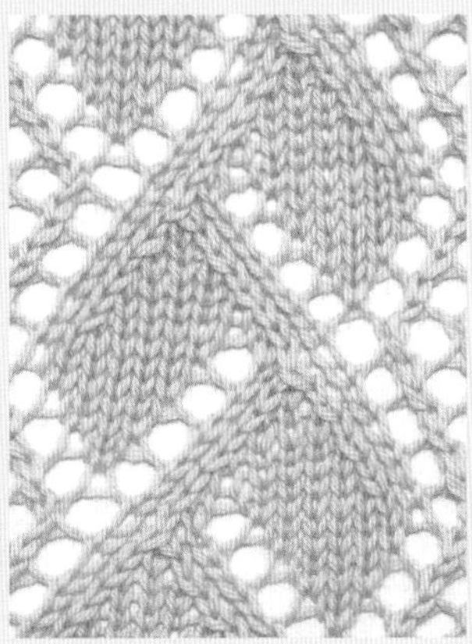

143 Treillis ajouré

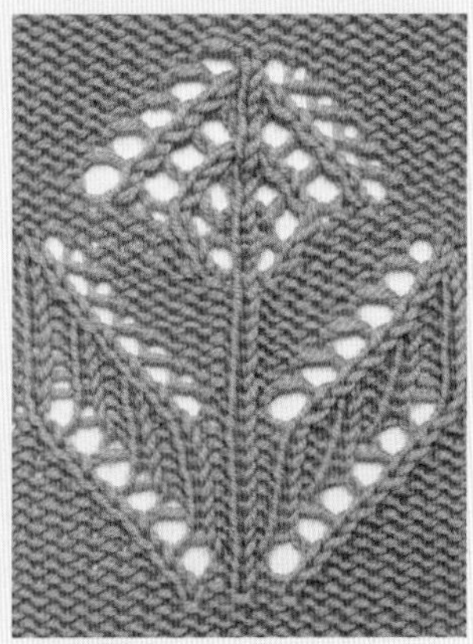

144 Ipomée

POINTS AJOURÉS, SUITE

145 Croix ajourée

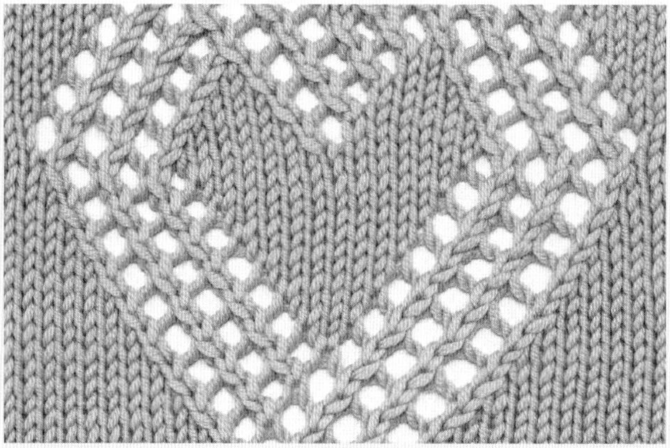

146 Cœur filigrané

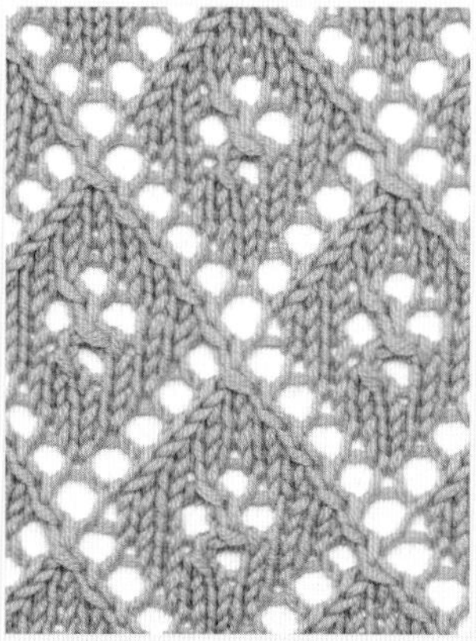

147 Treillis et fleurettes

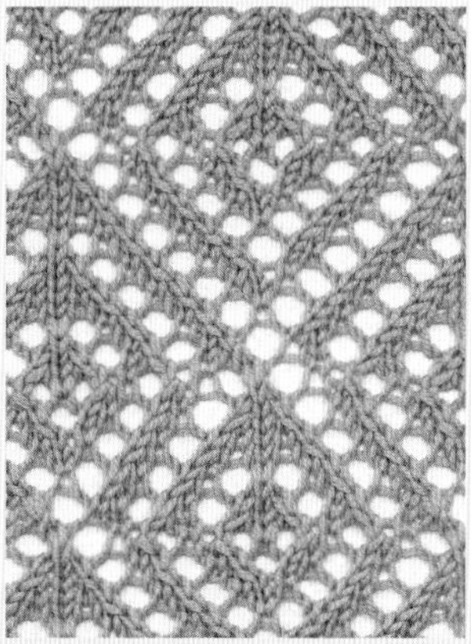

148 Résille de losanges

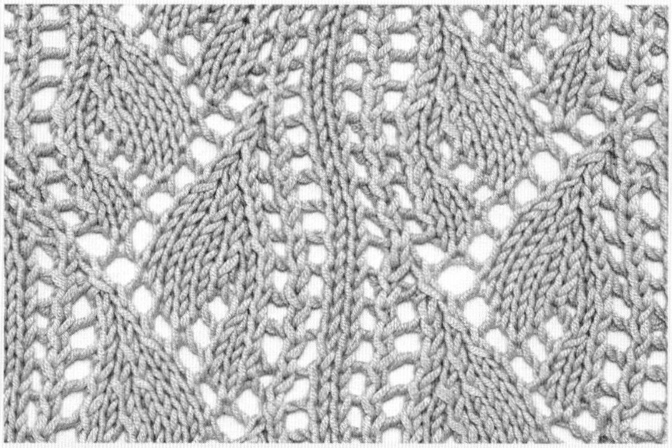

149 Fuchsia

150 Triangles ajourés

151 Treillis et doubles jours

152 Jours cernés en relief

153 Tulipe

154 Ramures

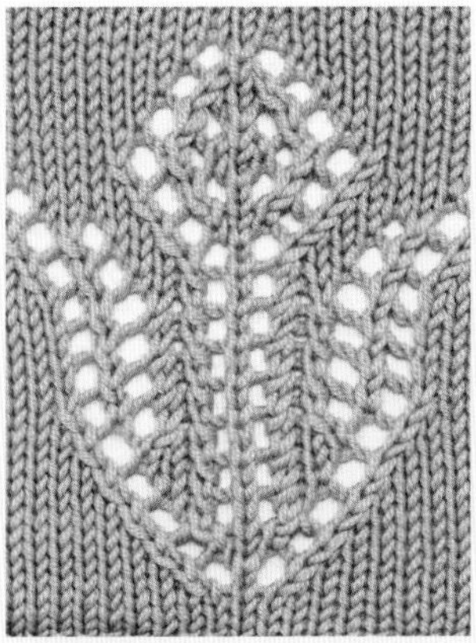

155 Lys

156 Coquillages

157 Grandes feuilles

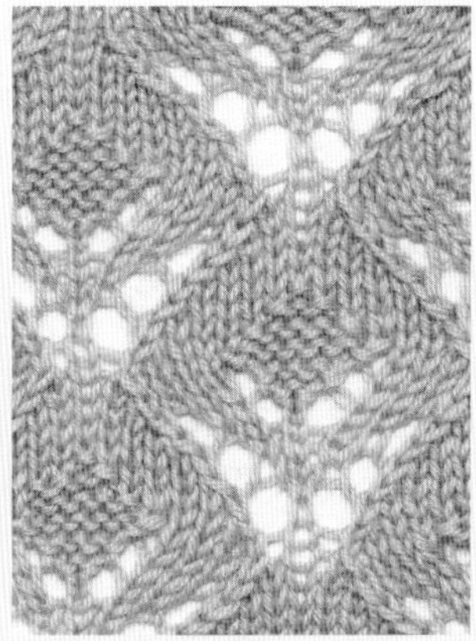

158 Fleurs du jardin

159 Éventails ouverts

160 Feuilles d'automne

161 Feuilles et boutons

162 Marguerites

163 Pivoines

164 Papillon ajouré

165 Petit papillon

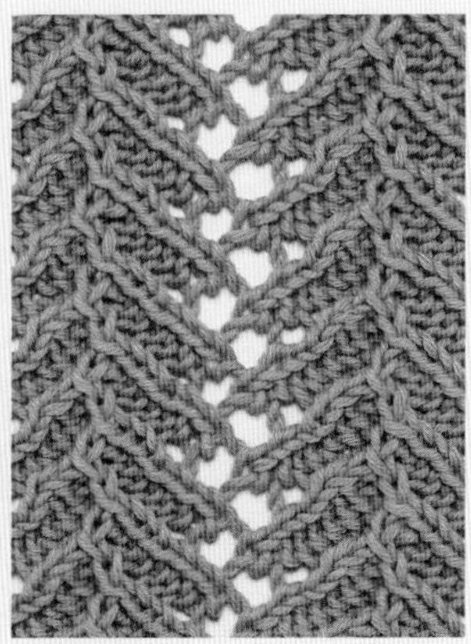

166 Algues

Point 122

Festons layette Niveau 1

Des diminutions et des jetés alternent pour créer de gracieuses lignes ondulées agrémentées de jours.

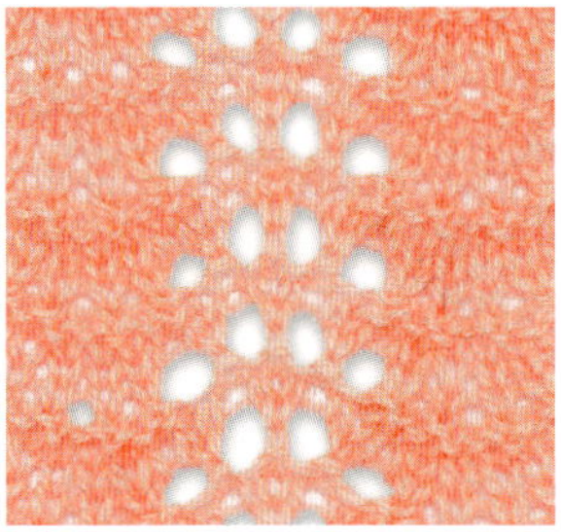

Méthode

1er rg (end.). 1 m. end., *°2 m. ens. à l'end.°, rép. 1 fois de ° à °, °°1 jeté, 1 m. end.°°, rép. 2 fois de °° à °°, 1 jeté, 2 srjts sples*, rép. de * à * jusqu'à 1 m. avant la fin du rg, 1 m. end.
2e rg. Tric. à l'env.
3e et 4e rgs. Tric. à l'end.
Rép. toujours ces 4 rgs.

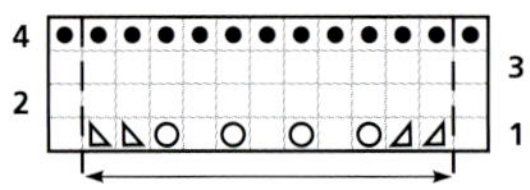

Sur un nombre de m. multiple de 11, + 2 m.

Point 123

Côtes ajourées Niveau 1

Des paires de diminutions accompagnées de jetés forment des côtes ajourées intercalées de jersey envers.

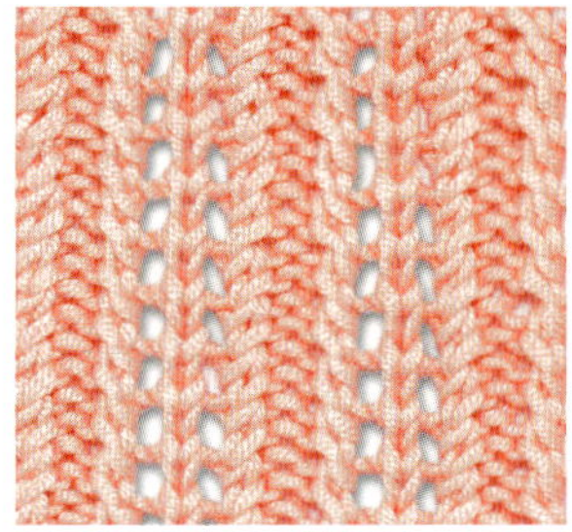

Méthode

1er rg (end.). *1 m. env., 2 m. ens. à l'end., 1 jeté, 1 m. end., 1 jeté, 1 srjt sple*, rép. de * à * jusqu'à 1 m. avant la fin du rg, 1 m. env.
2e rg. *1 m. end., 5 m. env., rép. de * à * jusqu'à 1 m. avant la fin du rg, 1 m. end.
Rép. toujours ces 2 rgs.

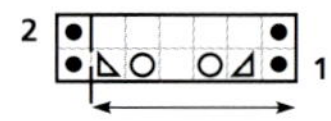

Sur un nombre de m. multiple de 6, + 1 m.

Point 124

Pastilles Niveau 1

Voici le type de point ajouré le plus simple. La particularité de cette version est que les jours sont alternativement exécutés sur l'endroit et sur l'envers.

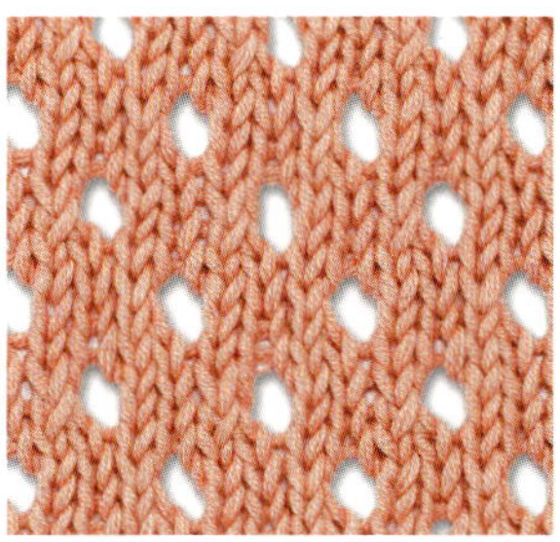

Méthode

1er et 5e rgs (end.). Tric. à l'end.
2e et 4e rgs. Tric. à l'env.
3e rg. 2 m. end., *°1 jeté, 2 m. ens. à l'end.°, 2 m. end.*, rép. de * à * jusqu'à 3 m. avant la fin du rg, rép. 1 fois de ° à °, 1 m. end.
6e rg. 3 m. env., *2 m. ens. à l'env., 1 jeté, 2 m. env.*, rép. de * à * jusqu'à 2 m. avant la fin du rg, 2 m. env.
Rép. toujours ces 6 rgs.

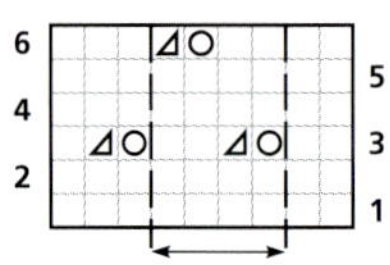

Sur un nombre de m. multiple de 4, + 5 m.

Symbole spécial

Sur l'end. 2 m. ens. à l'end.
Sur l'env. 2 m. ens. à l'env.

Point 125

Semis de trèfle Niveau 1

Le charme de ce point réside dans sa sobriété : un semis de trios de petits jours sur un fond en jersey endroit.

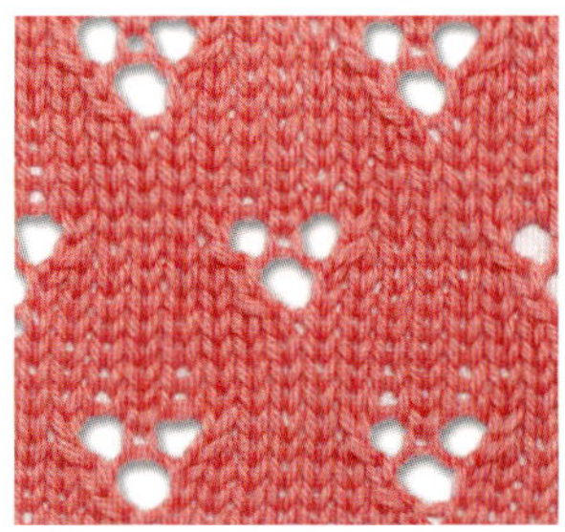

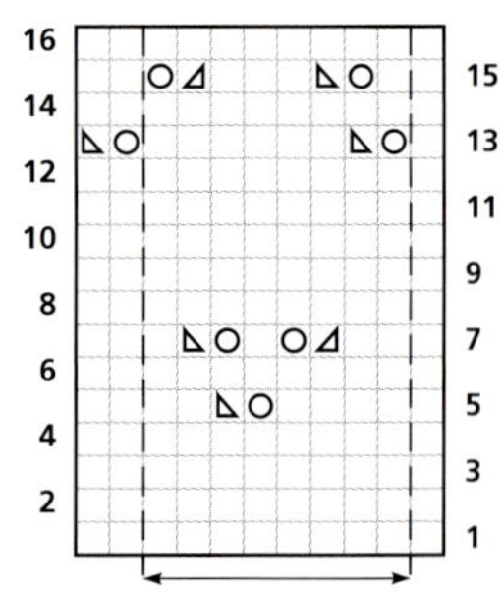

Sur un nombre de m. multiple de 8, + 3 m.

84-85 Symboles de base

m. end. sur l'end. / m. env. sur l'env. — m. env. sur l'end. / m. end. sur l'env. — m. end. torse sur l'end. / m. env. torse sur l'env. — 2 m. ens. à l'end. — srjt sple à l'end. — dim. dble à l'end. centrée

Point 126

Losanges ajourés Niveau 1

Les jetés doubles qui ponctuent ce point lui donnent souplesse et rondeur.

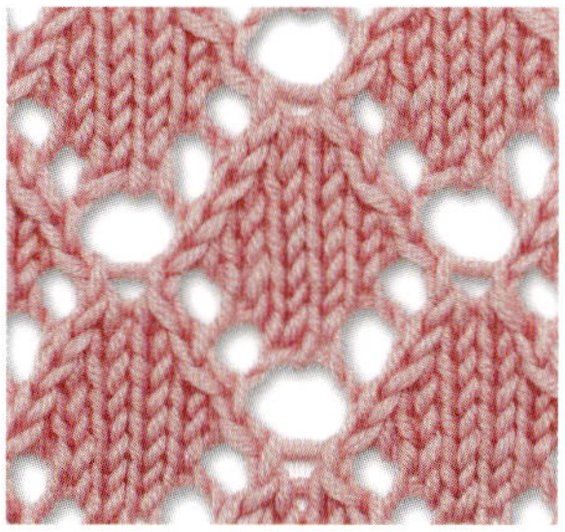

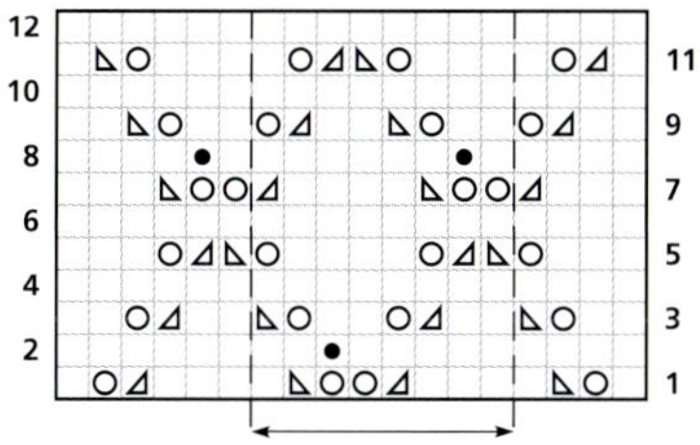

Sur un nombre de m. multiple de 8, + 10 m.

Point 127

Échelles ajourées Niveau 1

Vous pouvez répéter ces deux motifs sur toute la largeur de l'ouvrage, ou employer l'un d'eux pour encadrer un motif ou un panneau.

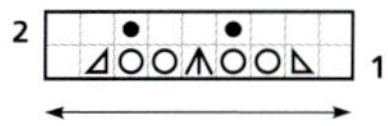

Grandes échelles : 9 m.

Méthode

1er rg (end.). 1 m. end., 1 srjt sple, 2 jetés, 1 dim. dble à l'end. centrée, 2 jetés, 2 m. ens. à l'end., 1 m. end.
2e rg. *2 m. env., 1 m. end.*, rép. 1 fois de * à *, 3 m. end.
Rép. toujours ces 2 rgs.

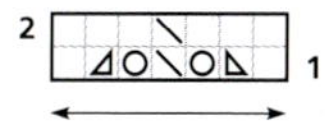

Petites échelles : 7 m.

Méthode

1er rg (end.). 1 m. end., 1 srjt sple, 1 jeté, 1 m. end. torse, 1 jeté, 2 m. ens. à l'end., 1 m. end.
2e rg. 3 m. env., 1 m. env. torse, 3 m. env.
Rép. toujours ces 2 rgs.

Point 128

Petites feuilles Niveau 1

Ce point forme une résille de minuscules feuilles nervurées. Toutes les diminutions sont doubles, sauf sur les deux côtés.

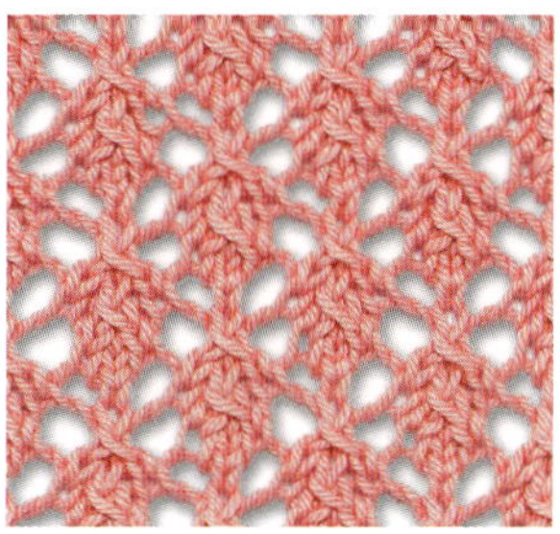

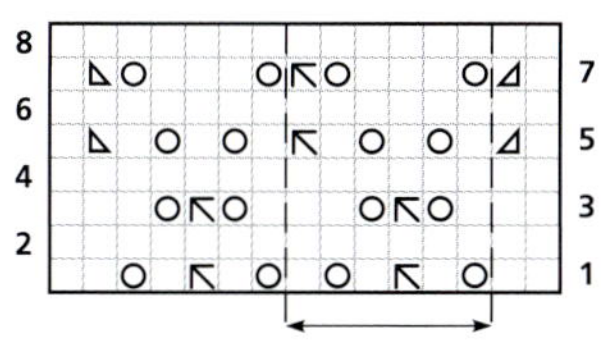

Sur un nombre de m. multiple de 6, + 9 m.

Point 129

Fougères Niveau 1

Ce point est beaucoup plus simple qu'il n'y paraît. C'est la répartition habile des diminutions et des jetés qui génère ses courbes gracieuses.

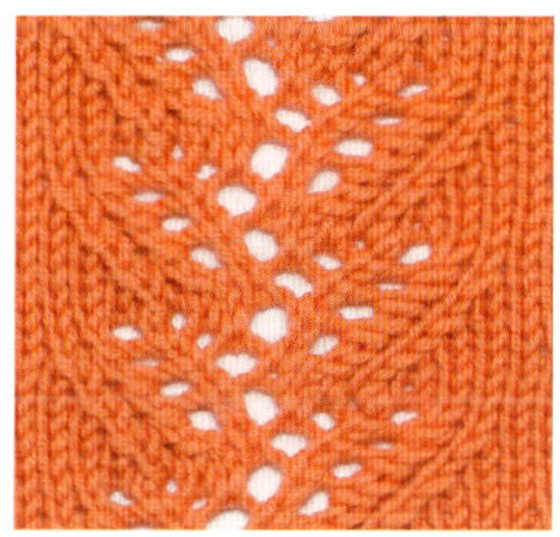

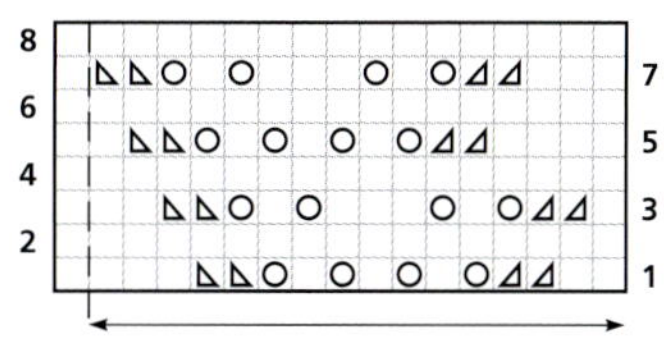

Sur un nombre de m. multiple de 16, + 1 m.

srjt dble à l'end.

jeté

Point 130

Rosier grimpant

Niveau 1

Des nopes agrémentent ce motif de zigzags ajourés asymétriques.

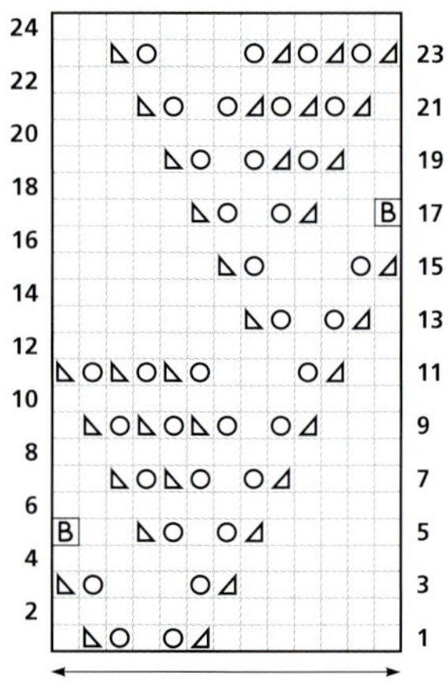

Panneau de 13 m.

Symbole spécial

B Dans la même m., tric. *1 m. end., 1 m. env.*, rép. de * à *, 1 m. end. ; tournez, 5 m. env., tournez, rab. les 2e, 3e, 4e et 5e m. par-dessus la 1re m., 1 m. end. torse.

Point 131

Fleurettes

Niveau 1

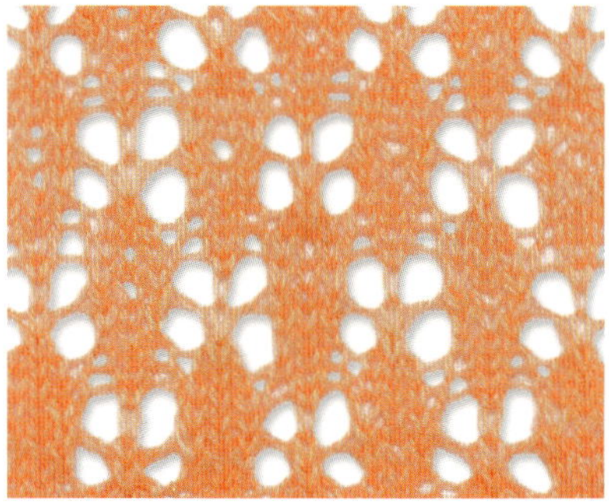

La taille des jours est subtilement modulée grâce à des diminutions simples et doubles.

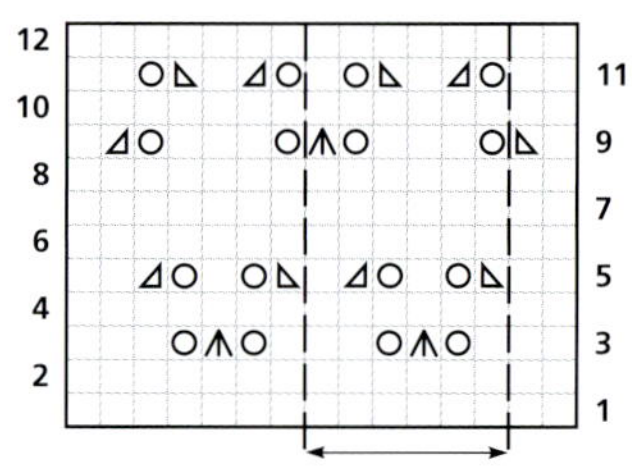

Sur un nombre de m. multiple de 6, + 9 m.

Point 132

Confetti

Niveau 1

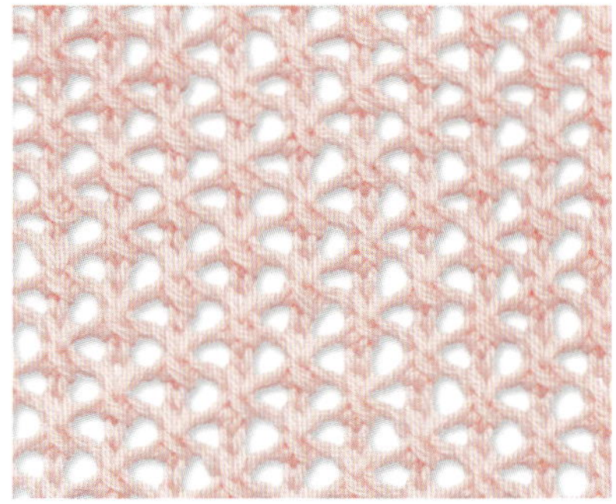

Ce point classique ajoure entièrement la surface de l'ouvrage tout lui donnant du relief.

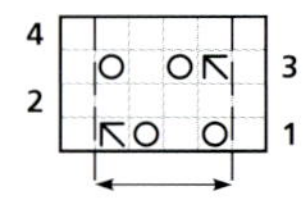

Sur un nombre de m. multiple de 4, + 2 m.

Méthode

1er rg (end.). 1 m. end., *1 jeté, 1 m. end., 1 jeté, 1 srjt dble à l'end.*, rép. de * à * jusqu'à 1 m. avant la fin du rg, 1 m. end.
2e rg. Tric. à l'env.
3e rg. 1 m. end., *1 srjt dble à l'end., 1 jeté, 1 m. end., 1 jeté*, rép. de * à * jusqu'à 1 m. avant la fin du rg, 1 m. end.
4e rg. Tric. à l'env.
Rép. toujours ces 4 rgs.

- m. end. sur l'end. / m. env. sur l'env.
- 2 m. ens. à l'end.
- srjt sple à l'end.
- dim. dble à l'end. centrée
- srjt dble à l'end.
- jeté

Point 133

Campanules

Niveau 1

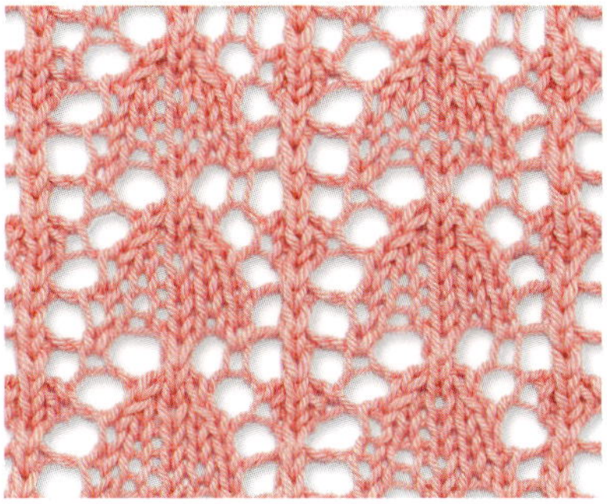

Des diminutions doubles encadrées de jetés donnent aux motifs de ce point beaucoup de fluidité et de souplesse.

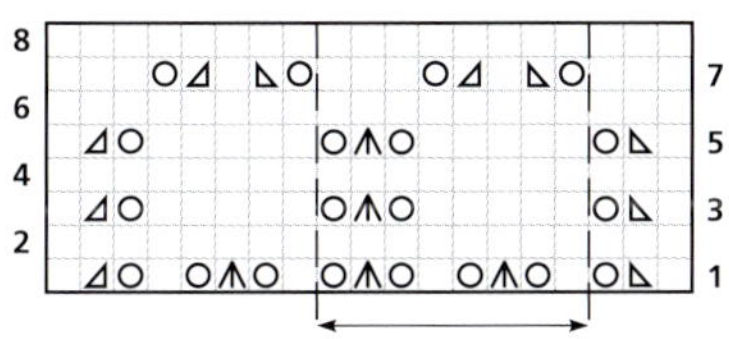

Sur un nombre de m. multiple de 8, + 11 m.

Méthode

1er rg (end.). 1 m. end., 1 srjt sple à l'end., 1 jeté, *1 m. end., 1 jeté, 1 dim. dble à l'end. centrée, 1 jeté*, rép. de * à * jusqu'à 4 m. avant la fin du rg, 1 m. end., 1 jeté, 2 m. ens. à l'end., 1 m. end.
2e rg et tous les rgs env. Tric. à l'env.
3e rg. 1 m. end., 1 srjt sple à l'end., 1 jeté, *5 m. end., 1 jeté, 1 dim. dble à l'end. centrée, 1 jeté*, rép. de * à * jusqu'à 8 m. avant la fin du rg, 5 m. end., 1 jeté, 2 m. ens. à l'end., 1 m. end.
5e rg. Comme le 3e rg.
7e rg. 3 m. end., *1 jeté, 1 srjt sple à l'end., 1 m. end., 2 m. ens. à l'end., 1 jeté, 3 m. end.*, rép. de * à * jusqu'à la fin du rg.
8e rg. Tric. à l'env.
Rép. toujours ces 8 rgs.

Point 134

Petites roses

Niveau 1

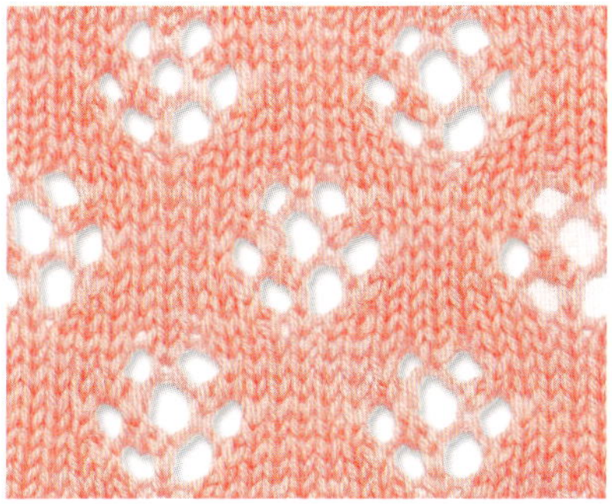

On utilise ici un procédé spécial de jeté double pour créer le cœur de ces petites fleurs à six pétales.

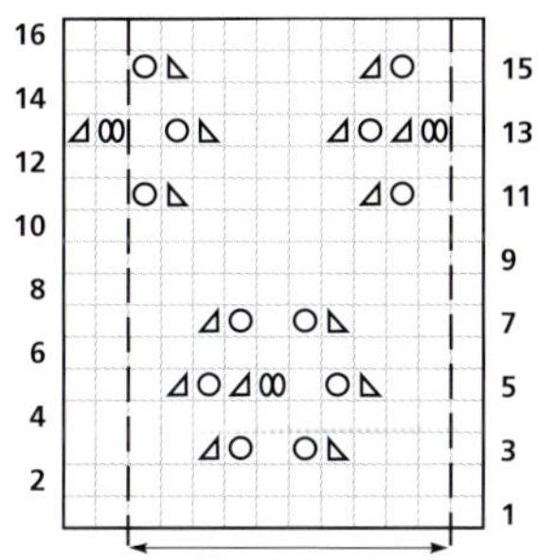

Sur un nombre de m. multiple de 10, + 3 m.

Symbole spécial

00 2 jetés. Sur le rg env. suiv., écoul. le 1er jeté hors de l'aig. gauche, puis tric. le jeté suiv. à l'env.

Méthode

1er rg (end.). Tric. à l'end.,
2e rg. Tric. à l'env.
3e rg. 4 m. end., *°1 srjt sple à l'end., 1 jeté, 1 m. end., 1 jeté, 2 m. ens. à l'end.°, 5 m. ens. à l'end.*, rép. de * à * jusqu'à 9 m. avant la fin du rg, rép. 1 fois de ° à °, 4 m. end.
4e rg. Tric. à l'env.
5e rg. 3 m. end., *1 srjt sple à l'end., 1 jeté, 1 m. end., 2 jetés, 2 m. ens. à l'end., 1 jeté, 2 m. ens. à l'end., 3 m. end.*, rép. de * à * jusqu'à la fin du rg.
6e rg. Tric. à l'env. en laissant tomber le 1er jeté de chaque paire.
7e rg. Comme le 3e rg.
8e rg. Tric. à l'env.
9e rg. Tric. à l'end.
10e rg. Tric. à l'env.
11e rg. 2 m. end., 1 jeté, 2 m. ens. à l'end., *°5 m. end., 1 srjt sple à l'end., 1 jeté°, 1 m. end., 1 jeté, 2 m. ens. à l'end.* rép. de * à * jusqu'à 9 m. avant la fin du rg, rép. 1 fois de ° à °, 2 m. end.
12e rg. Tric. à l'env.
13e rg. 1 m. end., 2 jetés, 2 m. ens. à l'end., 1 jeté, 2 m. ens. à l'end., *°3 m. end., 1 srjt sple à l'end., 1 jeté, 1 m. end., 2 jetés, 2 m. ens. à l'end.°, 1 jeté, 2 m. ens. à l'end.*, rép. de * à * jusqu'à 8 m. avant la fin du rg, rép. 1 fois de ° à °.
14e rg. Comme le 6e rg.
15e rg. Comme le 11e rg.
16e rg. Tric. à l'env.
Rép. toujours ces 16 rgs.

Point 135

Éventails fermés

Niveau 2

Les motifs se présentent ici comme de larges côtes intercalées à du jersey envers. Ils sont formés par des jetés excédentaires qui ne sont compensés que deux rangs plus haut – ce qui explique que le nombre de mailles ne soit pas constant sur la séquence de quatre rangs.

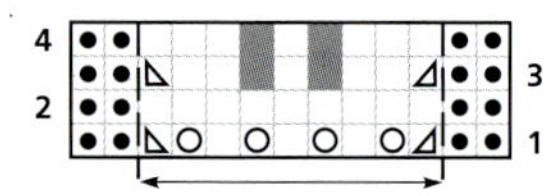

Sur un nombre de m. multiple de 9, + 2 m. (le nombre de m. n'est pas le même sur tous les rgs)

Méthode

1er rg (end.). *2 m. env., 2 m. ens. à l'end., °1 jeté, 1 m. end.°, rép. 2 fois de ° à °, 1 jeté, 1 srjt sple à l'end.*, rép. de * à * jusqu'à 2 m. avant la fin du rg, 2 m. env.
2e rg. *2 m. end., 9 m. env.*, rép. de * à * jusqu'à 2 m. avant la fin du rg, 2 m. end.
3e rg. *2 m. env., 2 m. ens. à l'end., 5 m. end., 1 srjt sple à l'end*, rép. de * à * jusqu'à 2 m. avant la fin du rg, 2 m. env..
4e rg. *2 m. end., 7 m. env.*, rép. de * à * jusqu'à 2 m. avant la fin du rg, 2 m. end.
Rép. toujours ces 4 rgs.

Point 136

Zigzags ajourés

Niveau 2

Dès que vous avez compris comment diminuer sur les rangs envers, ce point est très simple. Vous pouvez placer une seule ligne verticale en zigzag, ou répéter le motif sur toute la largeur de l'ouvrage.

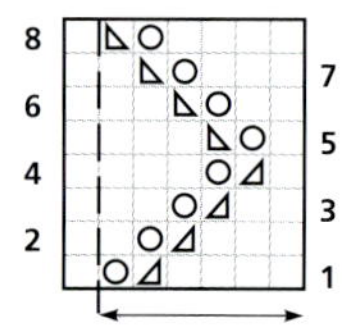

Sur un nombre de m. multiple de 6, + 1 m.

Symboles spéciaux

◿ ***Sur l'end.*** 2 m. ens. à l'end.
Sur l'env. 2 m. ens. à l'env.

◺ ***Sur l'end.*** Srjt sple à l'end.
Sur l'env. Srjt sple torse : 1 m. gl. à l'end., 1 m. end., remettez les 2 m. sur l'aig. gauche, 2 m. ens. à l'env. en les prenant de gauche à droite.

Point 137

Chevrons ajourés

Niveau 2

Malgré ses élégantes ondulations imbriquées, ce point est facile à tricoter parce que le nombre de mailles demeure constant et qu'un rang sur deux est entièrement exécuté à l'envers.

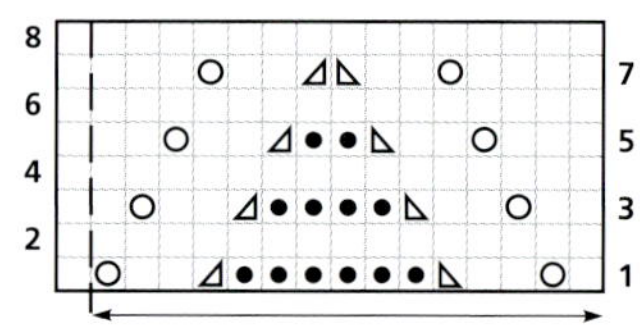

Sur un nombre de m. multiple de 15, + 1 m.

Méthode

1er rg (end.). *1 m. end., 1 jeté, 2 m. end., 1 srjt sple à l'end., 6 m. env., 2 m. ens. à l'end., 2 m. end., 1 jeté*, rép. de * à * jusqu'à 1 m. avant la fin du rg, 1 m. end.
2e rg et tous les rgs env. Tric. à l'env.
3e rg. *2 m. end., 1 jeté, 2 m. end., 1 srjt sple à l'end., 4 m. env., 2 m. ens. à l'end., 2 m. end., 1 jeté, 1 m. end.*, rép. de * à * jusqu'à 1 m. avant la fin du rg, 1 m. end.
5e rg. *3 m. end., 1 jeté, 2 m. end., 1 srjt sple à l'end., 2 m. env., 2 m. ens. à l'end., 2 m. end., 1 jeté, 2 m. end.*, rép. de * à * jusqu'à 1 m. avant la fin du rg, 1 m. end.
7e rg. *4 m. end., 1 jeté, 2 m. end., 1 srjt sple à l'end., 2 m. ens. à l'end., 2 m. end., 1 jeté, 3 m. end.*, rép. de * à * jusqu'à 1 m. avant la fin du rg, 1 m. end.
8e rg. Tric. à l'env.
Rép. toujours ces 8 rgs.

□ m. end. sur l'end. m. env. sur l'env. · ● m. env. sur l'end. m. end. sur l'env. · ◹ m. end. torse · ◿ 2 m. ens. à l'end. · ◺ srjt sple à l'end. · Λ dim. dble à l'end. centrée

Point 138

Pâquerettes

Niveau 2

Ce panneau présente une rangée verticale de fleurettes bordée de part et d'autre par une échelle de jours.

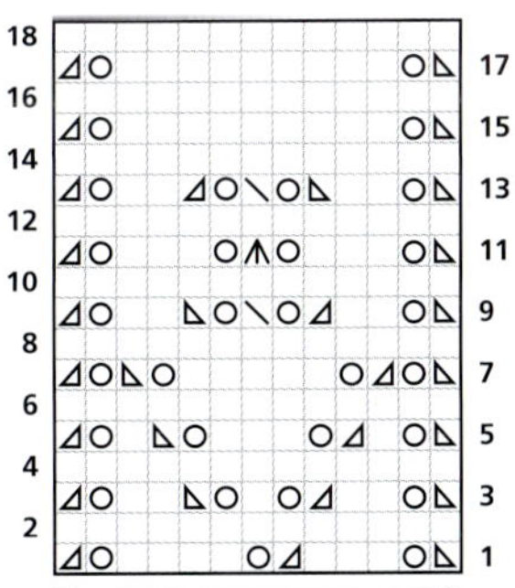

Panneau de 13 m.

Point 139

Crocus

Niveau 2

Des losanges et des chevrons imbriqués dessinent une rangée verticale de fleurs stylisées.

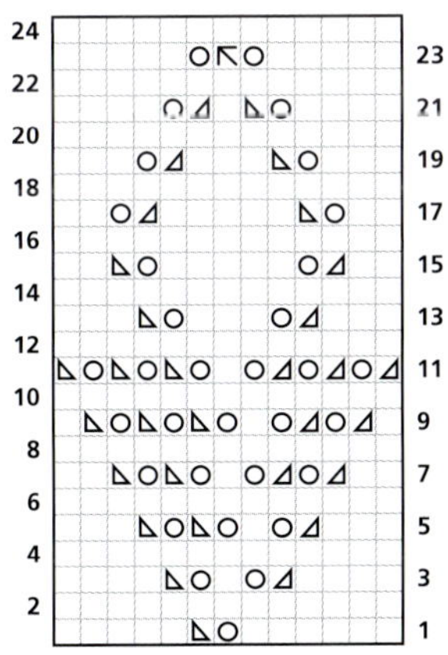

Panneau de 13 m.

Point 140

Cœur ajouré

Niveau 2

Sur un fond en jersey envers, une série d'augmentations et de diminutions cernent avec soin un cœur agrémenté d'un petit losange.

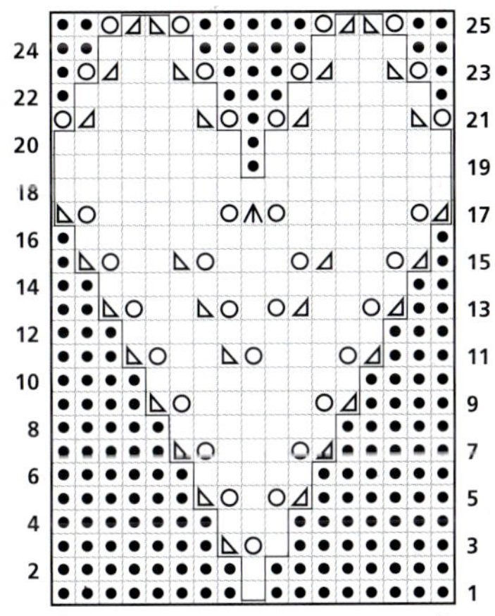

Motif sur 17 m.

srjt dble à l'end. jeté m. virt.

Point 141

Œil de paon **Niveau 2**

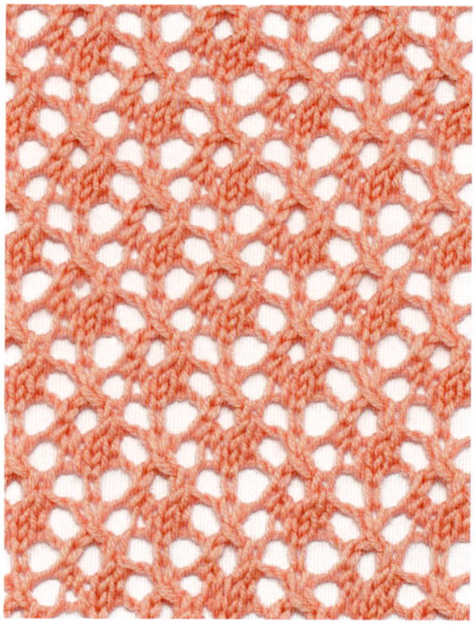

Ce point pourrait figurer une résille de petites feuilles, mais le jour au centre de chaque zone de jersey endroit évoque un œil d'oiseau.

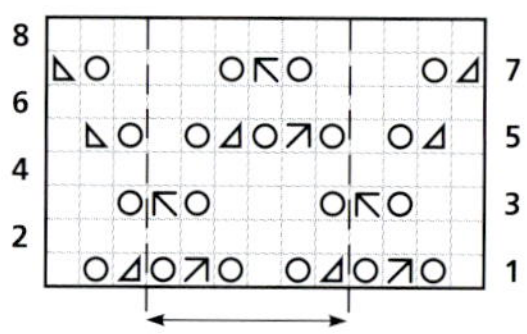

Sur un nombre de m. multiple de 6, + 7 m.

Point 142

Cachemire **Niveau 2**

Voici un point classique doté d'un grand potentiel. Vous pouvez l'utiliser sur toute la surface de l'ouvrage, le placer isolément, ou encore le répéter en frise horizontale ou verticale.

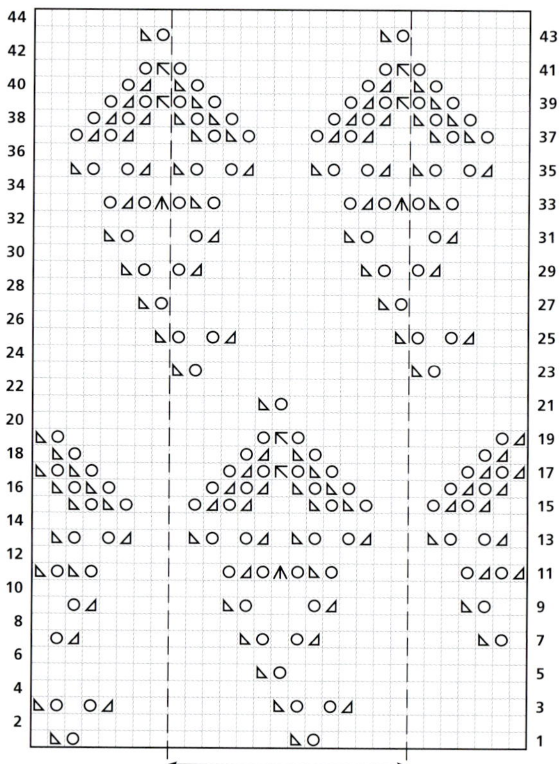

Sur un nombre de m. multiple de 14, + 15 m.

- m. end. sur l'end. / m. env. sur l'env.
- m. env. sur l'end. / m. end. sur l'env.
- 2 m. ens. à l'end. sur l'end. / 2 m. ens. à l'env. sur l'env.
- srjt sple à l'end. sur l'end. / 2 m. ens. torses à l'env. sur l'env.

Point 143
Treillis ajouré **Niveau 2**

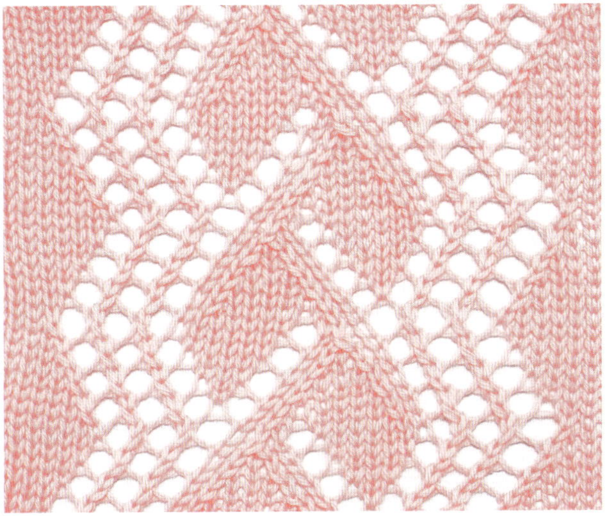

Ce motif traditionnel présente des zigzags ajourés se détachant nettement sur un fond en jersey endroit. Vous pouvez l'utiliser en panneau ou le répéter plusieurs fois sur la largeur du tricot.

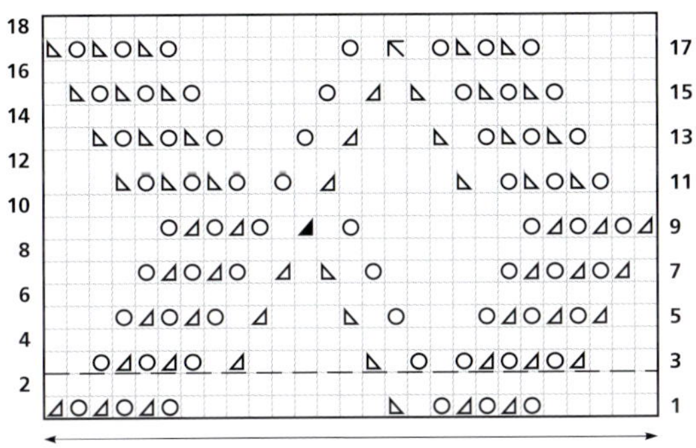

Panneau de 27 m.

Symbole spécial

1 srjt sple, gl. la m. obtenue sur l'aig. gauche, rab. par-dessus la m. suiv. de l'aig. gauche, gl. de nouveau la m. sur l'aig. droite.

Note

Tricotez du 1er au 18e rang, puis répétez toujours du 3e au 18e rang.

Point 144
Ipomée **Niveau 2**

Les jeux de jetés, de diminutions et d'augmentations donnent un relief subtil à ce motif exécuté sur un fond de jersey envers.

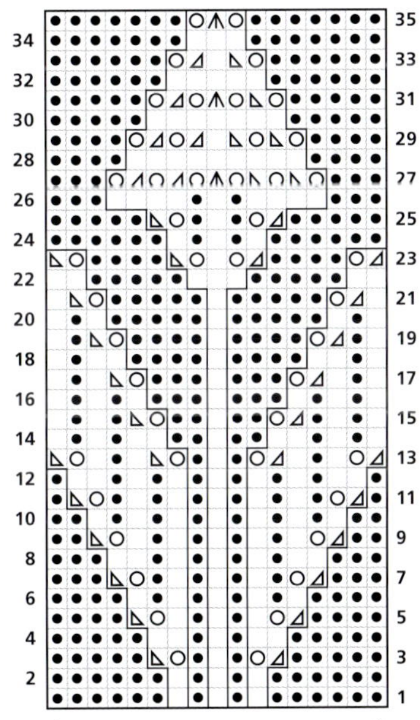

Motif sur 17 m.

dim. dble à l'end. centrée — srjt dble à l'end. — 3 m. ens. à l'end. — jeté

Point 145

Croix ajourée

Niveau 2

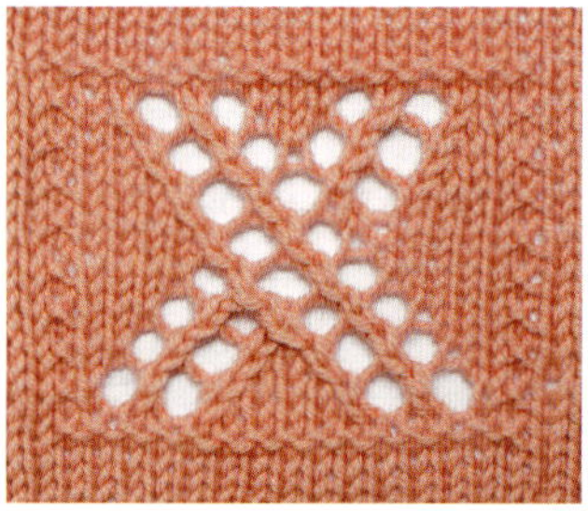

Les jetés, diminutions et augmentations sont habilement disposés pour souligner le motif. Un cadre d'une maille en jersey envers permet de le placer sur n'importe quel fond.

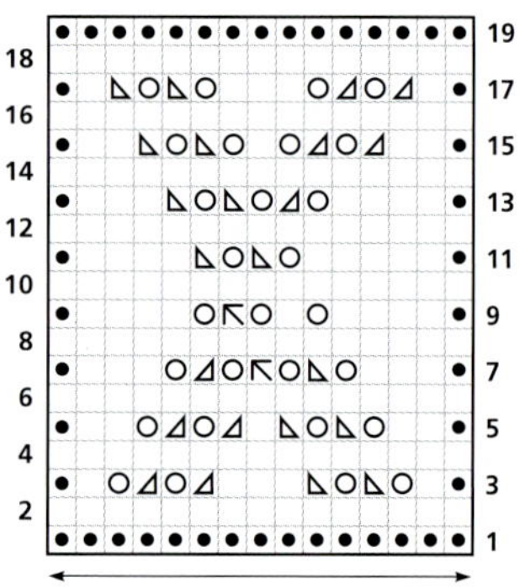

Motif sur 15 m.

Point 146

Cœur filigrané

Niveau 2

Vous pouvez placer ce joli cœur seul sur le devant d'un pull-over, ou le répéter en frise éventuellement encadrée par des côtes ou des lignes de petits jours.

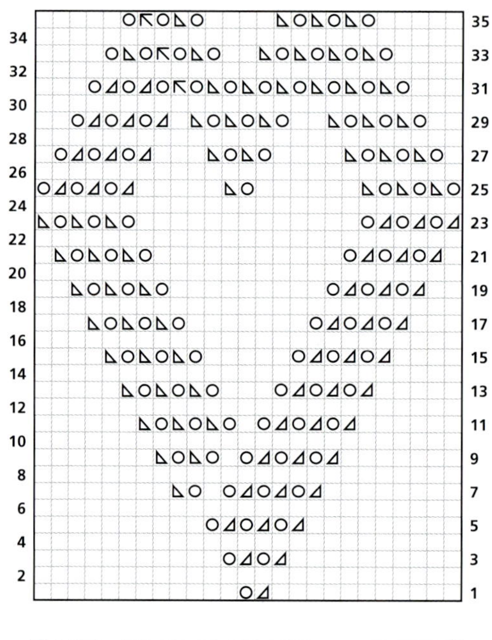

Motif sur 25 m.

92-93 Symboles de base

- □ m. end. sur l'end. / m. env. sur l'env.
- ● m. env. sur l'end. / m. end. sur l'env.
- ◿ 2 m. ens. à l'end.
- ◺ srjt sple à l'end.
- Λ dim. dble à l'end. centrée
- ⇖ srjt dble à l'end.
- O jeté

Point 147

Treillis et fleurettes

Niveau 2

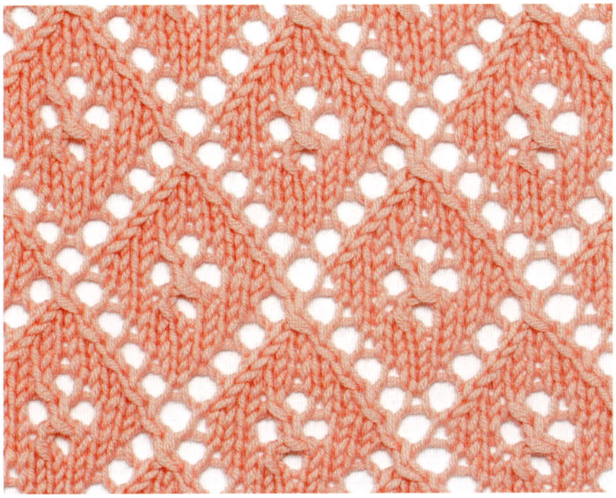

Moins complexe que vous pourriez le penser, ce point est constitué de séquence de mailles et de rangs faciles à suivre.

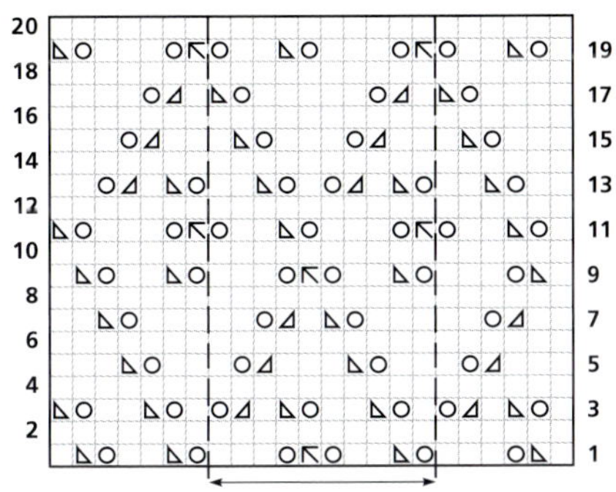

Sur un nombre de m. multiple de 10, + 13 m.

Point 148

Résille de losanges

Niveau 2

En dépit de la densité des motifs, ce point demeure assez facile à réaliser, car un rang sur deux est tricoté entièrement à l'envers.

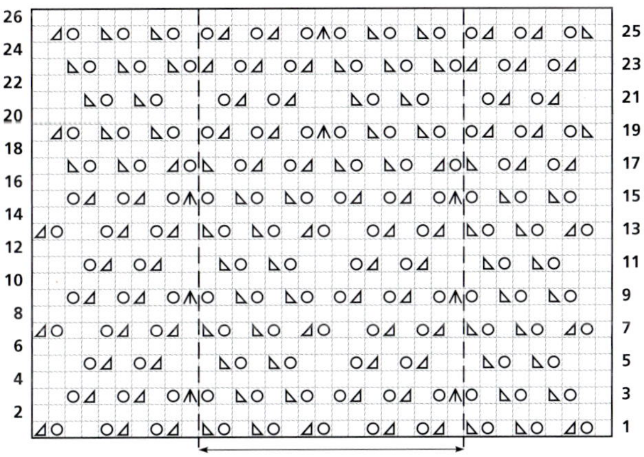

Sur un nombre de m. multiple de 16, + 19 m.

Point 149

Fuchsia **Niveau 2**

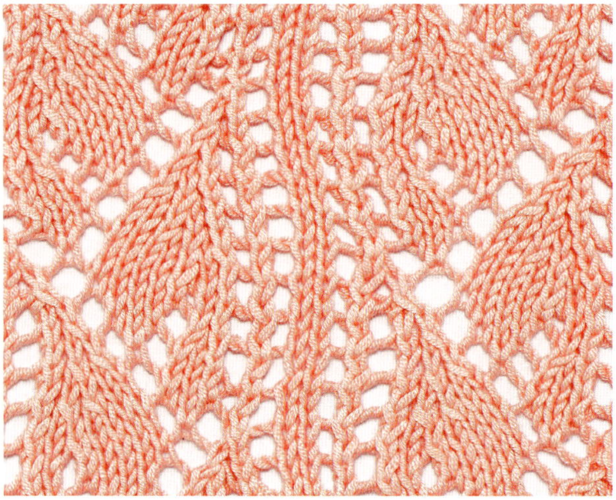

Inspirée d'un point très ancien, cette version simplifiée présente l'avantage de conserver un nombre constant de mailles sur tous les rangs. Vous pouvez utiliser les quinze mailles centrales pour réaliser un panneau, ou répéter la séquence sur toute la largeur de l'ouvrage.

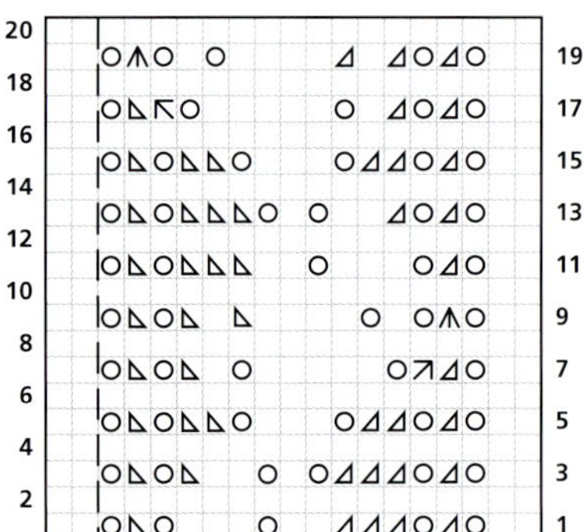

Sur un nombre de m. multiple de 17, + 2 m.

Point 150

Triangles ajourés **Niveau 2**

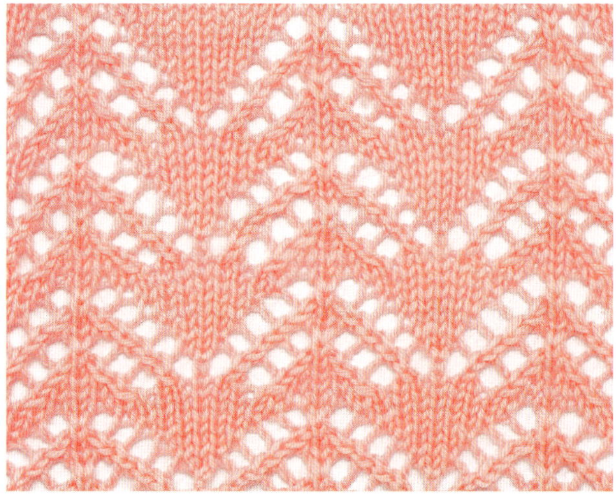

Une alternance de triangles ajourés et de triangles en jersey endroit compose ce point aussi simple que séduisant. Sans répétition, les dix rangs créent aussi une adorable bordure à la base de l'ouvrage.

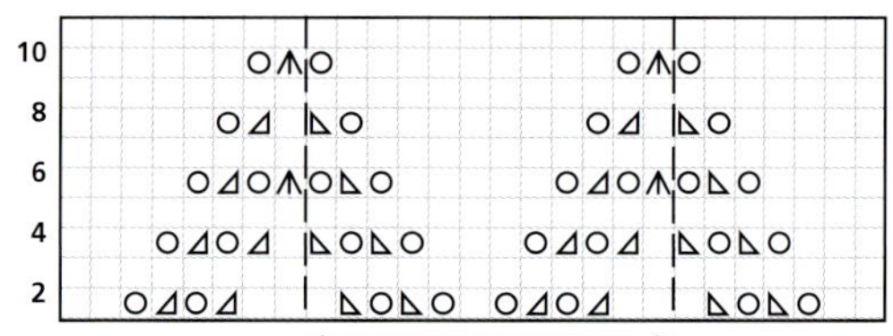

Sur un nombre de m. multiple de 12, + 15 m.

m. end. sur l'end. m. env. sur l'env. — 2 m. ens. à l'end. — srjt sple à l'end. — dim. dble à l'end. centrée — 3 m. ens. à l'end. — srjt dble à l'end. — jeté — T2D

Point 151

Treillis et doubles jours **Niveau 2**

Ce point raffiné fait appel à des torsades sur deux et trois mailles pour entrecroiser nettement les contours des losanges. Si vous le souhaitez, vous pouvez supprimer les doubles jours centraux en les remplaçant par trois mailles en jersey endroit.

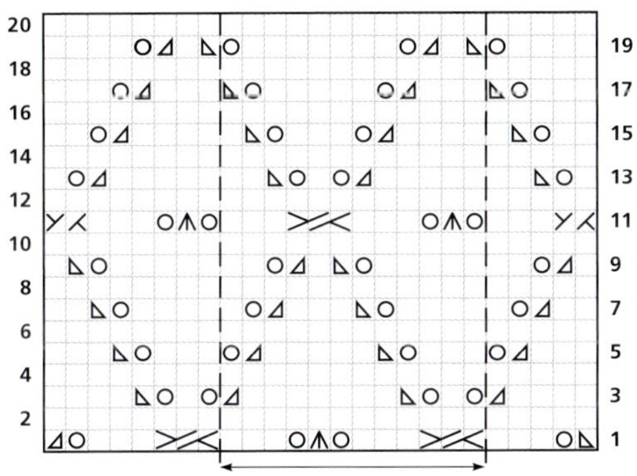

Sur un nombre de m. multiple de 12, + 13 m.

Symbole spécial

Gl. 2 m. sur l'aig. aux. der., 1 m. end., gl. la 2e m. de l'aig. aux. sur l'aig. gauche, placez l'aig. aux. dev., tric. à l'end. la m. gl. sur l'aig. gauche, tric. à l'end. la m. rest. de l'aig. aux.

Note

Ce point nécessite une aiguille auxiliaire.

Point 152

Jours cernés en relief **Niveau 2**

Les reliefs subtils de ce point sont créés en décalant d'une maille les jetés compensant les diminutions. Vous pouvez donner davantage de dynamisme à ce modèle en remplaçant le jersey endroit des losanges par un point simple plus texturé (voir pages 12-13).

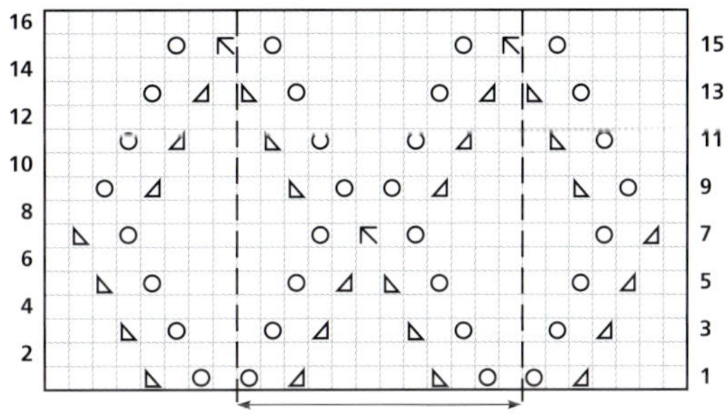

Sur un nombre de m. multiple de 12, + 15 m.

srjt dble à l'end. jeté T2D

Point 153
Tulipe **Niveau 2**

Les deux échelles de jours qui bordent cette tulipe stylisée permettent d'alléger le fond en jersey endroit (vous pouvez les utiliser seules sur d'autres ouvrages).

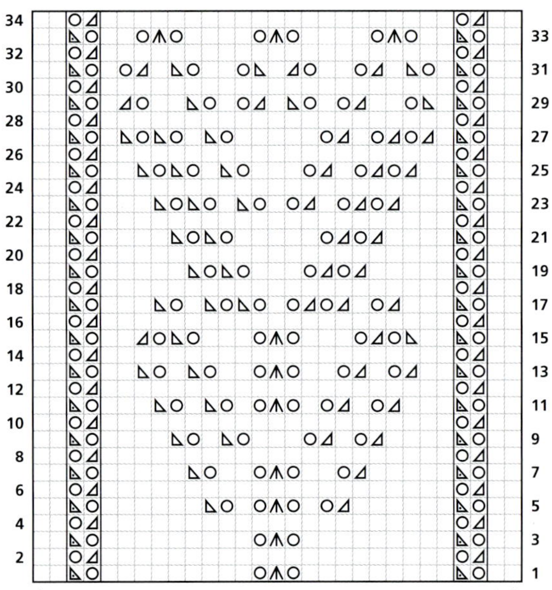

Panneau de 29 m.

Symboles spéciaux

◿ ***Sur l'end.*** 2 m. ens. à l'end. ***Sur l'env.*** 2 m. ens. à l'env.

◺ 2 m. ens. à l'env. sur l'end.

Point 154
Ramures **Niveau 2**

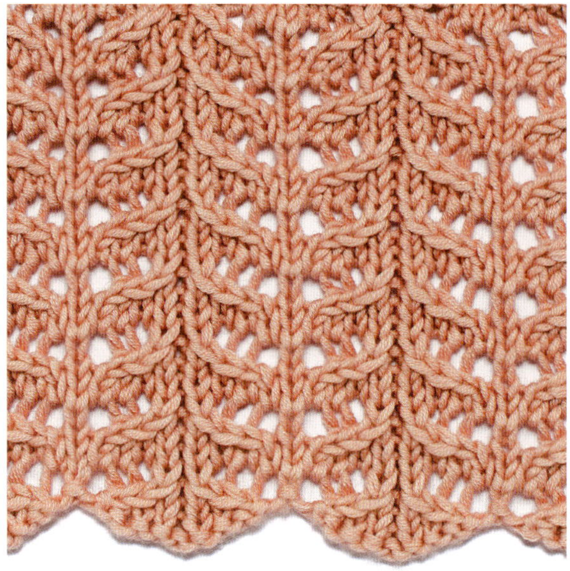

Bien que la séquence de base ne comporte que quatre rangs, ce point est très détaillé parce que les jours sont travaillés sur les rangs endroit et envers.

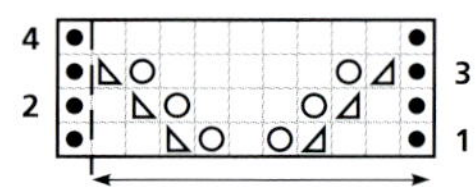

Sur un nombre de m. multiple de 10, + 1 m.

Symboles spéciaux

◿ ***Sur l'end.*** 2 m. ens. à l'end. ***Sur l'env.*** 2 m. ens. à l'env.

◺ ***Sur l'end.*** Srjt sple à l'end.
Sur l'env. Srjt sple torse : 1 m. gl. à l'end., 1 m. end., remettez les 2 m. sur l'aig. gauche, 2 m. ens. à l'env. en les prenant de gauche à droite.

Méthode

1er rg (end.). *1 m. env., 2 m. end., 2 m. ens. à l'end., 1 jeté, 1 m. end., 1 jeté, 1 srjt sple à l'end., 2 m. end.*, rép. de * à * jusqu'à 1 m. avant la fin du rg, 1 m. env.
2e rg. *1 m. end., 1 m. env., 1 srjt sple torse, 1 jeté, 3 m. env., 1 jeté, 2 m. ens. à l'env., 1 m. env.*, rép. de * à * jusqu'à 1 m. avant la fin du rg, 1 m. end.
3e rg. *1 m. env., 2 m. ens. à l'end., 1 jeté, 5 m. end., 1 jeté, 1 srjt sple à l'end.*, rép. de * à * jusqu'à 1 m. avant la fin du rg, 1 m. env.
4e rg. *1 m. end., 9 m. env.*, rép. de * à * jusqu'à 1 m. avant la fin du rg, 1 m. end.
Rép. toujours ces 4 rgs.

Point 155
Lys **Niveau 2**

Trois types de diminution judicieusement employés créent ce motif sobre qui se détache nettement sur un fond en jersey endroit.

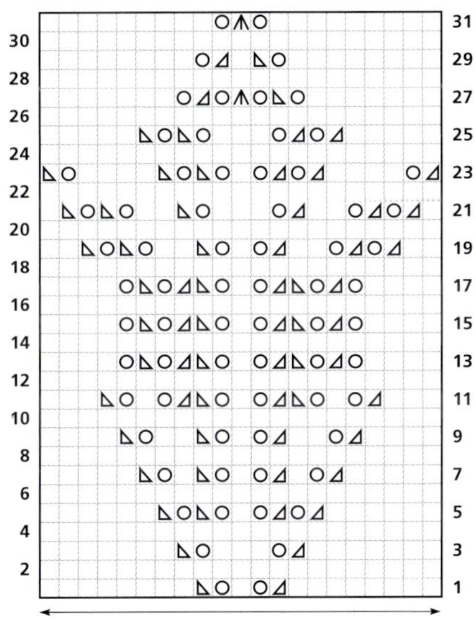

Motif sur 21 m.

Point 156
Coquillages **Niveau 3**

Ce point repose sur une technique d'enroulement du fil. Comme il est aussi joli sur les deux faces, il s'avère parfait pour les écharpes, les châles et les plaids non doublés.

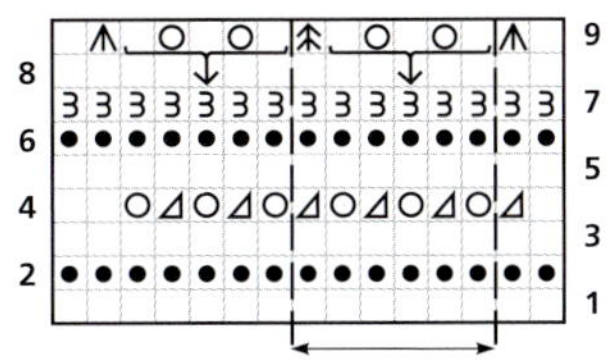

Sur un nombre de m. multiple de 6, + 9 m.

Symboles spéciaux

◿ 2 m. ens. à l'env. sur l'env.

3 m. end. allongée : tric. 1 m. end. en enroulant 3 fois le fil autour de l'aig. droite. Sur le rg suiv., écoul. 2 enroulements hors de l'aig. gauche, puis tric. à l'env. la m. rest.

Dans la m. du rg préc. indiquée par la flèche, tric. *1 m. end., 1 jeté*, rép. 1 fois de * à *, 1 m. end.

4 dim. sur 5 m. : gl. 3 m. à l'end., 2 m. ens. à l'end., rab. les 3 m. gl. par-dessus la m. obtenue.

Méthode

1er rg (end.). Tric. à l'end.
2e et 3e rgs. Tric. à l'end.
4e rg. 2 m. env., *1 jeté, 2 m. ens. à l'env.*, rép. de * à* jusqu'à 1 m. avant la fin du rg, 1 m. env.
5e et 6e rgs. Tric. à l'end.
7e rg. *1 m. end. allongée*, rép. de * à * jusqu'à la fin du rg.
8e rg. *Écoul. 2 enroulements hors de l'aig. gauche, tric. la m. rest. à l'env.*, rép. de * à * jusqu'à la fin du rg.
9e rg. 1 m. end., 1 dim. dble à l'end. centrée, *°dans la m. suiv., tric. °°1 m. end., 1 jeté°°, rép. 1 fois de °° à °°, 1 m. end.°; 4 dim. sur 5 m.*, rép. de * à * jusqu'à 5 m. avant la fin du rg, rép. 1 fois de ° à °; 1 dim. dble à l'end. centrée, 1 m. end.
Rép. toujours du 2e au 9e rg.

Point 157

Grandes feuilles **Niveau 3**

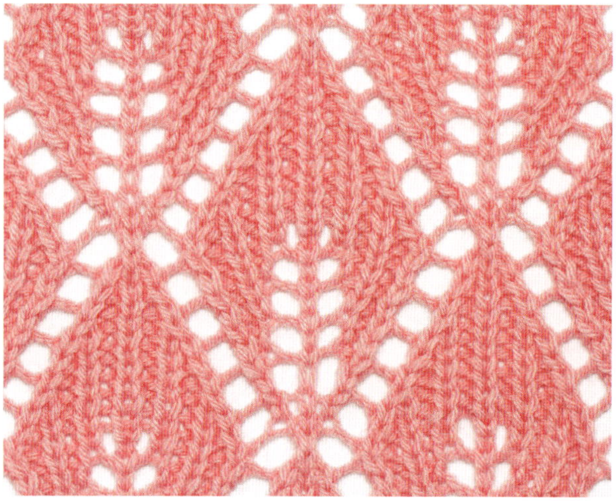

Ce point est original par l'emploi de côtes pour figurer les nervures des feuilles.

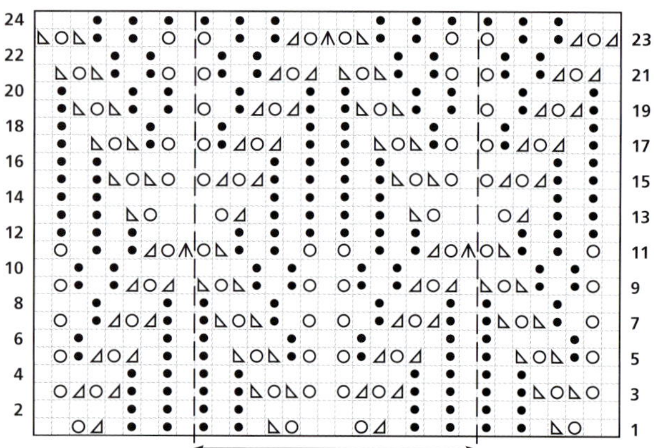

Sur un nombre de m. multiple de 16, + 17 m.

Point 158

Fleurs du jardin **Niveau 3**

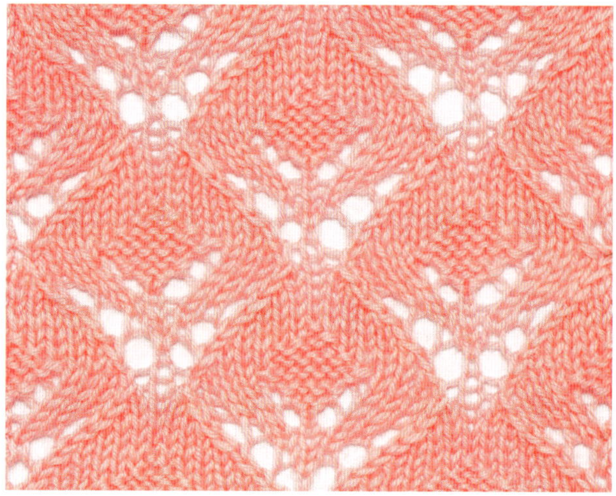

Grâce à un travail effectué sur tous les rangs, les courbes élégantes de ce point allient la légèreté des jours à la profondeur du contraste entre le jersey endroit et le jersey envers.

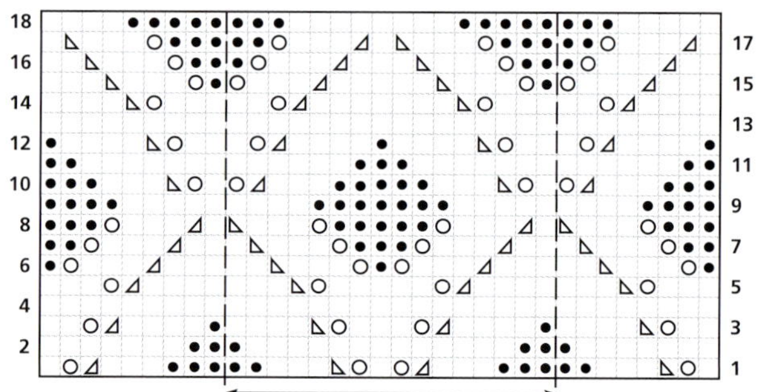

Sur un nombre de m. multiple de 16, + 17 m.

Symboles spéciaux

◿ ***Sur l'end.*** 2 m. ens. à l'end. ***Sur l'env.*** 2 m. ens. à l'env.

◺ ***Sur l'end.*** srjt sple à l'end.
Sur l'env. 2 m. ens. torses à l'env.

□ m. end. sur l'end. m. env. sur l'env.
● m. env. sur l'end. m. end. sur l'env.
◿ 2 m. ens. à l'end.
◺ srjt sple à l'end.
Λ dim. dble à l'end. centrée
◸ srjt dble à l'end.
○ jeté

Point 159
Éventails ouverts **Niveau 3**

Ce point propose une version épurée d'un modèle traditionnel. Accordez un soin particulier aux diminutions et aux jetés des rangs envers au sommet des motifs afin d'obtenir des jours nettement dessinés.

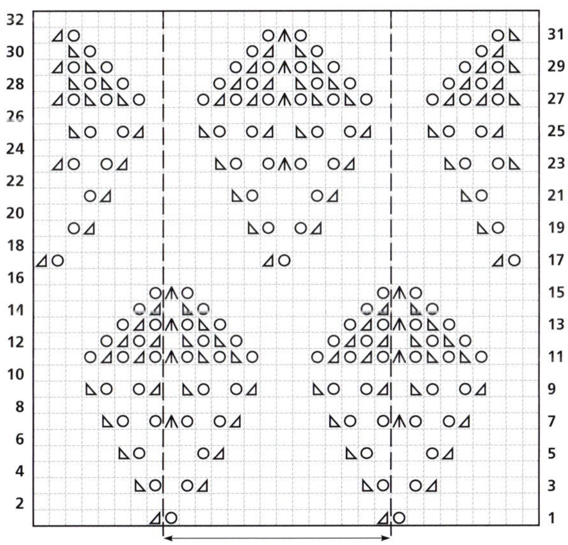

Sur un nombre de m. multiple de 14, + 17 m.

Symboles spéciaux

Sur l'end. 2 m. ens. à l'end. ***Sur l'env.*** 2 m. ens. à l'env.

Sur l'end. Srjt sple à l'end. ***Sur l'env.*** Srjt sple torse : 1 m. gl. à l'end., 1 m. end., remettez les 2 m. sur l'aig. gauche, 2 m. ens. à l'env. en les prenant de gauche à droite.

Point 160
Feuilles d'automne **Niveau 3**

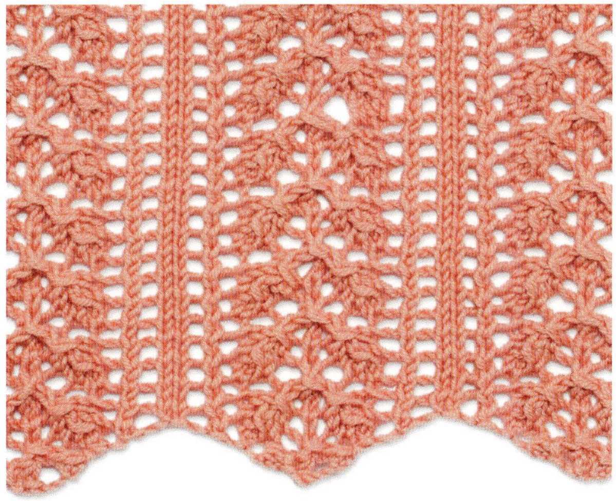

Cet ancien point présente des rangées verticales de paires de feuilles intercalées d'échelles de jours. Il génère des bords festonnés, à la base comme au sommet de l'ouvrage.

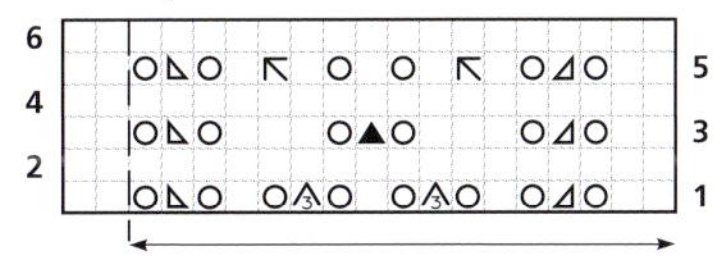

Sur un nombre de m. multiple de 17, + 2 m.

Symboles spéciaux

1 m. gl. à l'end., 3 m. ens. à l'end., rab. la m. gl. par-dessus la m. obtenue.

1 m. gl. à l'end., 4 m. ens. à l'end., rab. la m. gl. par-dessus la m. obtenue.

Point 161

Feuilles et boutons **Niveau 3**

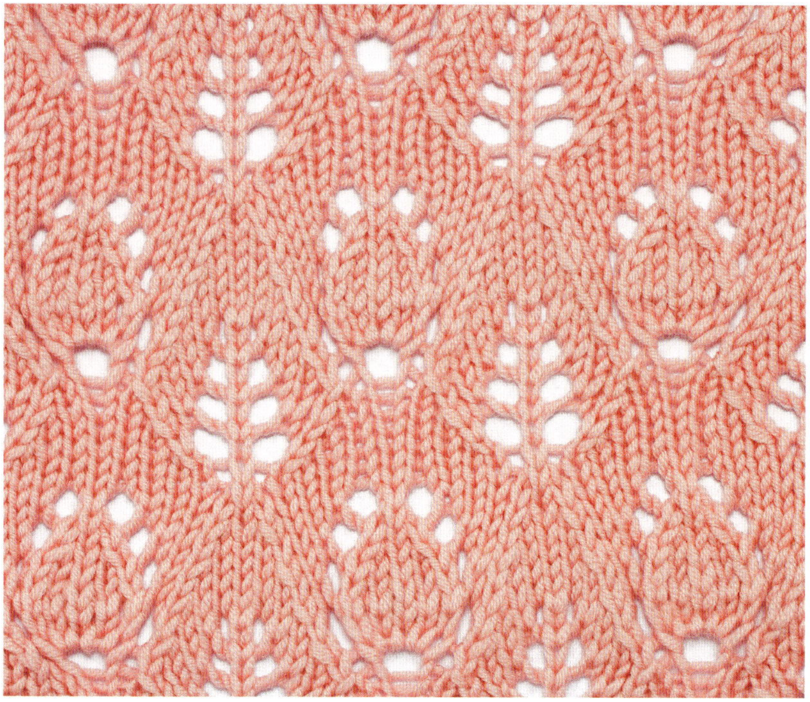

Ici, on module habilement le nombre de mailles pour obtenir ces motifs denses et séduisants sans altérer la largeur de l'ouvrage. Bien qu'il exige de l'attention, ce point est agréable à tricoter parce que ses motifs figuratifs aident à se repérer.

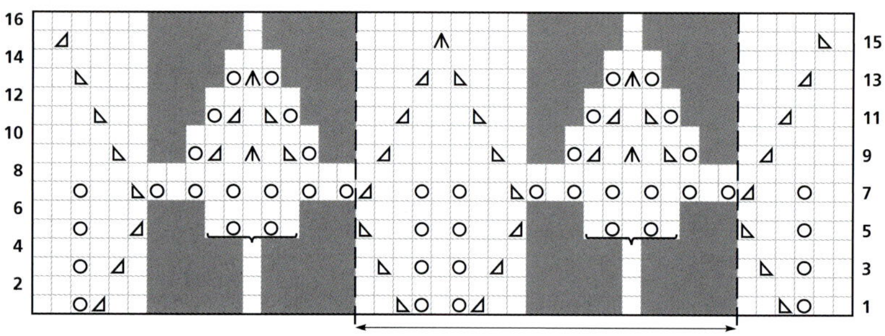

Sur un nombre de m. multiple de 10, + 13 m.
(le nombre de m. n'est pas le même sur tous les rgs)

Symbole spécial

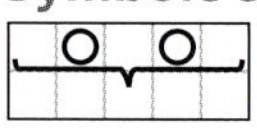
Dans la même m., tric. *1 m. end., 1 jeté*, rép. 1 fois de * à *, 1 m. end.

- m. end. sur l'end. / m. env. sur l'env.
- m. env. sur l'end. / m. end. sur l'env.
- m. end. torse
- 2 m. ens. à l'end.
- srjt sple à l'end.
- dim. dble à l'end. centrée

Point 162
Marguerites **Niveau 3**

Les motifs de ce point sont très détaillés, mais un rang sur deux est tout simplement tricoté à l'envers.

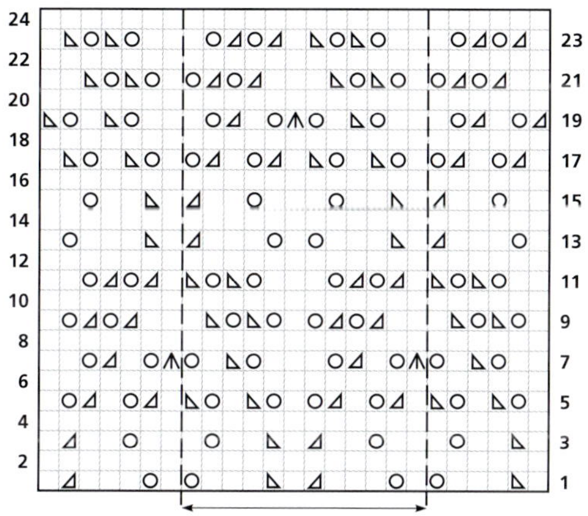

Sur un nombre de m. multiple de 12, + 13 m.

Point 163
Pivoines **Niveau 3**

Soignez plus que jamais la formation des jours, car c'est la diversité de leurs tailles qui fait tout le charme de ce point.

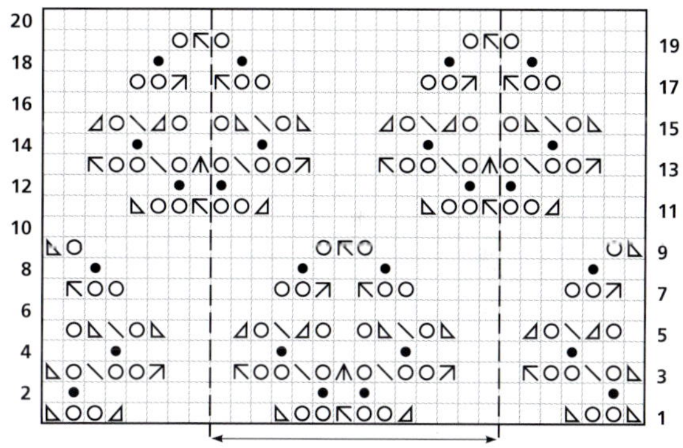

Sur un nombre de m. multiple de 14, + 15 m.

Notes

- Sur les rangs envers, tricotez les jetés doubles du rang précédent de la façon suivante :
  - 1 m. env., 1 m. end. au début de chaque pivoine ;
  - 1 m. end., 1 m. env. à la fin de chaque pivoine.
- Ce point met en œuvre trois types de diminutions doubles. Consultez la légende en bas de page pour être sûr de ne pas vous tromper.

3 m. ens. à l'end. — srjt dble à l'end. — jeté — m. virt.

Point 164

Papillon ajouré **Niveau 3**

Choisissez un fil ferme pour mettre en valeur ce motif soigneusement détaillé. Les ailes du bas sont travaillées sur chaque rang, alors que celles du haut ne le sont que sur les rangs endroit. Notez la nope qui termine le haut du corps.

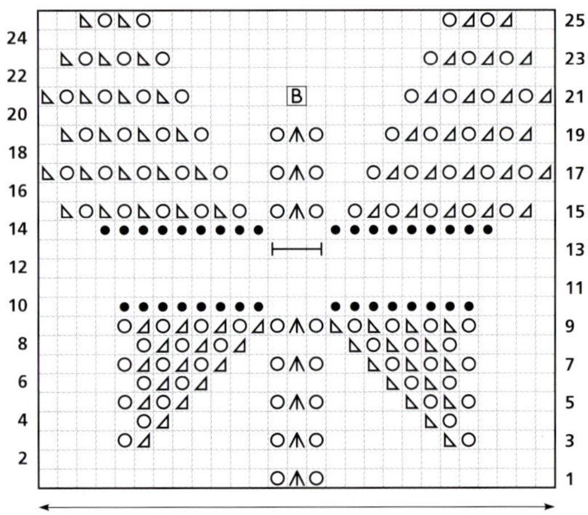

Motif sur 27 m.

Symboles spéciaux

B Dans la même m., tric. *1 m. end., 1 m. env.*, rép. 1 fois de * à *, 1 m. end.; tournez, 5 m. env., tournez, rab. les 2e, 3e, 4e et 5e m. par-dessus, la 1re m., 1 m. end. torse.

3 m. end., gl. ces 3 m. sur une aig. aux. dev., enroulez 4 fois le fil autour dans le sens inverse des aig. d'une montre en term. sur l'env., remettez ces 3 m. sur l'aig. droite.

Sur l'end. 2 m. ens. à l'end.
Sur l'env. 2 m. ens. à l'env.

Sur l'end. srjt sple à l'end.
Sur l'env. 2 m. ens. torses à l'env.

Note

Ce point nécessite une aiguille auxiliaire.

m. end. sur l'end. m. env. sur l'env. — m. env. sur l'end. m. end. sur l'env. — 2 m. ens. à l'end. — srjt sple à l'end. — dim. dble à l'end. centrée — srjt dble à l'end.

Point 165

Petit papillon **Niveau 3**

La partie supérieure du papillon est évidée grâce à des jetés que l'on relève au sommet des ailes.

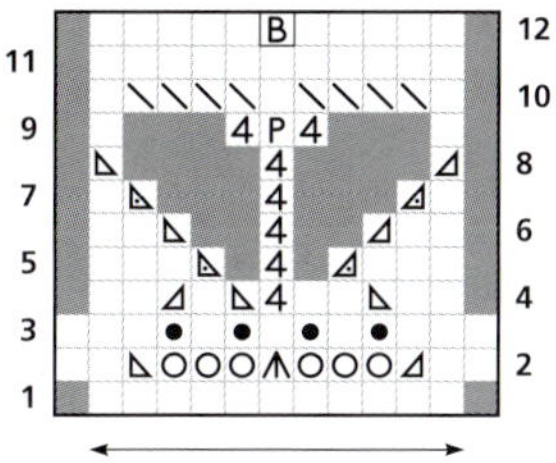

**Motif sur 11 m.
(le nombre de m.
n'est pas le même
sur tous les rgs)**

Symboles spéciaux

4 ***Sur le 4ᵉ rg.*** 4 jetés.
Du 5ᵉ au 8ᵉ rg. 4 jetés, écoul. les 4 jetés du rg préc. hors de l'aig.

m. end. dans le brin arrière du jeté du rg préc.

P Écoul. les 4 jetés du rg préc., relev. les 5 longs brins horizontaux sur l'aig. gauche et tric.-les ens. à l' env.

B Dans la même m., tric. 1 m. end., 1 m. env. et 1 m. end.; tournez, 3 m. env., tournez, rab. la 2ᵉ et la 3ᵉ m. par-dessus la 1ʳᵉ m., 1 m. end. torse.

2 m. ens. à l'env.

2 m. ens. torses à l'env.

Note

Ce point commence par un rang envers.

Point 166

Algues **Niveau 3**

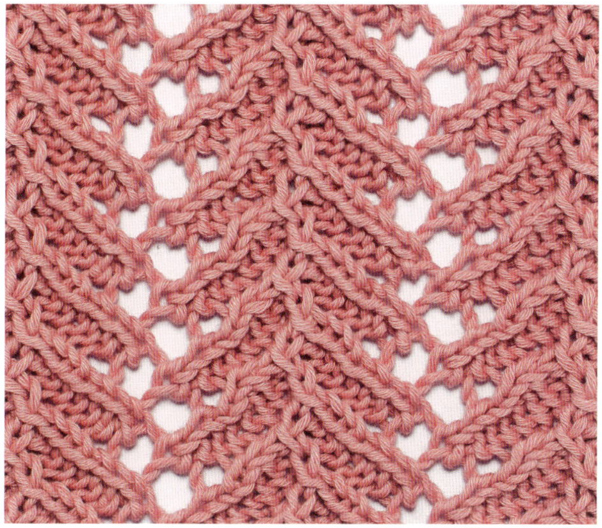

Vous pouvez utiliser ce point sur l'ensemble de l'ouvrage, ou répéter quelques fois la séquence de quatre rangs pour créer une charmante bordure festonnée (voir Répartir les diminutions, page 191).

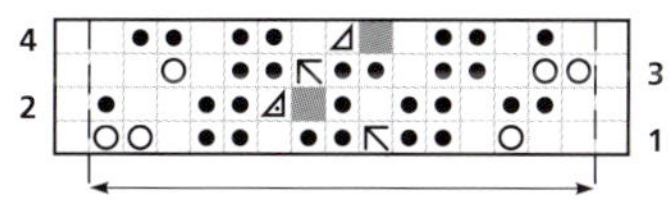

**Sur un nombre de m. multiple de 14, + 2 m.
(le nombre de m. n'est pas le même
sur tous les rgs)**

Symboles spéciaux

2 m. ens. à l'env.

2 m. ens. à l'end. sur l'env.

Notes

- La séquence de base est augmentée d'une maille sur chaque rang endroit, et diminuée d'une maille sur chaque rang envers.
- Veillez à placer le fil derrière l'ouvrage avant d'effectuer les surjets doubles.

O jeté ■ m. virt.

PANORAMA Nopes et feuilles

Les points de ce chapitre possèdent un impact particulier dû à leur relief et à leur dimension figurative. Malgré leur apparente complexité, ils ne sont pas si difficiles que cela à tricoter dès que vous avez compris le principe des augmentations multiples.

167 Côtes et grelots

168 Côtes de nopes

169 Torsade de nopes

170 Semis de petites feuilles

171 Feuilles de houx

172 Grappes de baies

173 Vagues de nopes

174 Petits pois

175 Feuilles et côtes

176 Petites nopes obliques

177 Pommier

178 Treillis de nopes

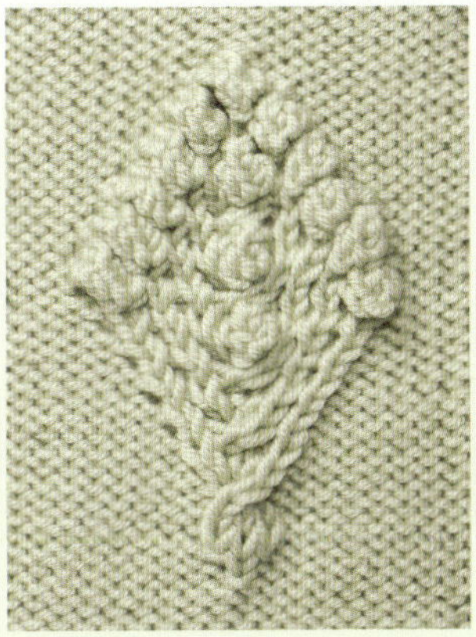

179 Cocarde

180 Feuilles jumelles

181 Pointes de flèches

182 Losanges de nopes

183 Diables dans leurs boîtes

184 Papyrus

185 Tournesol

186 Noisettes

187 Bourgeons

188 Rameaux de baies

NOPES ET FEUILLES, SUITE

189 Cosses

192 Hortensia

190 Larmes

191 Fleurs des bois

193 Chute de feuilles

194 Épi de blé

195 Cachemire et nopes

196 Roses autrichiennes

197 Grappes de cerises

198 Vigne vierge

199 Feuille de citronnier

200 Feuilles-flammes

201 Totem

202 Flamme de bougie

203 Torsade végétale

204 Grappe de raisin

205 Myosotis

Point 167

Côtes et grelots

Niveau 1

Méthode

1er rg (end.). 2 m. end., *5 m. env., 2 m. end.*, rép. de * à *.
2e rg. 2 m. env., *5 m. end., 2 m. env.*, rép. de * à *.

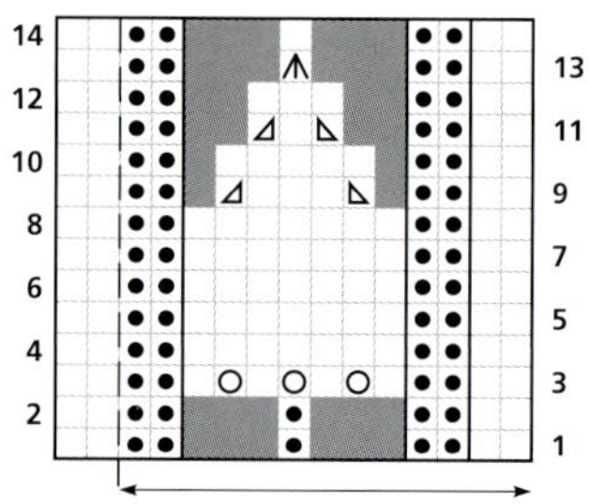

Sur un nombre de m. multiple de 7, + 2 m.
(le nombre de m. n'est pas le même sur tous les rgs)

3e rg. 2 m. end., *2 m. env.; dans la m. suiv., tric. °1 m. end., 1 jeté°, rép. 2 fois de ° à °, 1 m. end.; 2 m. env., 2 m. end.*, rép. de * à *.
4e rg. 2 m. env., *2 m. end., 7 m. env., 2 m. end., 2 m. env.*, rép. de * à *.
5e rg. 2 m. end., *2 m. env., 7 m. end., 2 m. env., 2 m. end.*, rép. de * à *.
Rép. 1 fois les 4e et 5e rgs, puis rép. 1 fois le 4e rg.
9e rg. 2 m. end., *2 m. env., 1 srjt sple à l'end., 3 m. end., 2 m. ens. à l'end., 2 m. env., 2 m. end.*, rép. de * à *.
10e rg. 2 m. env., *2 m. end., 5 m. env., 2 m. end., 2 m. env.*, rép. de * à *.
11e rg. 2 m. end., *2 m. env., 1 srjt sple à l'end., 1 m. end., 2 m. ens. à l'end., 2 m. env., 2 m. end.*, rép. de * à *.
12e rg. 2 m. env., *2 m. end., 3 m. env., 2 m. end., 2 m. env.*, rép. de * à *.
13e rg. 2 m. end., *2 m. env., 1 dim. dble à l'end. centrée, 2 m. env., 2 m. end.*, rép. de * à *.
14e rg. 2 m. env., *2 m. end., 1 m. env., 2 m. end., 2 m. env.*, rép. de * à *.
Rép. toujours ces 14 rgs.

Point 168

Côtes de nopes

Niveau 1

Ce point est constitué de nopes placées sur des côtes 3/2. Pour un effet moins dense, vous pouvez tricoter davantage de rangs entre les nopes, ou bien intercaler des côtes de trois mailles endroit sans nopes.

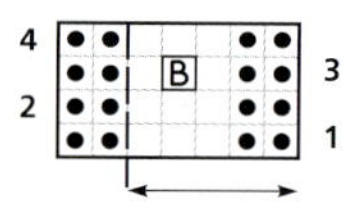

Sur un nombre de m. multiple de 5, + 2 m.

Symbole spécial

B Nope: dans la même m., tric. *1 m. end., 1 jeté*, rép. 1 fois de * à *, 1 m. end.; °tournez, 5 m. env., tournez°, 5 m. end., rép. 1 fois de ° à °, gl. 3 m. à l'end., 2 m. ens. à l'end., rab. les 3 m. gl. par-dessus la m. obtenue.

Méthode

1er rg (end.). 2 m. env., *3 m. end., 2 m. env.*, rép. de * à * jusqu'à la fin du rg.
2e rg. 2 m. end., *3 m. env., 2 m. end.*, rép. de * à * jusqu'à la fin du rg.
3e rg. 2 m. env., *1 m. end., 1 nope, 1 m. end., 2 m. env.*, rép. de * à * jusqu'à la fin du rg.
4e rg. Comme le 2e rg.
Rép. toujours ces 4 rgs.

Point 169

Torsade de nopes

Niveau 1

Pareilles à des graines, dix nopes se nichent au creux d'une torsade repliée sur elle-même en forme de feuille.

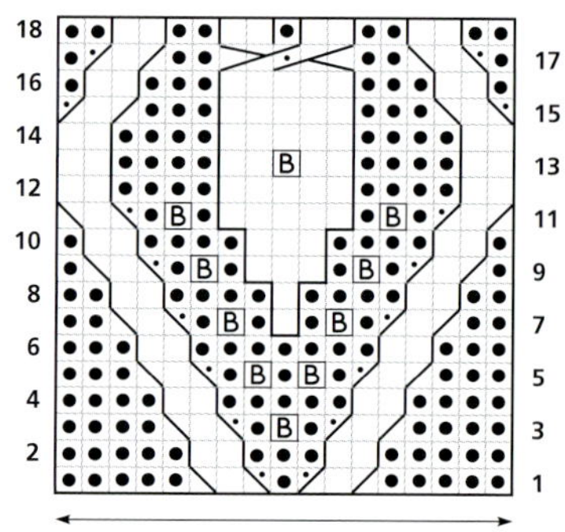

Panneau de 17 m.

Symboles spéciaux

B Dans la même m., tric. *1 m. end., 1 m. env.*, rép. 1 fois de * à *, 1 m. end.; tournez, 5 m. env., tournez; rab. la 2e, la 3e, la 4e puis la 5e m. par-dessus la 1re m., 1 m. end. torse.

Gl. 3 m. sur une aig. aux. der., 2 m. end., gl. la 3e m. de l'aig. aux. sur l'aig. gauche et tric.-la à l'env., tric. à l'end. les 2 m. rest. de l'aig aux.

Note

Ce point nécessite une aiguille auxiliaire.

m. end. sur l'end. m. env. sur l'env. — m. env. sur l'end. m. end. sur l'env. — m. end. torse sur l'end. m. env. torse sur l'env. — 2 m. ens. à l'end. — srjt sple à l'end. — jeté — m. virt.

Point 170

Semis de petites feuilles

Niveau 1

Les feuilles sont décalées toutes les deux rangées mais, si vous le souhaitez, vous pouvez les aligner en répétant toujours les douze premiers rangs.

Méthode

1er rg (end.). Tric. à l'env.
2e rg. Tric. à l'end.
3e rg. 3 m. env., *1 m. end. torse, 5 m. env.*, rép. de * à * jusqu'à 4 m. avant la fin du rg, 1 m. end. torse, 3 m. env.
4e rg. 3 m. end., 1 m. env. torse, *5 m. end., 1 m. env. torse*, rép. de * à * jusqu'à 3 m. avant la fin du rg, 3 m. end.
5e rg. 3 m. env., *°1 augm. inter. der., 1 jeté, 1 m. end. torse, 1 jeté, 1 augm. inter. dev.°, 5 m. env.*, rép. de * à * jusqu'à 4 m. avant la fin du rg, rép. 1 fois de ° à °, 3 m. env.
6e rg. 3 m. end., 5 m. env., *5 m. end., 5 m. env.*, rép. de * à * jusqu'à 3 m. avant la fin du rg, 3 m. end.
7e rg. 3 m. env., *5 m. end., 5 m. env.*, rép. de * à * jusqu'à 8 m. avant la fin du rg, 5 m. end., 3 m. env.
8e rg. Comme le 6e rg.
9e rg. 3 m. env., *°1 srjt sple à l'end., 1 m. end., 2 m. ens. à l'end.°, 5 m. env.*, rép. de * à * jusqu'à 8 m. avant la fin du rg, rép. 1 fois de ° à °, 3 m. env.
10e rg. 3 m. end., 3 m. env., *5 m. end., 3 m. env.*, rép. de * à * jusqu'à 3 m. avant la fin du rg, 3 m. end.
11e rg. 3 m. env., *1 dim. dble à l'end. centrée, 5 m. env.*, rép. de * à * jusqu'à 6 m. avant la fin du rg, 1 dim. dble à l'end. centrée, 3 m. env.
12e au 14e rg. Tric. 1 rg à l'end., 1 rg à l'env. et 1 rg à l'end.
15e rg. 6 m. env., *1 m. end. torse, 5 m. env.*, rép. de * à * jusqu'à 1 m. avant la fin du rg, 1 m. env.
16e rg. 6 m. end., *1 m. env. torse, 5 m. end.*, rép. de * à * jusqu'à 1 m. avant la fin du rg, 1 m. end.
17e rg. 6 m. env., *1 augm. inter. der., 1 jeté, 1 m. end. torse, 1 jeté, 1 augm. inter. dev., 5 m. env.*, rép. de * à * jusqu'à 1 m. avant la fin du rg, 1 m. env.
18e rg. 6 m. end., *5 m. env., 5 m. end.*, rép. de * à * jusqu'à 1 m. avant la fin du rg, 1 m. end.
19e rg. 6 m. env., *5 m. end., 5 m. env.*, rép. de * à * jusqu'à 1 m. avant la fin du rg, 1 m. env.

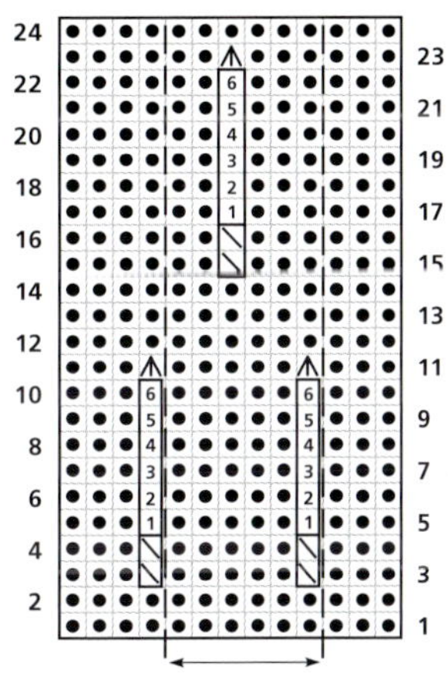

Sur un nombre de m. multiple de 6, + 7 m.
(le nombre de m. n'est pas le même sur tous les rgs)

Feuille

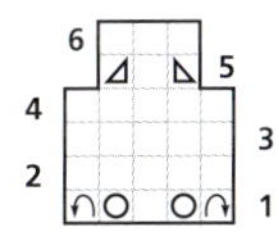

20e rg. Comme le 18e rg.
21e rg. 6 m. env., *1 srjt sple à l'end., 1 m. end., 2 m. ens. à l'end., 5 m. env.*, rép. de * à * jusqu'à 1 m. avant la fin du rg, 1 m. env.
22e rg. 6 m. end., *3 m. env., 5 m. end.*, rép. de * à * jusqu'à 1 m. avant la fin du rg, 1 m. end.
23e rg. 6 m. env., *1 dim. dble à l'end. centrée, 5 m. env.*, rép. de * à * jusqu'à 1 m. avant la fin du rg, 1 m. env.
24e rg. Tric. à l'end.
Rép. toujours ces 24 rgs.

Note

Tricotez les rectangles encadrés (une maille sur six rangs) en suivant le diagramme de la feuille.

dim. dble à l'end. centrée | augm. inter. dev. | augm. inter. der. | T2+1D | T2+1G

Point 171

Feuilles de houx

Niveau 1

Le nombre de mailles demeurant constant sur tous les rangs, ces feuilles de houx sont nettement dessinées mais sans former de relief.

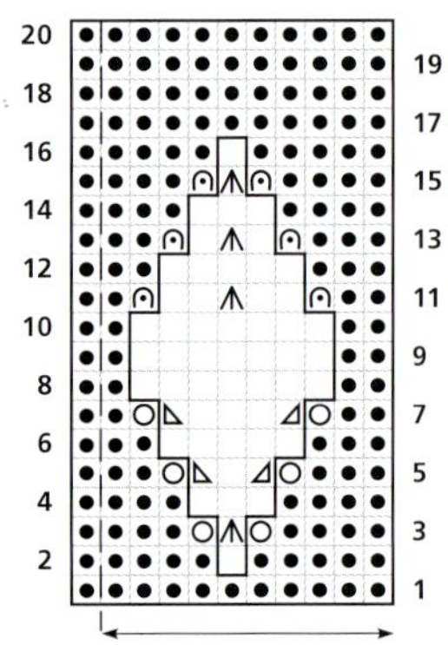

Sur un nombre de m. multiple de 10, + 1 m.

Point 172

Grappes de baies

Niveau 1

Si vous aimez les nopes mais détestez devoir retourner sans cesse l'ouvrage pour les tricoter, ce point vous plaira. Chaque nope est exécutée sur deux rangs : on ajoute des mailles sur l'endroit, puis on les supprime sur l'envers.

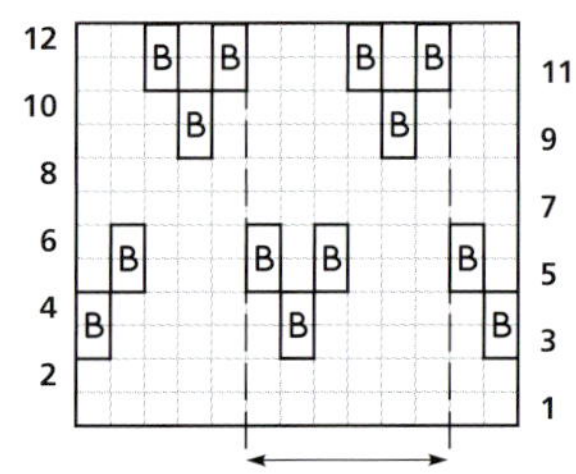

Sur un nombre de m. multiple de 6, + 7 m. (le nombre de m. n'est pas le même sur tous les rgs)

Symbole spécial

B **1er rg (end.).** Dans la même m., tric. *1 m. end., 1 jeté*, rép. de * à *, 1 m. end.
2e rg (env.). 5 m. end. ; sur l'aig. droite, rab. la 2e, la 3e, la 4e puis la 5e m. par-dessus la 1re m.

☐	m. end. sur l'end. / m. env. sur l'env.
●	m. env. sur l'end. / m. end. sur l'env.
⍂	m. end. torse sur l'end. / m. env. torse sur l'env.
◿	2 m. ens. à l'end.
◺	srjt sple à l'end.
Λ	dim. dble à l'end. centrée

Point 173

Vagues de nopes

Niveau 1

Bien que ces côtes souplement incurvées ressemblent à des torsades, elles sont tricotées uniquement grâce à des augmentations et des diminutions.

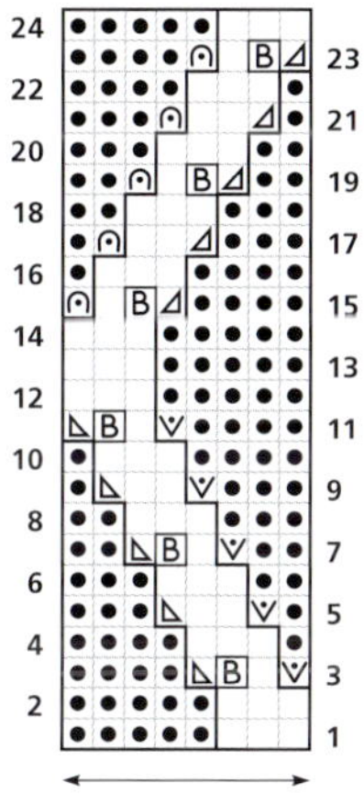

Sur un nombre de m. multiple de 8

Symbole spécial

B Dans la même m., tric. 1 m. end., 1 m. env. et 1 m. end.; tournez, 3 m. env., tournez, rab. la 2e puis la 3e m. par-dessus la 1re m., 1 m. end. torse.

V Tric. la m. à l'env. par son brin arrière, puis par son brin avant.

Note

Ajoutez 1 m. lisière au début et à la fin de chaque rg.

Point 174

Petits pois

Niveau 1

Ces grosses nopes se détachent bien sur le fond en dépit du fait que l'ensemble est tricoté en jersey endroit. Il est facile de modifier leur taille et leur espacement afin de les combiner avec d'autres points.

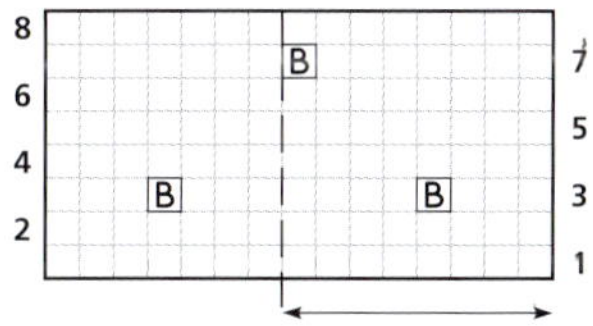

Sur un nombre de m. multiple de 8, + 7 m.

Symbole spécial

B Nope: tric. la m. par son brin avant, par son brin arrière, par son brin avant, par son brin arrière, puis une dernière fois par son brin avant; *tournez, 5 m. env., tournez*, 5 m. end., rép. 1 fois de * à *; rab. la 2e, la 3e, la 4e puis la 5e m. par-dessus la 1re m., 1 m. end. torse.

Méthode

1er rg (end.). Tric. à l'end.
2e rg et tous les rgs env. Tric. à l'env.
3e rg. 3 m. end., *1 nope, 7 m. end.*, rép. de * à * jusqu'à 4 m. avant la fin du rg, 1 nope, 3 m. end.
5e rg. Tric. à l'end.
7e rg. *7 m. end., 1 nope*, rép. de * à * jusqu'à 7 m. avant la fin du rg, 7 m. end.
8e rg. Tric. à l'env.
Rép. toujours ces 8 rgs.

Point 175

Feuilles et côtes

Niveau 1

De petites feuilles en relief s'intercalent à des côtes 1/1. Elles sont décalées tous les six rangs.

Méthode

1er rg (end.). *°1 m. env., 5 m. dans 1 m., 1 m. env.°, 1 m. end.*, rép. de * à * jusqu'à 3 m. avant la fin du rg, rép. 1 fois de ° à °.
2e rg. *°1 m. end., 5 m. env., 1 m. end.°, 1 m. env.*, rép. de * à * jusqu'à 7 m. avant la fin du rg, rép. 1 fois de ° à °.
3e rg. *°1 m. env., 1 srjt sple à l'end., 1 m. end., 2 m. ens. à l'end., 1 m. env.°, 1 m. end.*, rép. de * à ° jusqu'à 7 m. avant la fin du rg, rép. 1 fois de ° à °.
4e rg. *°1 m. end., 3 m. env., 1 m. end.°, 1 m. env.*, rép. de * à * jusqu'à 5 m. avant la fin du rg, rép. 1 fois de ° à °.
5e rg. *°1 m. env., 1 dim. dble à l'end. centrée, 1 m. env.°, 1 m. end.*, rép. de * à * jusqu'à 5 m. avant la fin du rg, rép. 1 fois de ° à °.
6e rg. 1 m. end., *1 m. env., 1 m. end.*, rép. de * à * jusqu'à la fin du rg.
7e rg. *°1 m. env., 1 m. end., 1 m. env.°, 5 m. dans 1 m.*, rép. de * à * jusqu'à 3 m. avant la fin du rg, rép. 1 fois de ° à °.
8e rg. *°1 m. end., 1 m. env., 1 m. end.°, 5 m. env.*, rép. de * à * jusqu'à 3 m. avant la fin du rg, rép. 1 fois de ° à °.
9e rg. *°1 m. env., 1 m. end., 1 m. env.°, 1 srjt sple à l'end., 1 m. end., 2 m. ens. à l'end.*, rép. de * à * jusqu'à 3 m. avant la fin du rg, rép. 1 fois de ° à °.
10e rg. *°1 m. end., 1 m. env., 1 m. end.°, 3 m. env.*, rép. de * à * jusqu'à 3 m. avant la fin du rg, rép. 1 fois de ° à °.
11e rg. *°1 m. env., 1 m. end., 1 m. env.°, 1 dim. dble à l'end. centrée*, rép. de * à * jusqu'à 3 m. avant la fin du rg, rép. 1 fois de ° à °.
12e rg. Comme le 6e rg.
Rép. toujours ces 12 rgs.

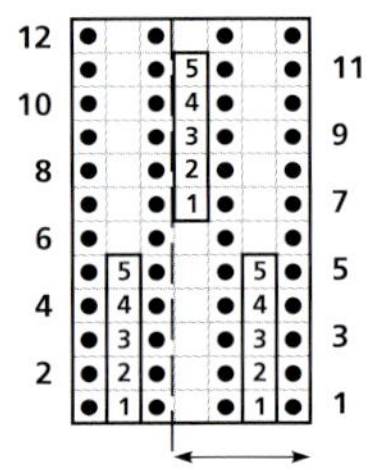

Sur un nombre de m. multiple de 4, + 3 m. (le nombre de m. n'est pas le même sur tous les rgs)

Feuille

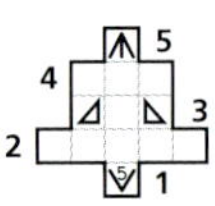

Symbole spécial

5 m. dans 1 m.: dans la même m., tric., *1 m. end., 1 jeté*, rép. 1 fois de * à *, 1 m. end.

Note

Tricotez les rectangles encadrés (une maille sur cinq rangs) en suivant le diagramme de la feuille.

Point 176

Petites nopes obliques

Niveau 1

Le décalage d'une maille tous les deux rangs accentue la tendance naturelle de ces nopes à s'incliner. Sur l'envers, veillez à exécuter une maille torse au-dessus des nopes afin de les stabiliser.

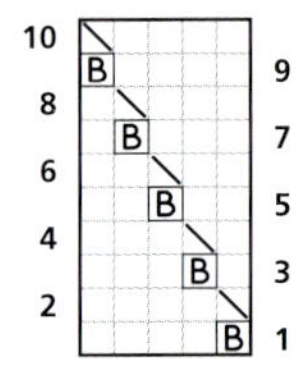

Sur un nombre de m. multiple de 5

Symbole spécial

B Nope: dans la même m., tric. 1 m. end., 1 m. env. et 1 m. end.; tournez, 3 m. env., tournez, 3 m. end.; sur l'aig. droite, rab. la 2e puis la 3e m. par-dessus la 1re m.

Méthode

1er rg (end.). *1 nope, 4 m. end.*, rép. de * à *.
2e rg et tous les rgs env. Tric. à l'env., en tric. torse la m. de la nope du rg préc.
3e rg. *1 m. end., 1 nope, 3 m. end.*, rép. de * à *.
5e rg. *2 m. end., 1 nope, 2 m. end.*, rép. de * à *.
7e rg. *3 m. end., 1 nope, 1 m. end.*, rép. de * à *.
9e rg. *4 m. end., 1 nope*, rép. de * à *.
10e rg. Tric. à l'env.
Rép. toujours ces 10 rgs.

m. end. sur l'end. / m. env. sur l'env. — m. env. sur l'end. / m. end. sur l'env. — m. end. torse sur l'end. / m. env. torse sur l'env. — 2 m. ens. à l'end. — srjt sple à l'end. — dim. dble à l'end. centrée

Point 177

Pommier

Niveau 1

Même si l'essentiel du travail est effectué sur un seul rang (croisements de la torsade et nopes), ce point est dense et animé.

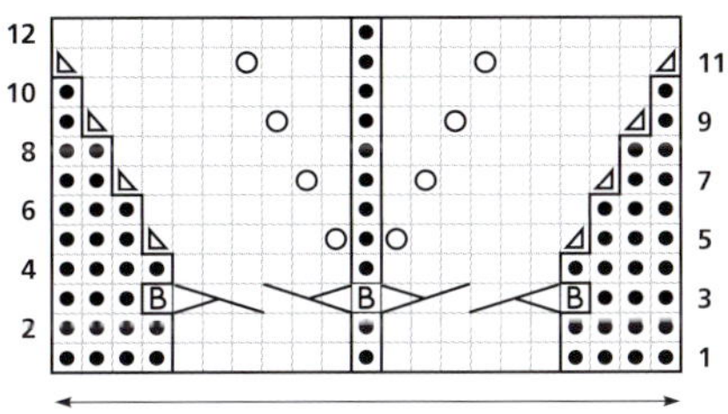

Panneau de 21 m.

Symbole spécial

B Dans la même m., tric. *1 m. end., 1 jeté*, rép. 1 fois de * à *, 1 m. end.; °tournez, 5 m. end., tournez°, 5 m. env., rép. 1 fois de ° à °; rab. la 2e, la 3e, la 4e puis la 5e m. par-dessus la 1re m., 1 m. end. torse.

Note

Ce point nécessite une aiguille auxiliaire.

Point 178

Treillis de nopes

Niveau 1

Sur un fond en jersey endroit, des mailles envers dessinent des losanges dans chacun desquels se trouve une petite nope bien ferme. Si la pièce doit être assemblée à une autre, omettez les nopes situées sur les mailles lisières.

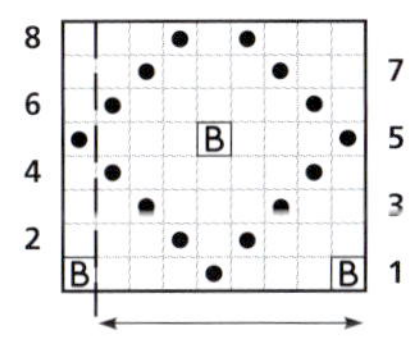

Sur un nombre de m. multiple de 8, + 1 m.

Symbole spécial

B Nope : dans la même m., tric. *1 m. end.,1 jeté*, rép. 1 fois de * à *, 1 m. end.; tournez, 5 m. end., tournez, 4 m. gl. à l'end., 1 m. end., rab. les 4 m. gl. par-dessus la m. end.

Méthode

1er rg (end.). *1 nope, 3 m. end., 1 m. env., 3 m. end.*, rép. de * à * jusqu'à 1 m. avant la fin du rg, 1 nope.
2e rg. *3 m. env., 1 m. end., 1 m. env., 1 m. end., 2 m. env.*, rép. de * à * jusqu'à 1 m. avant la fin du rg, 1 m. env.
3e rg. *2 m. end., 1 m. env., 3 m. end., 1 m. env., 1 m. end.*, rép. de * à * jusqu'à 1 m. avant la fin du rg, 1 m. end.
4e rg. *1 m. env., 1 m. end., 5 m. env., 1 m. end.*, rép. de * à * jusqu'à 1 m. avant la fin du rg, 1 m. env.
5e rg. *1 m. env., 3 m. end., 1 nope, 3 m. end.*, rép. de * à * jusqu'à 1 m. avant la fin du rg, 1 m. env.
6e rg. Comme le 4e rg.
7e rg. Comme le 3e rg.
8e rg. Comme le 2e rg.
Rép. toujours ces 8 rgs.

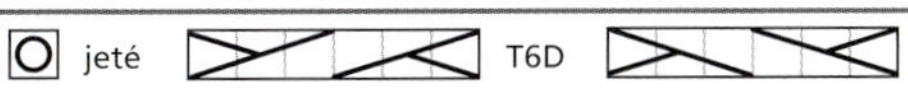

Point 179

Cocarde **Niveau 2**

Ce motif torsadé à la base s'évase vers le haut grâce à des mailles croisées agrémentées de nopes. Vous pouvez l'utiliser seul ou le répéter.

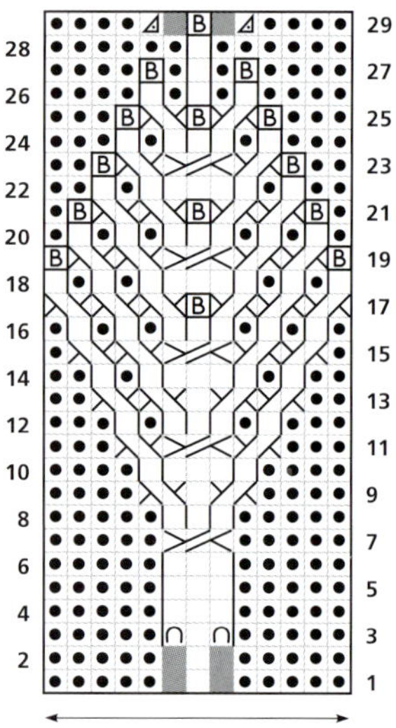

Motif sur 11 m.
(le nombre de m. n'est pas le même sur tous les rgs)

Symboles spéciaux

B Dans la même m., tric. 1 m. end., 1 jeté et 1 m. end.; °tournez, 3 m. env., tournez°, 3 m. end., rép. 1 fois de ° à °, 1 dim. dble à l'end. centrée.

Gl. 2 m. sur une aig. aux. der., 1 m. end., tric. à l'end. les 2 m. de l'aig. aux.

Note

Ce point nécessite une aiguille auxiliaire.

Point 180

Feuilles jumelles **Niveau 2**

Malgré leur symétrie, ces feuilles composent un panneau très vivant.

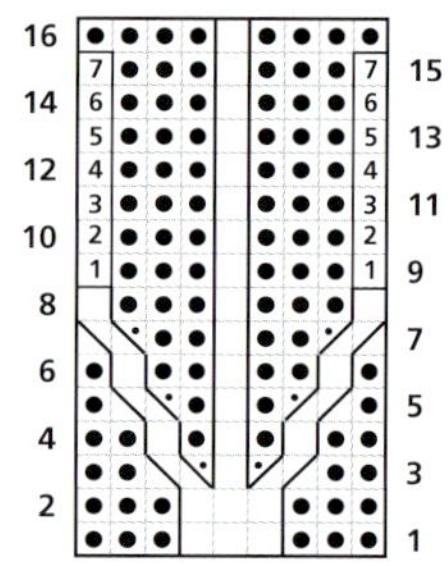

Panneau de 9 m.
(le nombre de m. n'est pas le même sur tous les rgs)

Feuille

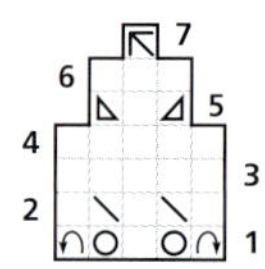

Symbole spécial

m. env. torse sur l'env.

Notes

- Ce point nécessite une aiguille auxiliaire.
- Tricotez les rectangles encadrés (une maille sur sept rangs) en suivant le diagramme de la feuille.

114-115 Symboles de base

m. end. sur l'end. m. env. sur l'env. | m. env. sur l'end. m. end. sur l'env. | m. virt. | jeté | 2 m. ens. à l'end. | srjt sple à l'end. | 2 m. ens. à l'env.

Point 181

Pointes de flèches **Niveau 2**

Torsades, jours et nopes se combinent pour former des pointes incisives reliées par une torsade centrale sur cinq mailles.

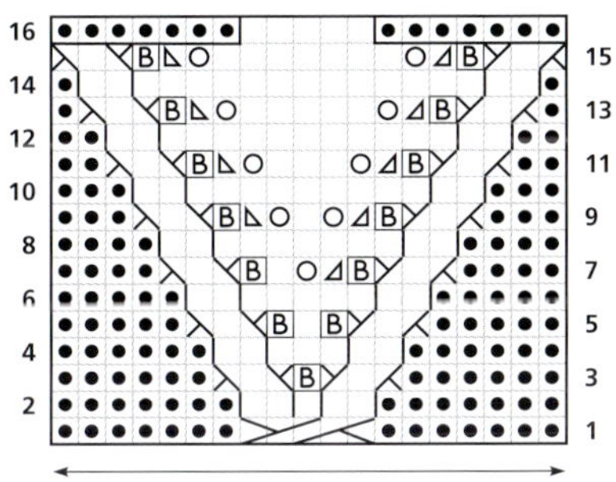

Panneau de 19 m.

Symboles spéciaux

Gl. 3 m. sur une aig. aux. der., 2 m. end., gl. la 3ᵉ m. de l'aig. aux. sur l'aig. gauche et tric.-la à l'end., tric. à l'end., les 2 m. rest. de l'aig. aux.

[B] Dans la même m., tric. 1 m. end., 1 jeté et 1 m. end.; tournez, 3 m. end., tournez, 3 m. env.; sur l'aig. droite, rab. la 2ᵉ puis la 3ᵉ m. par-dessus la 1ʳᵉ m.

Note

Ce point nécessite une aiguille auxiliaire.

Point 182

Losanges de nopes **Niveau 2**

On emploie ici un procédé qui évite de devoir tourner l'ouvrage pour tricoter les nopes. Exécutées sur sept mailles, elles créent un treillis de losanges aux contours denses.

Symbole spécial

[B] Nope: dans la même m., tric.*1 m. end., 1 jeté*, rép. 2 fois de * à *, 1 m. end.; sur l'aig. droite, rab. la 7ᵉ, la 6ᵉ, la 5ᵉ, la 4ᵉ, la 3ᵉ puis la 2ᵉ m. par-dessus la 1ʳᵉ m.

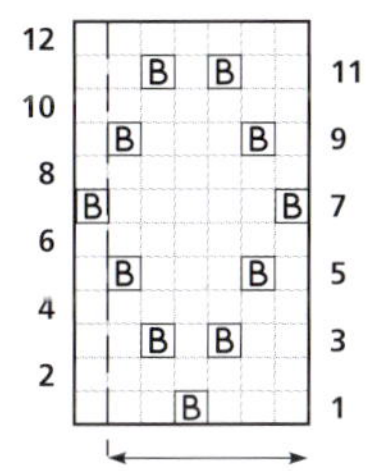

Sur un nombre de m. multiple de 6, + 1 m.

Méthode

1ᵉʳ rg (end.). *3 m. end., 1 nope, 2 m. end.*, rép. de * à * jusqu'à 1 m. avant la fin du rg, 1 m. end.
2ᵉ rg et tous les rgs env. Tric. à l'env.
3ᵉ rg. *2 m. end., 1 nope, 1 m. end., 1 nope, 1 m. end*, rép. de * à * jusqu'à 1 m. avant la fin du rg, 1 m. end.
5ᵉ rg. *1 m. end., 1 nope, 3 m. end., 1 nope*, rép. de * à * jusqu'à 1 m. avant la fin du rg, 1 m. end.
7ᵉ rg. *1 nope, 5 m. end.*, rép. de * à * jusqu'à 1 m. avant la fin du rg, 1 nope.
9ᵉ rg. Comme le 5ᵉ rg.
11ᵉ rg. Comme le 3ᵉ rg.
12ᵉ rg. Tric. à l'env.
Rép. toujours ces 12 rgs.

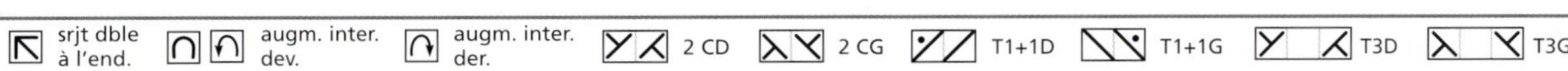

Point 183

Diables dans leurs boîtes **Niveau 2**

Dans chaque losange torsadé, une petite côte surmontée d'une minuscule nope émerge d'un triangle au point de blé (voir page 15).

Note

Ce point nécessite une aiguille auxiliaire.

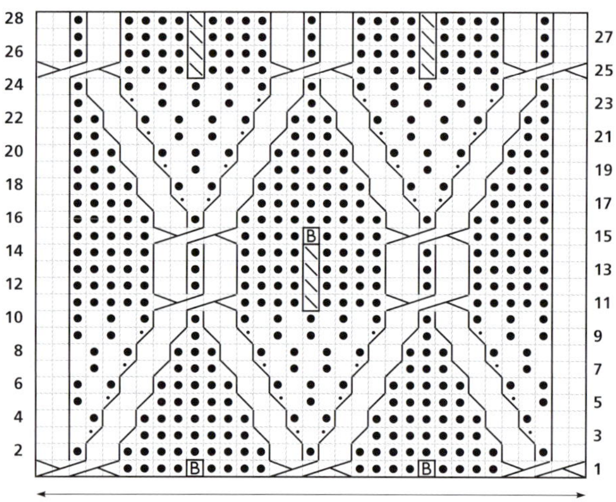

Panneau de 33 m.

Symboles spéciaux

Gl. 3 m. sur une aig. aux. der., 2 m. end., gl. la 3e m. de l'aig. aux. sur l'aig gauche, placez l'aig. aux. dev., tric. à l'env. la m. gl., tric. à l'end. les 2 m. rest. de l'aig. aux.

B Dans la même m., tric. 1 m. end., 1 jeté et 1 m. end.; tournez, 3 m. env., tournez, 1 dim. dble à l'end. centrée.

Point 184

Papyrus **Niveau 2**

Note

Ce point nécessite une aiguille auxiliaire.

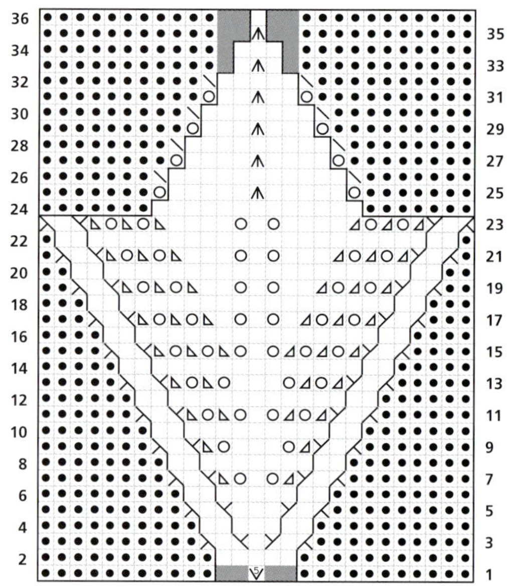

Motif sur 23 m.
(le nombre de m. n'est pas le même sur tous les rgs)

Symboles spéciaux

5 Dans la même m., tric. *1 m. end., 1 m. env.*, rép. 1 fois de * à *, 1 m. end.

m. end. torse sur l'env.

m. end. sur l'end. / m. env. sur l'env. — m. env. sur l'end. / m. end. sur l'env. — m. end. torse sur l'end. / m. env. torse sur l'env. — 2 m. ens. à l'end. — srjt sple à l'end. — dim. dble à l'end centrée

Point 185

Tournesol Niveau 2

Ce motif démontre parfaitement que les mailles ne sont pas carrées : la fleur tricotée est beaucoup plus arrondie et moins allongée que sur le diagramme.

Symbole spécial

B Dans la même m., tric. *1 m. end., 1 m. env.*, rép. 1 fois de * à *, 1 m. end. ; tournez, 5 m. env., tournez ; rab. la 2e, la 3e, la 4e puis la 5e m. par-dessus la 1re m., 1 m. end. torse.

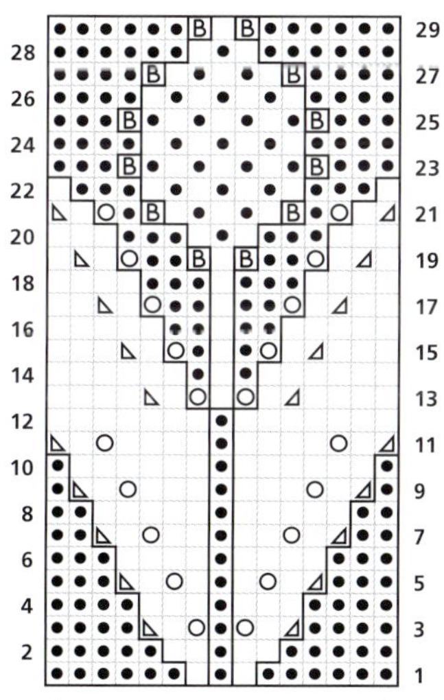

Motif sur 15 m.

Point 186

Noisettes Niveau 2

Cinq nopes disposées en chevron comme des feuilles accueillent une « noisette » en relief. Le motif proprement dit occupe douze rangs. La séquence de quatorze rangs du diagramme permet de le répéter verticalement pour former un panneau. Vous pouvez modifier l'espace entre les motifs, ou encore les répéter horizontalement.

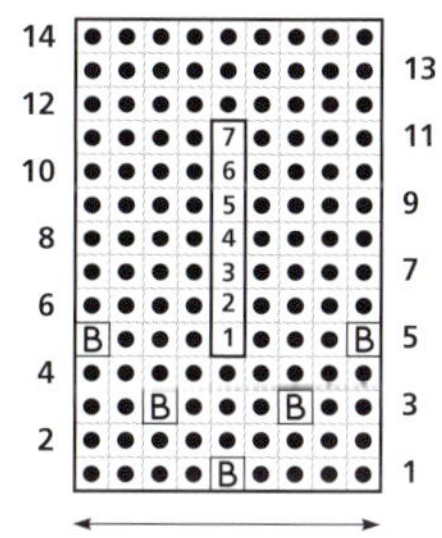

Panneau de 9 m. (le nombre de m. n'est pas le même sur tous les rgs)

Noisette

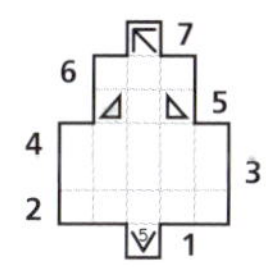

Symboles spéciaux

B Dans la même m., tric. *1 m. end., 1 m. env.*, rép. 1 fois de * à *, 1 m. end. ; tournez, 5 m. env., tournez, 5 m. end., tournez, 2 m. torses ens. à l'env., 1 m. env., 2 m. ens. à l'env., tournez, 1 dim. dble à l'end. centrée.

5 Dans la même m., tric. *1 m. end., 1 m. env.*, rép. 1 fois de * à *, 1 m. end.

Note

Tricotez le rectangle encadré (une maille sur sept rangs) en suivant le diagramme de la noisette.

srjt dble à l'end. | jeté | m. virt. | T3D | T3G | T2+1D | T2+1G

Point 187
Bourgeons **Niveau 2**

Outre leurs tailles, les deux bourgeons diffèrent par la double diminution du sommet : effilée pour le grand, plus arrondie pour le petit.

Grand bourgeon

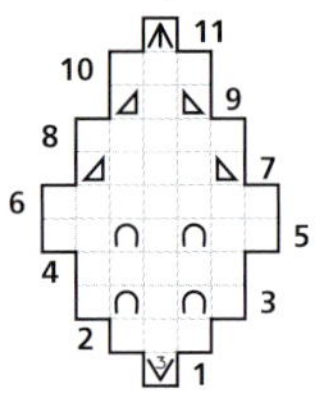

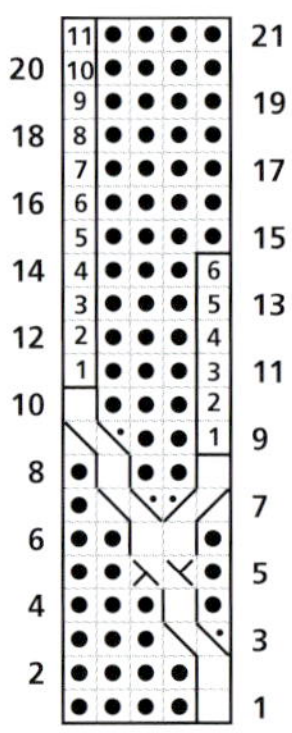

Petit bourgeon

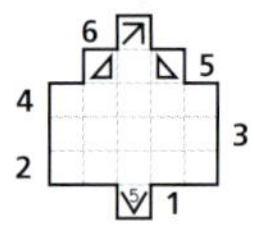

**Motif sur 5 m.
(le nombre de m. n'est pas le même sur tous les rgs)**

Symboles spéciaux

Dans la même m., tric. 1 m. end., 1 jeté et 1 m. end.

Dans la même m., tric., *1 m. end., 1 jeté*, rép. 1 fois de * à *, 1 m. end.

srjt dble à l'env. sur l'env.

Notes

- Ce point nécessite une aiguille auxiliaire.
- Tricotez le rectangle encadré d'une maille sur six rangs en suivant le diagramme du petit bourgeon.
  Tricotez le rectangle encadré d'une maille sur onze rangs en suivant le diagramme du grand bourgeon.

Point 188
Rameaux de baies **Niveau 2**

Un faisceau de côtes torsadées croisées supporte des grappes de petites nopes bien serrées.

Symboles spéciaux

B Dans la même m., tric. *1 m. end., 1 jeté*, rép. 1 fois de * à *, 1 m. end. ; tournez 5 m. end., tournez, 5 m. env. ; sur l'aig. droite, rab. la 5e, la 4e, la 3e puis la 2e m. par-dessus la 1re m.

Gl. 3 m. sur une aig. aux. dev., 1 m. env. ; sur l'aig. aux. : 1 m. end. torse, 1 m. env., 1 m. end. torse.

Gl. 1 m. sur une aig. aux. der., 1 m. end. torse, 1 m. env., 1 m. end. torse, tric. à l'env. la m. de l'aig. aux.

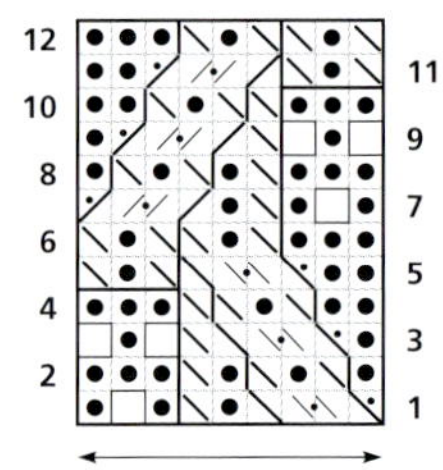

Panneau de 9 m.

Note

Ce point nécessite une aiguille auxiliaire.

m. end. sur l'end. m. env. sur l'env.	m. env. sur l'end. m. end. sur l'env.	m. end. torse sur l'end. m. env. torse sur l'env.	2 m. ens. à l'end.	srjt sple à l'end.	dim. dble à l'end. centrée

Point 189

Cosses Niveau 2

Pour lier les trois tiges ensemble, il suffit d'enrouler plusieurs fois le fil autour des mailles. Cette technique permet également de tricoter des faux smocks.

Symboles spéciaux

3 m. end., gl.-les sur une aig aux. dev., enroulez 4 fois le fil autour d'elles dans le sens inverse des aig. d'une montre en term. sur l'env., remettez-les sur l'aig. droite.

Tric. la m. à l'end. par son brin arrière puis par son brin avant, piquez l'aig. gauche derrière le brin horizontal situé entre les 2 m. que vous venez d'obtenir et utilisez-le pour tric. 1 m. end. torse.

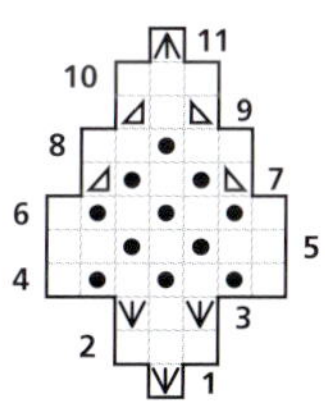

Cosse

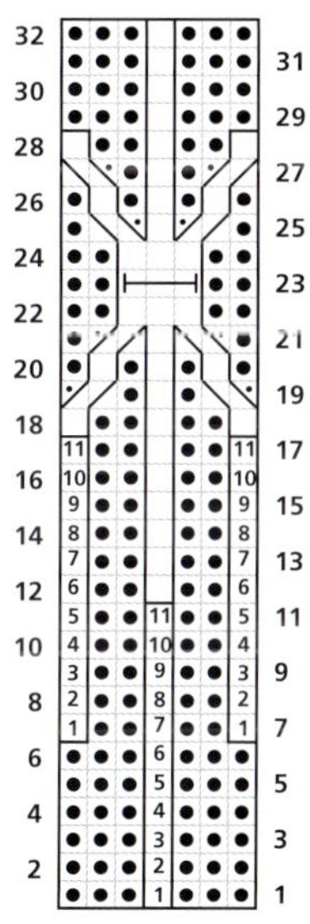

Motif sur 7 m.
(le nombre de m. n'est pas le même sur tous les rgs)

Notes

- Ce point nécessite une aiguille auxiliaire.
- Tricotez les rectangles encadrés (une maille sur onze rangs) en suivant le diagramme de la cosse.

Point 190

Larmes Niveau 2

Des larmes en relief sont suspendues au sommet de torsades croisées en forme de losanges.

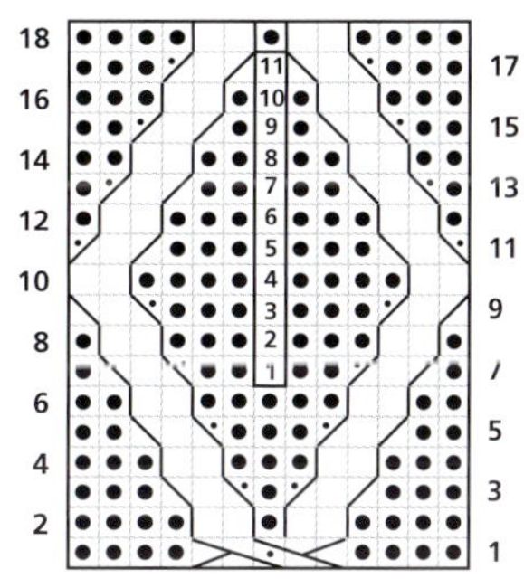

Panneau de 13 m.
(le nombre de m. n'est pas le même sur tous les rgs)

Larme

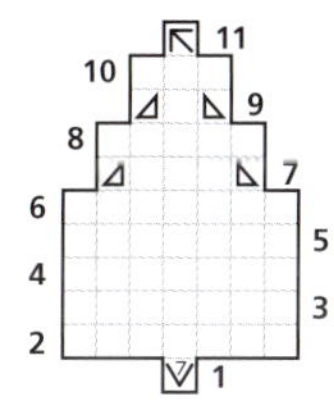

Symboles spéciaux

Gl. 2 m. sur la 1re aig. aux. dev., gl. la m. suiv. sur la 2e aig. aux. der., 2 m. end., tric. à l'env. la m. de la 2e aig. aux., tric. à l'end. les 2 m. de la 1re aig. aux.

Dans la même m., tric. *1 m. end., 1 jeté*, rép. 2 fois de * à *, 1 m. end.

Notes

- Ce point nécessite deux aiguilles auxiliaires.
- Tricotez le rectangle encadré (une maille sur onze rangs) en suivant le diagramme de la larme.

srjt dble à l'end. | augm. inter. dev. | T2G | T1+1D | T1+1G | T2+1D | T2+1G

Point 191

Fleurs des bois **Niveau 2**

Ce charmant panneau alterne des fleurs en forme de clochette et de minuscules feuilles attachées à une tige tricotée sur une côte torsadée. Si vous voulez placer un seul motif, exécutez les quatre premiers rangs, en supprimant la tige à partir du dixième rang, et en omettant le double enroulement au début du quatorzième.

Notes

- Ce point nécessite une aiguille auxiliaire.
- Les symboles spéciaux ci-dessous remplacent ceux du bas de page.
- Tricotez les vingt-cinq rangs du diagramme, puis répétez toujours du deuxième au vingt-cinquième rang.
- Tricotez les grands rectangles encadrés (une maille sur neuf rangs) en suivant le diagramme de la fleur. Tricotez les petits rectangles encadrés (une maille sur cinq rangs) en suivant le diagramme de la feuille.

Symboles spéciaux

Gl. 1 m. sur l'aig. aux. der., 1 m. end. torse, tric. la m. de l'aig. aux. à l'end. torse.

Gl. 1 m. sur l'aig. aux. dev., 1 m. end. torse, tric. la m. de l'aig. aux. à l'end. torse.

Gl. 1 m. sur l'aig. aux. dev., 1 m. env, tric. la m. de l'aig. aux. à l'end. torse.

Gl. 1 m. sur l'aig. aux. der., 1 m. end. torse, tric. la m. de l'aig. aux. à l'env.

1 jeté, tric. la m. à l'env. Sur le rg suiv., écoulez le jeté hors de l'aig.

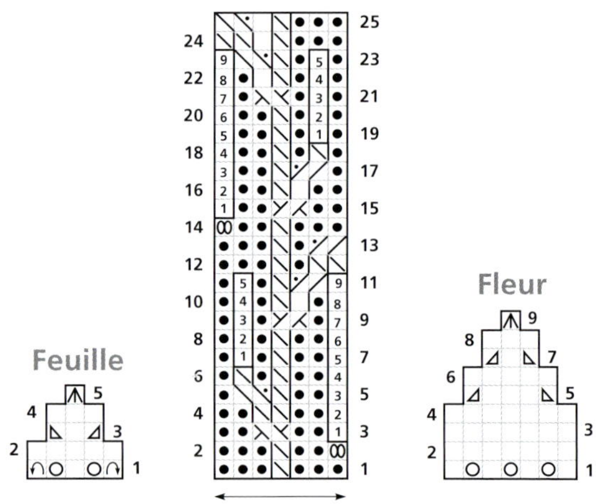

Panneau de 7 m.
(le nombre de m. n'est pas le même sur tous les rgs)

m. end. sur l'end. / m. env. sur l'env. · m. env. sur l'end. / m. end. sur l'env. · m. end. torse sur l'end. / m. env. torse sur l'env. · 2 m. ens. à l'end. · srjt sple à l'end. · dim. dble à l'en centrée

Point 192

Hortensia **Niveau 2**

Malgré sa texture dense et détaillée, ce motif est assez facile à tricoter, car les torsades et les nopes ne sont exécutées que sur les rangs endroit.

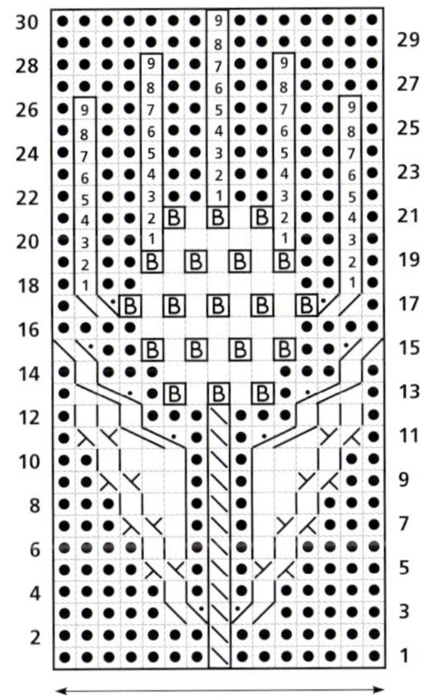

Motif sur 15 m.
(le nombre de m. n'est pas le même sur tous les rgs)

Sépale

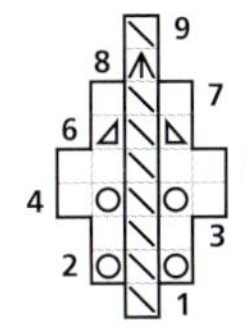

Symboles spéciaux

Gl. 2 m. sur l'aig. aux. der., 1 m. end., tric. à l'env. les 2 m. de l'aig aux.

Gl. 1 m. sur l'aig. aux. dev., 2 m. env., tric. à l'end. la m. de l'aig aux.

B Dans la même m., tric. *1 m. end., 1 jeté*, rép. 1 fois de * à *, 1 m. end.; tournez, 5 m. env., tournez, 4 m. gl. à l'end., 1 m. end., rab. les 4 m. gl. par-dessus la m. end.

Notes

- Ce point nécessite une aiguille auxiliaire.
- Tricotez les rectangles encadrés (une maille sur neuf rangs) en suivant le diagramme du sépale.

jeté — augm. inter. dev. — augm. inter. der. — T2D — T2G — T1+1D — T1+1G

Point 193 Chute de feuilles Niveau 2

Un seul type de diminution (deux mailles ensemble à l'endroit) est nécessaire pour tricoter ces petites feuilles aux contours fluides, mais bien dessinés.

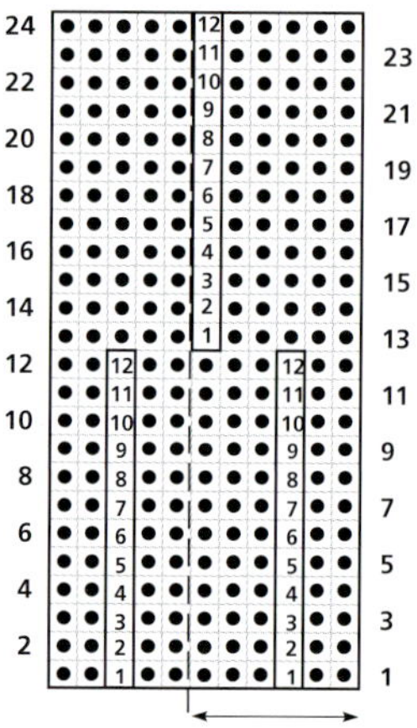

Sur un nombre de m. multiple de 6, + 5 m. (le nombre de m. n'est pas le même sur tous les rgs)

Feuille

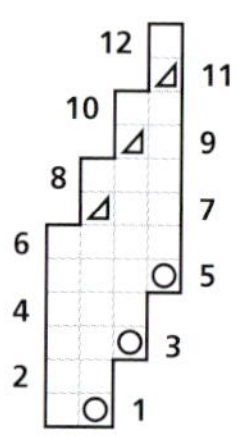

Note

Tricotez les rectangles encadrés (une maille sur douze rangs) en suivant le diagramme de la feuille.

Point 194 Épi de blé Niveau 2

Des petites torsades sur deux mailles accompagnées de quelques nopes suffisent à styliser un épi de blé.

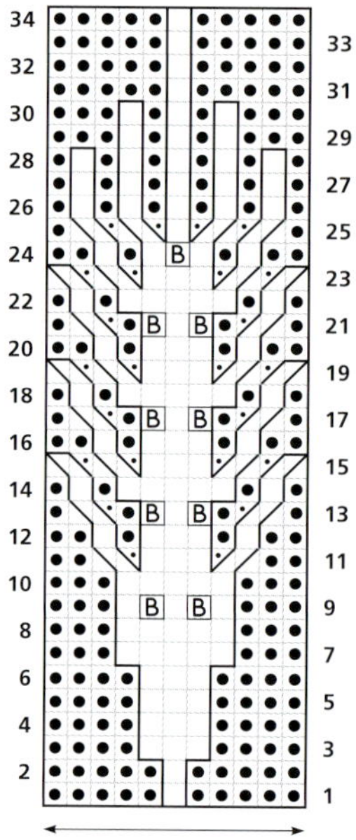

Motif sur 11 m.

Symbole spécial

B Dans la même m., tric. *1 m. end., 1 m. env.*, rép. 1 fois de * à *, 1 m. end.; sur l'aig. droite, rab. la 5e, la 4e, la 3e puis la 2e m. par-dessus la 1re m.

Note

Ce point nécessite une aiguille auxiliaire.

- ☐ m. end. sur l'end. m. env. sur l'env.
- ● m. env. sur l'end. m. end. sur l'env.
- ⧅ m. end. torse sur l'end. m. env. torse sur l'env.
- ◺ 2 m. ens. à l'end.
- ○ jeté

Point 195
Cachemire et nopes Niveau 3

Ce motif richement détaillé n'est pas aussi difficile à tricoter que vous pourriez le penser. Les quelques torsades qui doivent être travaillées sur les rangs envers mettent en œuvre les mêmes méthodes que sur l'endroit.

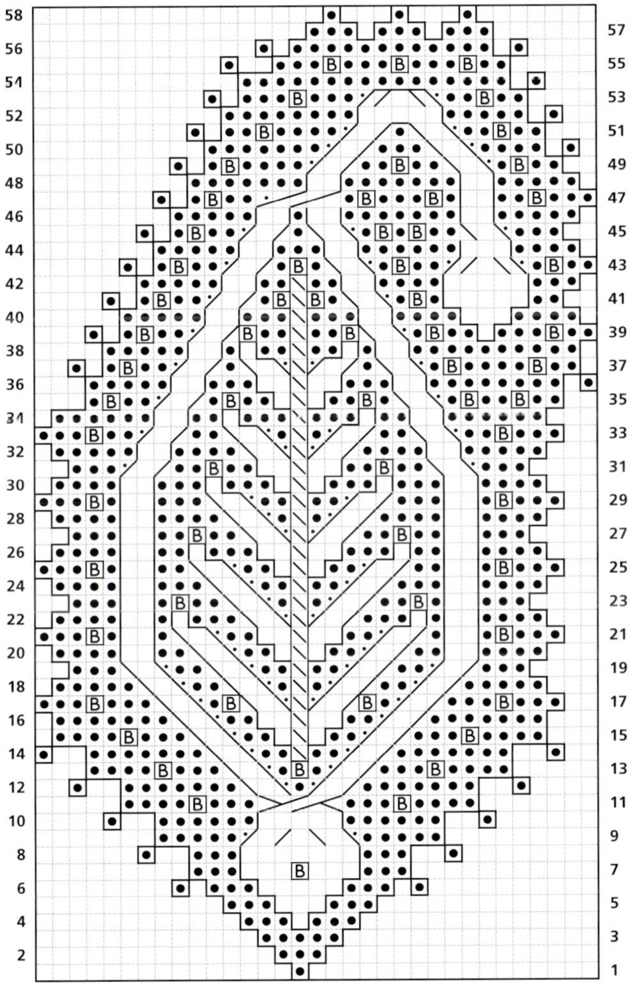

Motif sur 33 m.

Symboles spéciaux

[B] Dans la même m., tric. *1 m. end., 1 m. env.*, rép. 1 fois de * à *, 1 m. end.; tournez, 5 m. env., tournez, 2 m. ens. à l'end., 1 m. end., 1 srjt sple à l'end., tournez, 3 m. env., tournez, 1 dim. dble à l'end. centrée.

Sur l'end. Gl. 2 m. sur l'aig. aux. dev., 1 m. env., tric. à l'end. les 2 m. de l'aig. aux.
Sur l'env. Gl. 1 m. sur l'aig. aux. dev., 2 m. env., tric. à l'end. la m. de l'aig. aux.

Sur l'end. Gl. 1 m. sur l'aig. aux. der., 2 m. end., tric. à l'env. la m. de l'aig. aux.
Sur l'env. Gl. 2 m. sur l'aig. aux. der., 1 m. end., tric. à l'env. les 2 m. de l'aig. aux.

Gl. 3 m. sur l'aig. aux. der., 2 m. end., gl. la 3e m. de l'aig. aux. sur l'aig. gauche, placez l'aig. aux. dev., tric. à l'env. la m. gl., tric. à l'end. les 2 m. rest. de l'aig. aux.

Gl. 3 m. sur l'aig. aux. der., 2 m. end., tric. à l'env. les 3 m. de l'aig. aux.

Note

Ce point nécessite une aiguille auxiliaire.

T1+1D T1+1G

Point 196

Roses autrichiennes **Niveau 3**

Les tricots rebrodés de motifs en relief sont typiques de la mode autrichienne des années 1930. Dans cette version réactualisée, des roses au point de poste ornent le centre de losanges formés par des nopes.

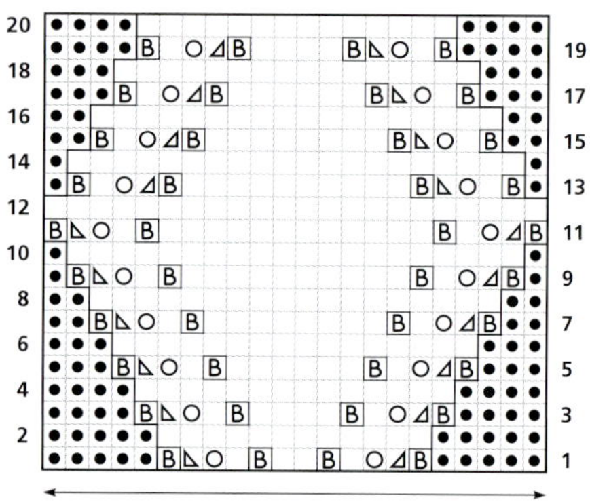

Panneau de 22 m.

Symbole spécial

[B] Dans la même m., tric. 1 m. end., 1 m. env. et 1 m. end.; tournez, 3 m. env., tournez, 3 m. end.; sur l'aig. droite, rab. la 2ᵉ puis la 3ᵉ m. par-dessus la 1ʳᵉ m.

Note

La rose n'est pas représentée sur le diagramme. Brodez-la au centre du losange.

Point 197

Grappes de cerises **Niveau 3**

Les nopes de ce superbe point créent une bordure festonnée à la base de l'ouvrage puis, accompagnées de côtes 1/3, donnent l'impression d'une superposition de volants.

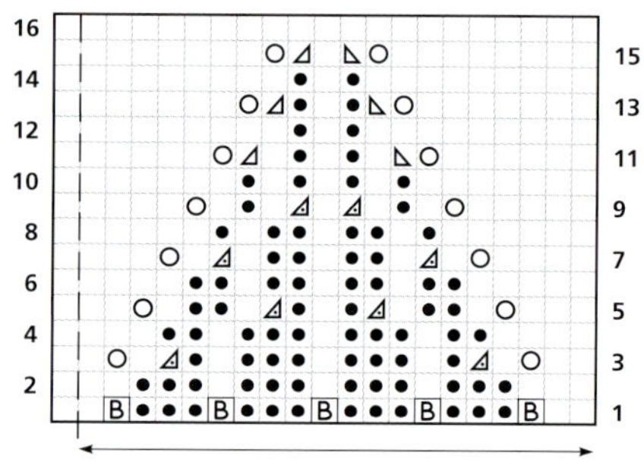

Sur un nombre de m. multiple de 20, + 1 m.

Symbole spécial

[B] Dans la même m., tric. *1 m. end., 1 m. env.*, rép. 1 fois de * à *, 1 m. end.; tournez, 5 m. env., tournez; rab. la 2ᵉ, la 3ᵉ, la 4ᵉ puis la 5ᵉ m. par-dessus la 1ʳᵉ m., 1 m. end. torse.

124-125 Symboles de base

- ☐ m. end. sur l'end. / m. env. sur l'env.
- ● m. env. sur l'end. / m. end. sur l'env.
- ◿ 2 m. ens. à l'end.
- ◺ srjt sple à l'end.
- ◿ 2 m. ens. à l'env.
- ↗ 3 m. ens. à l'end.
- ↖ srjt dble à l'end.

Point 198

Vigne vierge **Niveau 3**

Sur un fond en jersey envers, de simples torsades sur trois mailles dessinent de gracieuses tiges sinueuses. Des feuilles finement détaillées apportent un relief subtil. Si vous souhaitez répéter ce panneau horizontalement ou l'associer à d'autres points (en l'encadrant, par exemple, de torsades) ajoutez des mailles en jersey envers de part et d'autre.

Notes

- Ce point nécessite une aiguille auxiliaire.
- Tricotez les rectangles encadrés (une maille sur dix-neuf rangs) de gauche en suivant le diagramme de la feuille A, et les rectangles encadrés de droite en suivant le diagramme de la feuille B.
- Sur le premier rang, la feuille de gauche commence au neuvième rang du diagramme A. Les dix mailles nécessaires sont comptées dans les vingt-trois mailles de la séquence.

Feuille A

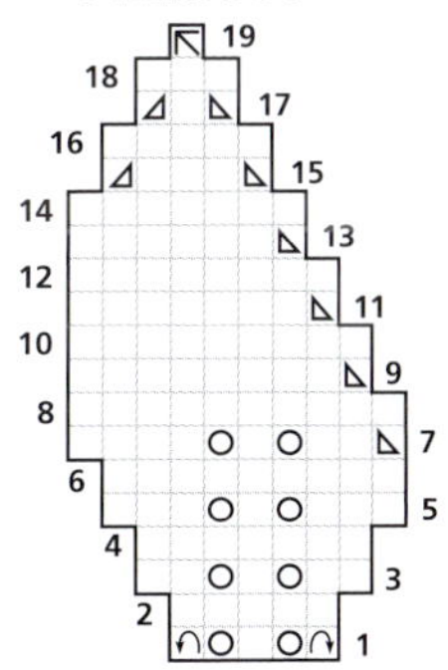

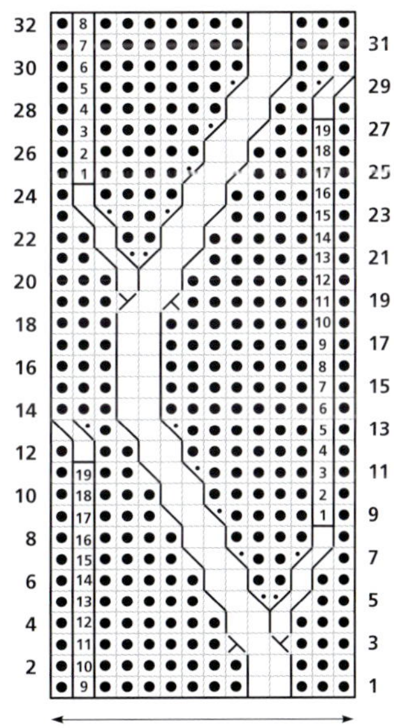

Panneau de 23 m.
(le nombre de m. n'est pas le même sur tous les rgs)

Feuille B

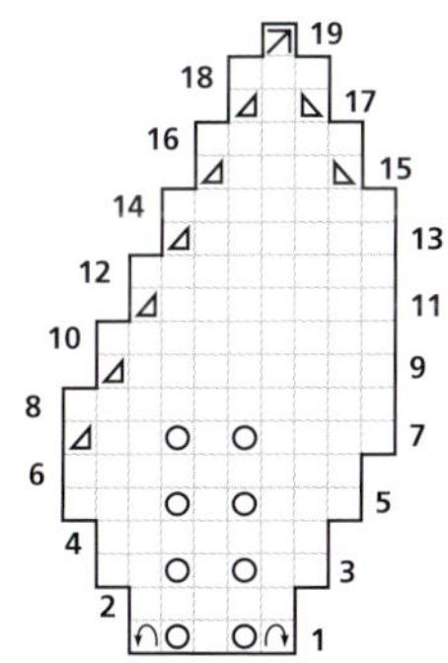

jeté | augm. inter. dev. | augm. inter. der. | T1+1D | T1+1G | T3D | T3G | T2+1D | T2+1G

Point 199 Feuille de citronnier **Niveau 3**

Cette jolie feuille en forme de cœur n'exige aucune technique compliquée. L'important est d'effectuer avec soin les diminutions et les augmentations pour mettre en valeur sa forme discrète.

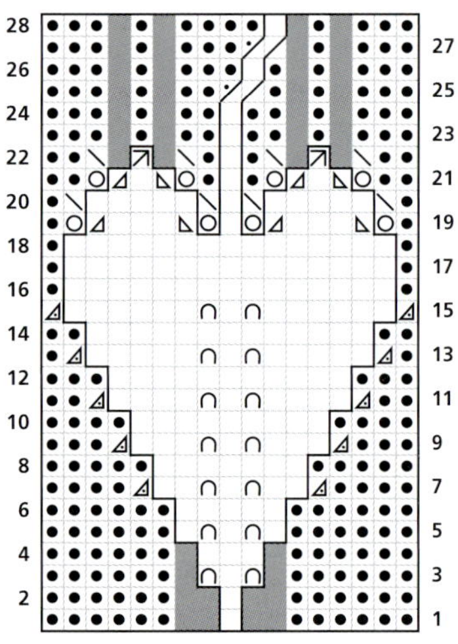

**Motif sur 13 m.
(le nombre de m. n'est pas le même sur tous les rgs)**

Symboles spéciaux

- m. end. torse sur l'env.
- srjt dble à l'env. sur l'env.

Note

Ce point nécessite une aiguille auxiliaire.

Point 200 Feuilles-flammes **Niveau 3**

Semblables à des flammes de bougies, ces feuilles effilées s'entremêlent les unes aux autres avec fluidité.

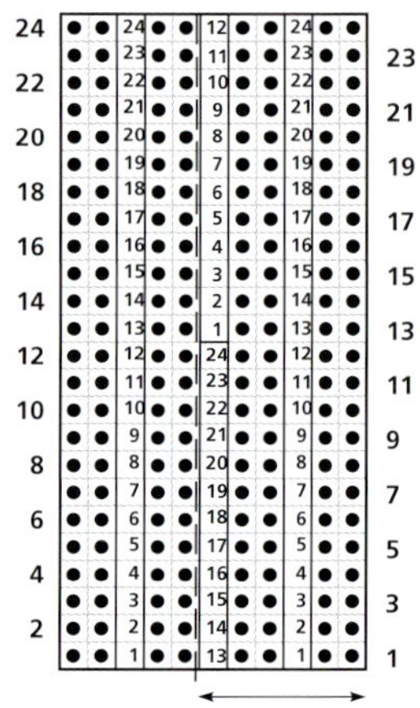

**Sur un nombre de m. multiple de 12, + 5 m.
(le nombre de m. n'est pas le même sur tous les rgs)**

Feuille

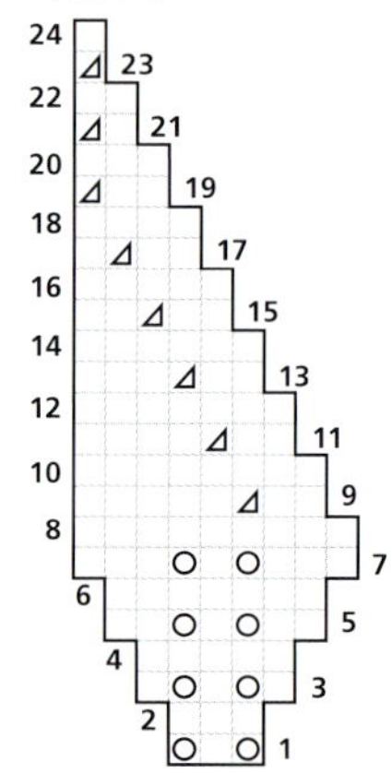

Notes

- Tricotez les rectangles encadrés (une maille sur vingt-quatre rangs) en suivant le diagramme de la feuille.
- Sur le premier rang, la feuille du milieu commence au treizième rang du diagramme supplémentaire. Les sept mailles nécessaires sont comptées dans les douze mailles de la séquence.

- m. end. sur l'end. / m. env. sur l'env.
- m. env. sur l'end. / m. end. sur l'env.
- 2 m. ens. à l'end.
- srjt sple à l'end.
- 2 m. ens. à l'env.
- 1 dim. dble à l'end. centrée

Point 201

Totem Niveau 3

Cet entrelac classique de torsades est agrémenté de nopes. Il forme un losange central décoré d'une clochette en relief.

Notes

- Ce point nécessite deux aiguilles auxiliaires.
- Tricotez le rectangle encadré (une maille sur neuf rangs) en suivant le diagramme de la clochette.

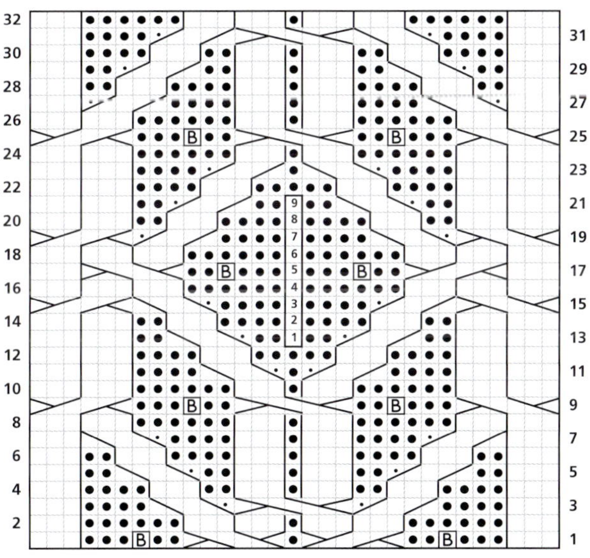

Panneau de 31 m.
(le nombre de m. n'est pas le même sur tous les rgs)

Symboles spéciaux

Gl. 3 m. sur la 1re aig. aux. dev., gl. la m. suiv. sur la 2e aig. aux. der., 3 m. end., tric. à l'env. la m. de la 2e aig. aux., tric. à l'end. les 3 m. de la 1re aig. aux.

B Dans la même m., tric. *1 m. end., 1 jeté*, rép. 1 fois de * à *, 1 m. end.; °tournez, 5 m. end.°, rép. 1 fois de ° à °; sur l'aig. droite, rab. la 2e, la 3e, la 4e puis la 5e m. par-dessus la 1re m.

Clochette

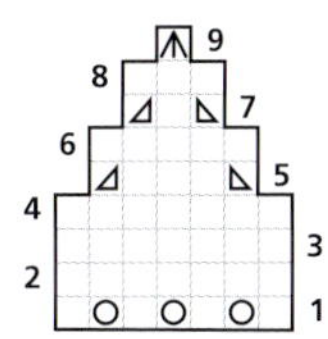

augm. inter. dev. | jeté | m. virt. | T1+1D | T3+2D | T3+2G | T6D | T6G

Point 202
Flamme de bougie **Niveau 3**

La particularité de ce motif consiste en augmentations multiples dissimulées dans le croisement du centre.

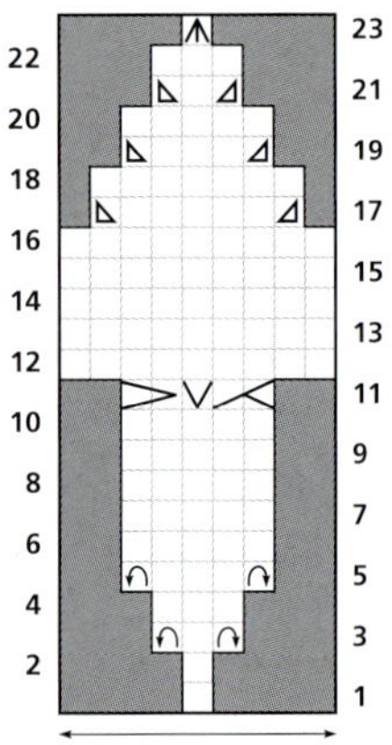

Motif sur 1 m. (le nombre de m. n'est pas le même sur tous les rgs)

Notes

- Ce point nécessite une aiguille auxiliaire.
- Le motif commence par une maille. Il augmente jusqu'à occuper neuf mailles, puis diminue pour revenir à une maille sur le dernier rang.

Symbole spécial

Gl. 3 m. sur une aig. aux. der., 2 m. end., gl. la 3e m. de l'aig. aux. sur l'aig. gauche; dans cette m. gl., tric. *1 m. end., 1 jeté*, rép. 1 fois de * à *, 1 m. end.; tric. à l'end. les 2 m. rest. de l'aig. aux.

Point 203
Torsade végétale **Niveau 3**

Torsades, feuilles et nopes s'associent pour créer ce point élégant qui rappelle la tradition des tricots d'Aran tout en demeurant résolument original.

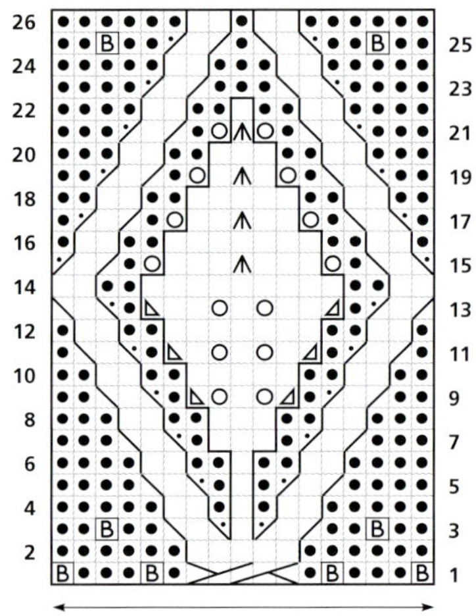

Panneau de 17 m.

Symboles spéciaux

B Dans la même m., tric. *1 m. end., 1 m. env.*, rép. 1 fois de * à *, 1 m. end.; tournez, °5 m. env., tournez°, 5 m. end., tournez, rép. 1 fois de ° à °; rab. la 2e, la 3e, la 4e puis la 5e m. par-dessus la 1re m., 1 m. end. torse.

Gl. 3 m. sur une aig. aux. der., 2 m. end., gl. la 3e m. de l'aig. aux. sur l'aig. gauche et tric-la à l'end., tric. à l'end. les 2 m. rest. de l'aig. aux.

Note

Ce point nécessite une aiguille auxiliaire.

m. end. sur l'end. / m. env. sur l'env. — m. env. sur l'end. / m. end. sur l'env. — 2 m. ens. à l'end. — srjt sple à l'end. — dim. dble à l'end. centrée — jeté — m. virt.

Point 204

Grappe de raisin **Niveau 3**

Trois feuilles délicatement détaillées surmontent une généreuse grappe de nopes.

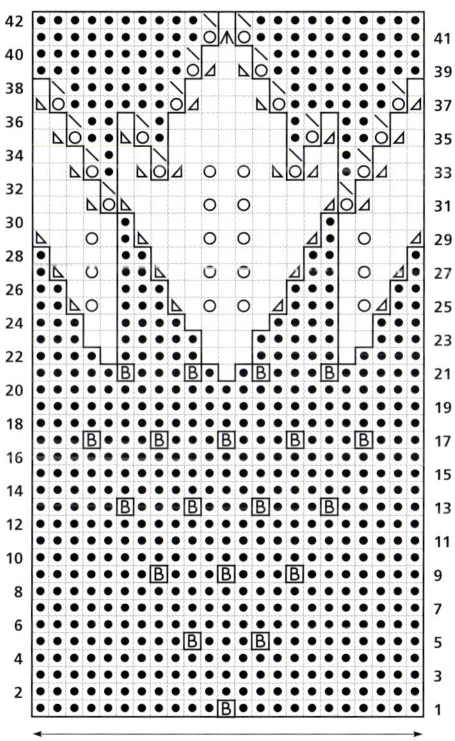

Motif sur 23 m.

Symboles spéciaux

B Dans la même m., tric. *1 m. end., 1 jeté*, rép. 1 fois de * à *, 1 m. end.; °tournez, 5 m. env.°, tournez, 5 m. end., rép. 1 fois de ° à °, tournez; rab. la 2e, la 3e, la 4e puis la 5e m. par-dessus la 1re m., 1 m. end. torse

m. end. torse sur l'env.

Point 205

Myosotis **Niveau 3**

Notes

- Ce point nécessite une aiguille auxiliaire.
- Les rectangles encadrés (une maille sur quatorze rangs) renvoient aux diagrammes supplémentaires. Tricotez celui de gauche en suivant le diagramme B, et celui de droite en suivant le diagramme A.

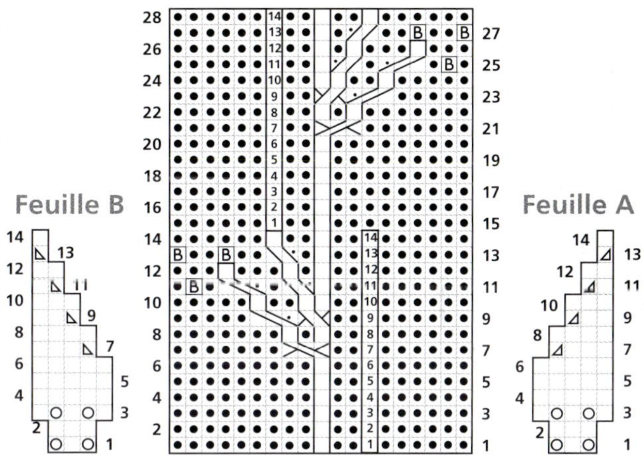

Panneau de 19 m.
(le nombre de m. n'est pas le même sur tous les rgs)

Symboles spéciaux

B Dans la même m., tric. *1 m. end., 1 m. env.*, rép. 1 fois de * à *, 1 m. end.; tournez, 5 m. env., tournez; rab. la 2e, la 3e, la 4e puis la 5e m. par-dessus la 1re m., 1 m. end. torse.

Gl. 1 m. sur une aig. aux. dev., 1 m. end., 1 m. env., tric. à l'end. la m. de l'aig. aux.

Gl. 2 m. sur une aig. aux. der., 1 m. end.; sur l'aig. aux.: 1 m. env., 1 m. end.

Gl. 2 m. sur une aig. aux. der., 1 m. end., tric. à l'env. les 2 m. de l'aig. aux.

Gl. 1 m. sur une aig. aux. dev., 2 m. env., tric. à l'end. la m. de l'aig. aux.

PANORAMA Jacquard et incrustations

Tricoter des motifs en couleurs relève d'une très ancienne tradition. Les deux techniques possibles et la lecture des diagrammes sont expliquées page 203. Notez que tous ces modèles sont destinés à être exécutés en jersey endroit.

206 Rosette

207 Bouton de rose

208 Crabe

209 Ruban enroulé

210 Frise kilim

211 Étoile kilim

212 Diamants

213 Cercles concentriques

214 Marquoir

215 Petites frises tricolores

216 Fleurettes sur zigzags

217 Tulipes folkloriques

218 Lys Art nouveau

219 Frises mexicaines

220 Brocart

221 Étoiles scandinaves

222 Chevrons dégradés

223 Entre-deux

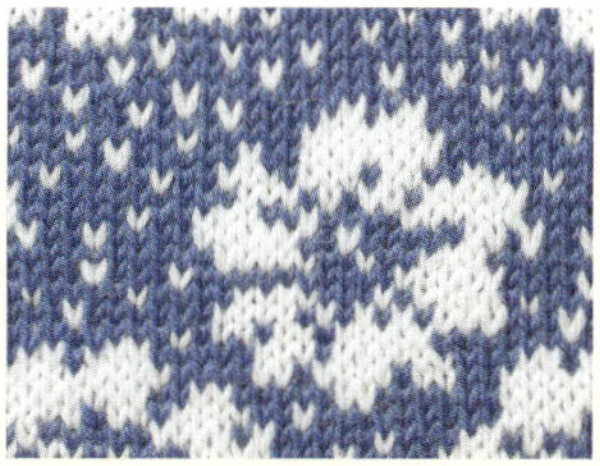
224 Pochoir japonais

225 Frises de fleurs

226 Marguerites en couleurs

227 Feuilles aztèques

230 Frises indiennes

231 Cachemire en couleurs

228 Frises arabes

229 Mosaïque de triangles

232 Cerfs-volants

233 Frise celtique

236 Flocons de neige

234 Spirales jumelles

238 Cœurs, ancres et croix

235 Nœud celtique noir et blanc

237 Étoiles africaines

Point 206

Rosette **Niveau 1**

Ce petit motif symétrique offre une parfaite introduction à la technique de l'incrustation. À l'exception du centre, chaque zone de couleur doit être tricotée avec un fil distinct.

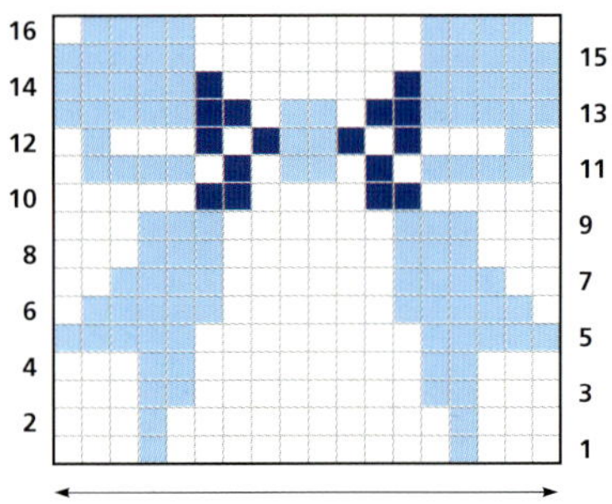

Motif sur 18 m.

Légende

- Crème
- Bleu moyen
- Bleu foncé

Point 207

Bouton de rose **Niveau 1**

Inspiré d'un tissu imprimé ancien, ce bouton de rose appelle des couleurs réalistes, bien qu'il soit possible de changer celle du fond. Ce motif associe les techniques du jacquard et de l'incrustation.

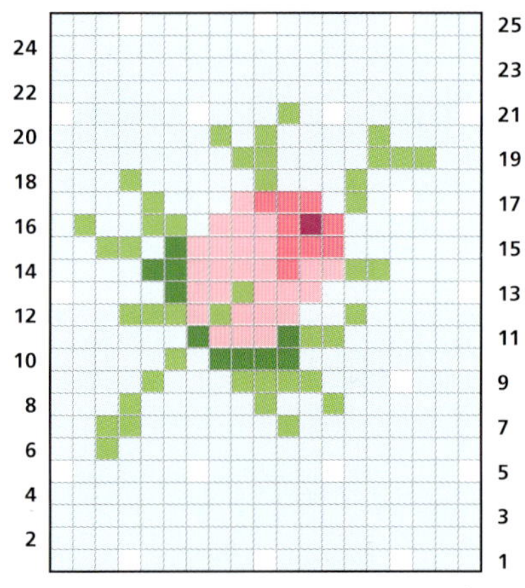

Motif sur 16 m.
(représenté sur 19 m.)

Légende

- Bleu clair
- Crème
- Vert moyen
- Vert foncé
- Rose clair
- Rose foncé
- Fuchsia

☐ m. end. sur l'end.
m. env. sur l'env.

Point 208
Crabe **Niveau 1**

Tout droit venu de la plage, un crabe orange constitue une incrustation amusante, avec quelques petites touches en jacquard. Attention : le motif n'est pas symétrique sur la partie supérieure des pinces.

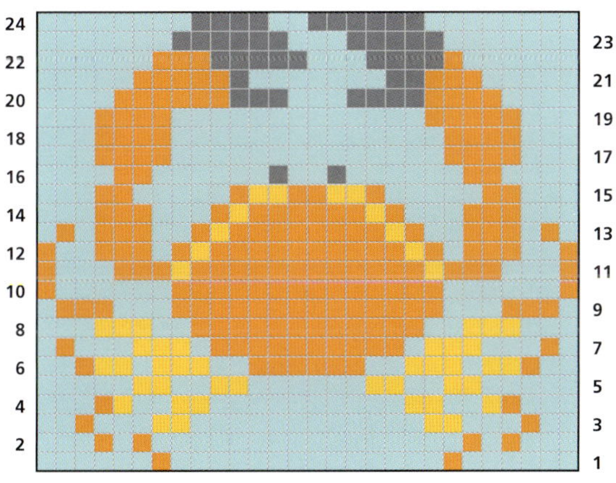

Motif sur 28 m.

Légende

- Turquoise
- Anthracite
- Orange
- Jaune d'or

Point 209
Ruban enroulé **Niveau 1**

Ce motif alterne deux formes géométriques qui donnent l'illusion d'un ruban enroulé sur lui-même. Il s'agit d'un jacquard simple. Vous devez travailler simultanément avec les trois fils, sauf sur le cinquième rang.

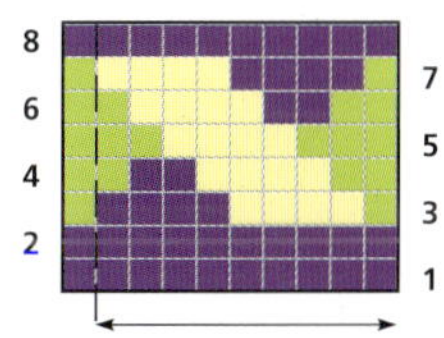

Sur un nombre de m. multiple de 9, + 1 m.

Légende

- Violet
- Jaune citron
- Vert

Note

Le diagramme propose une combinaison de couleurs, mais les possibilités sont infinies.

Point 210

Frise kilim **Niveau 2**

Cette frise peut être utilisée en bordure ou répétée plusieurs fois verticalement, éventuellement intercalée de points texturés. Le jacquard est simple : seuls quatre rangs exigent de tricoter trois fils à la fois.

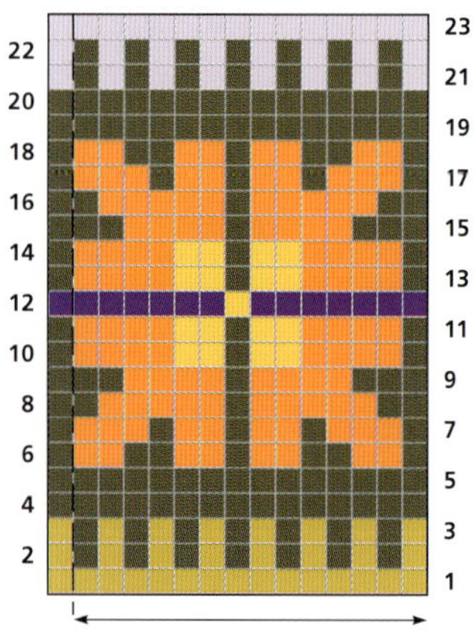

Sur un nombre de m. multiple de 14, + 1 m.

Légende

- Moutarde
- Vert olive
- Orange
- Jaune d'or
- Violet
- Mauve

Point 211

Étoile kilim **Niveau 2**

Une association de teintes naturelles rehausse l'impact de ce motif. Il se tricote essentiellement comme une incrustation, avec juste quelques petites zones de jacquard.

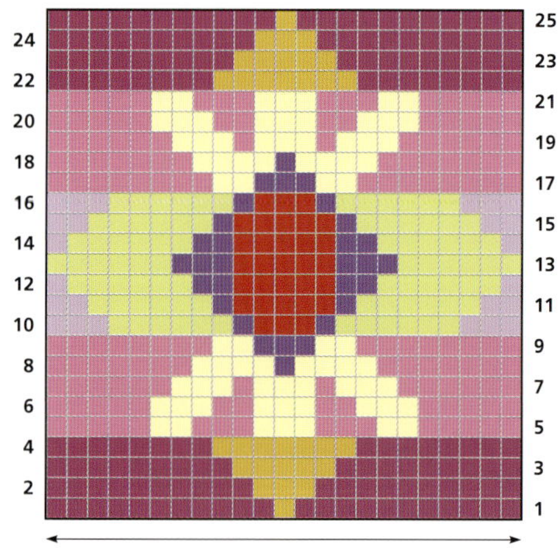

Motif sur 23 m.

Légende

- Prune
- Vieux rose
- Vert clair
- Moutarde
- Jaune clair
- Mauve
- Aubergine
- Rouge foncé

☐ m. end. sur l'end.
m. env. sur l'env.

Point 212

Diamants **Niveau 2**

Travaillez chaque losange en incrustation, mais faites suivre les fils en diagonale afin de réduire les extrémités à rentrer en fin de travail. Sur la photographie ci-dessus, le contour de certains « diamants » a été rebrodé pour enrichir le décor.

Sur un nombre de m. multiple de 8, + 1 m. (représenté sur 24 m., + 1 m.)

Légende

- Vert clair
- Mauve
- Fuchsia
- Turquoise
- Jaune citron

Point 213

Cercles concentriques **Niveau 3**

Entièrement tricotés grâce à la technique de l'incrustation, ces motifs proposent une évocation joyeuse de la peinture futuriste russe du début du xxe siècle.

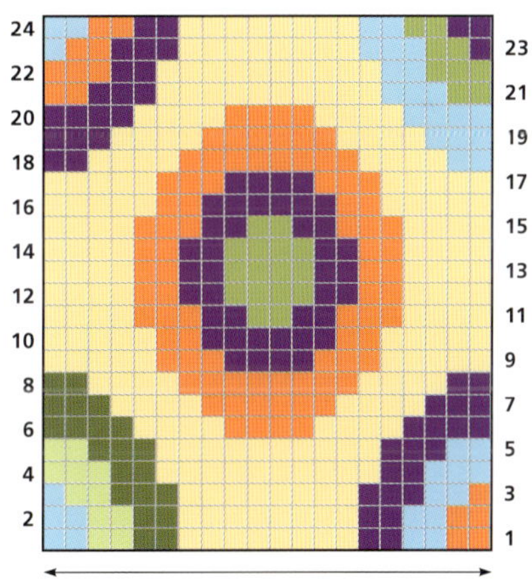

Sur un nombre de m. multiple de 20

Légende

- Sable
- Orange
- Violet
- Vert clair
- Vert olive
- Turquoise
- Vert foncé

Note

Le diagramme montre la séquence des mailles et des rangs à répéter, mais pas celle des couleurs car elles varient d'un motif à l'autre.

Point 214

Marquoir

Niveau 1

Chacune des trois parties du marquoir est réalisée en jacquard avec une seule couleur en plus de celle du fond, mais la finesse des tracés exige une lecture attentive du diagramme.

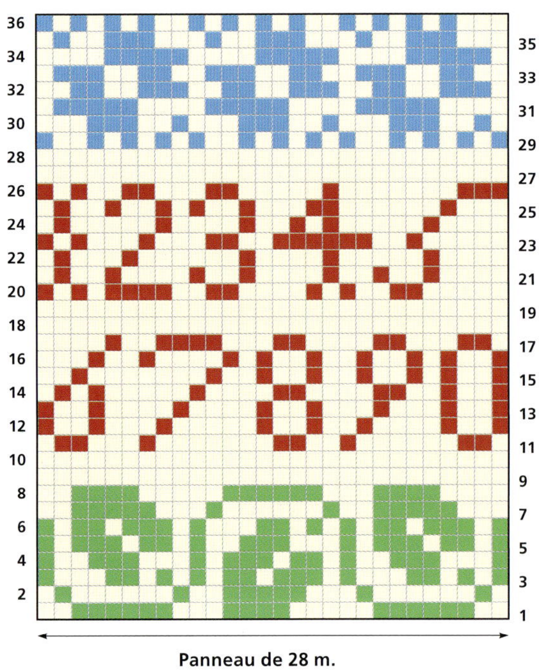

Légende

- Crème
- Vert
- Rouge foncé
- Bleu

m. end. sur l'end.
m. env. sur l'env.

Point 215
Petites frises tricolores **Niveau 1**

Ces frises jacquard sont typiques des tricots traditionnels des îles Shetland. Vous pouvez les superposer comme sur le diagramme, ou les scinder et les associer à d'autres motifs pour créer vos propres décors.

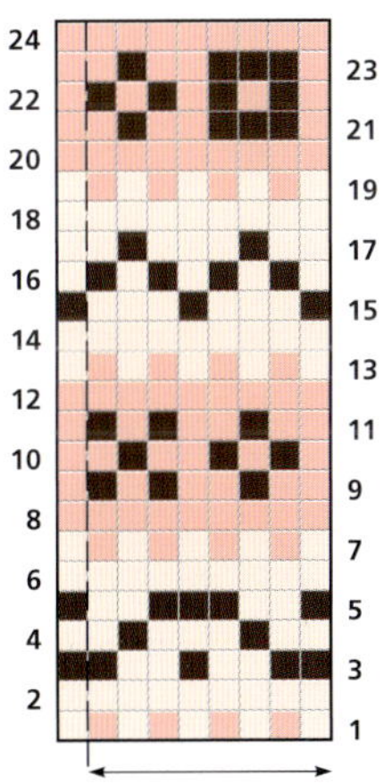

Sur un nombre de m. multiple de 8, + 1 m.

Légende
- Rose clair
- Corail
- Brun

Point 216
Fleurettes sur zigzags **Niveau 1**

Inspiré lui aussi des îles Shetland, ce point est entièrement réalisé en jacquard. Des zigzags (sur quatre mailles) composent un fond dégradé où se détachent des fleurettes (sur huit mailles). L'ensemble est aussi plaisant que facile à tricoter.

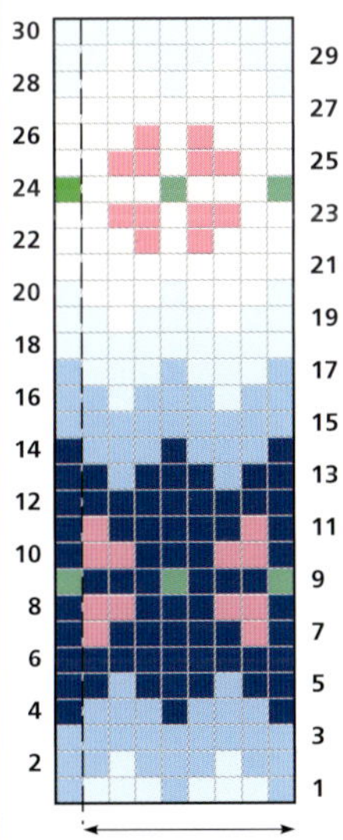

Sur un nombre de m. multiple de 8, + 1 m.

Légende
- Crème
- Bleu moyen
- Bleu clair
- Bleu marine
- Rose
- Vert

Point 217
Tulipes folkloriques **Niveau 1**

Ces tulipes évoquent les motifs peints au pochoir sur le mobilier traditionnel d'Europe de l'est. Elles sont tricotées en jacquard, avec un seul fil utilisé à la fois en plus de celui du fond.

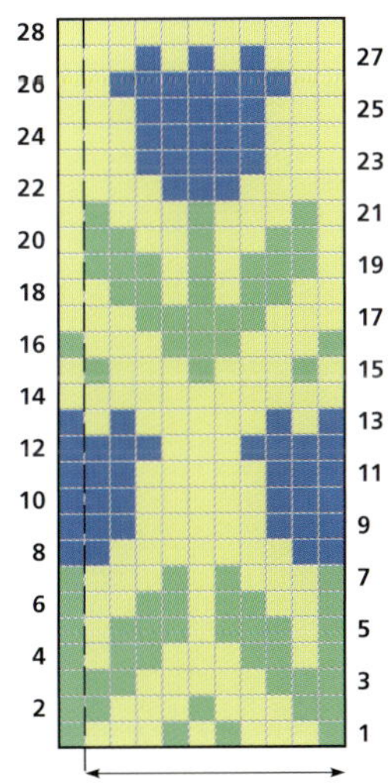

Sur un nombre de m. multiple de 10, + 1 m.

Légende
- Vert émeraude clair
- Jaune-vert
- Bleu moyen

Point 218

Lys Art nouveau **Niveau 2**

Le thème et le graphisme fluide de ce motif sont influencés par l'Art nouveau, un style qui connut une grande vogue dans les années 1890. Malgré la taille importante de la séquence de mailles et de rangs, il s'agit d'un jacquard simple en deux couleurs. Tricotez chaque fleur en incrustation.

Sur un nombre de m. multiple de 38, + 1 m.

Légende

- Crème
- Vert
- Jaune

- m. end. sur l'end. / m. env. sur l'env.

Point 219

Frises mexicaines **Niveau 1**

Chaque bande est tricotée en jacquard avec deux couleurs. L'utilisation du noir alternativement pour le fond et les motifs donne beaucoup de vigueur à ce décor.

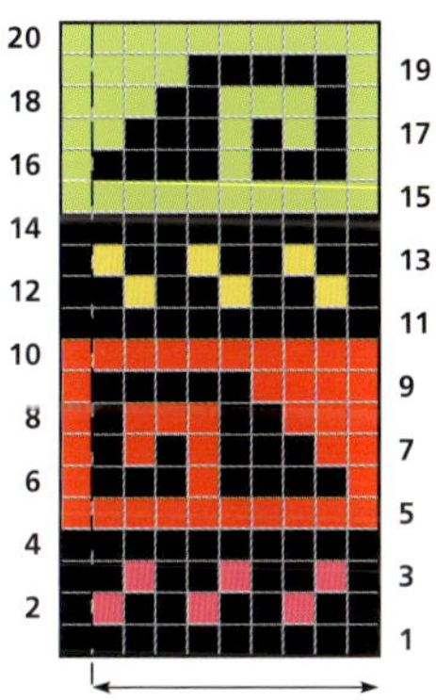

Sur un nombre de m. multiple de 9, + 1 m.

Légende

- Noir
- Rose vif
- Rouge
- Jaune
- Vert clair

Point 220

Brocart **Niveau 1**

On trouve ce genre de motifs étoilés sur les broderies, les tissages et les tapis traditionnels de l'est de l'Europe et du bassin méditerranéen.
Ici, le thème est combiné avec des losanges pour créer une séquence à répéter.
Il s'agit d'un jacquard bicolore facile à tricoter.

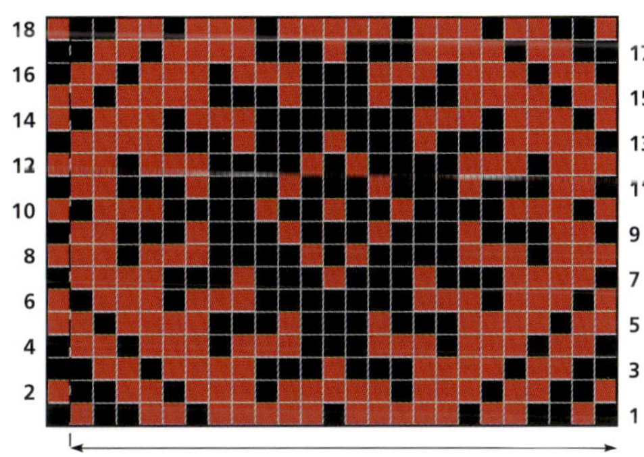

Sur un nombre de m. multiple de 24, + 1 m.

Légende

- Noir
- Rouge foncé

Point 221

Étoiles scandinaves **Niveau 1**

Malgré sa taille et son apparente complexité, ce jacquard reste facile à tricoter car on n'utilise que deux fils à la fois. Vous pouvez prolonger le décor en hauteur en ajoutant d'autres rangées de losanges dans différents tons de bleu.

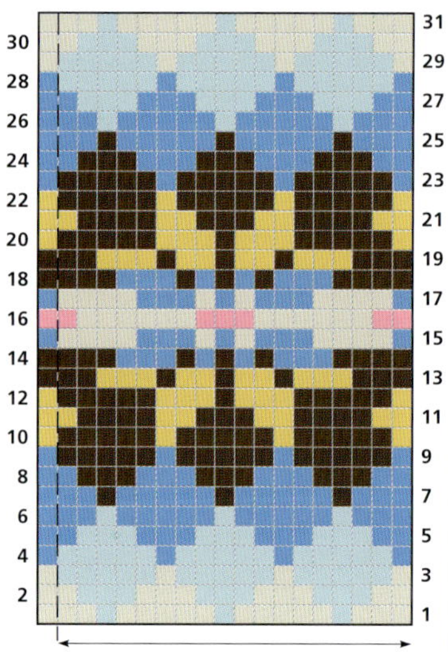

Sur un nombre de m. multiple de 18, + 1 m.

Légende

- Écru
- Bleu clair
- Bleu moyen
- Brun
- Jaune
- Rose

Point 222

Chevrons dégradés **Niveau 1**

Inspiré des tapisseries bargello, ce jacquard présente des chevrons noirs sur un fond de rayures traitées en camaïeu. On n'emploie jamais plus de deux fils à la fois. N'hésitez pas à créer votre propre décor en choisissant une autre gamme de couleurs, ou bien en alternant différemment les teintes et les chevrons.

Légende

- Rouge foncé
- Noir
- Rouge vermillon
- Orange
- Jaune d'or
- Jaune

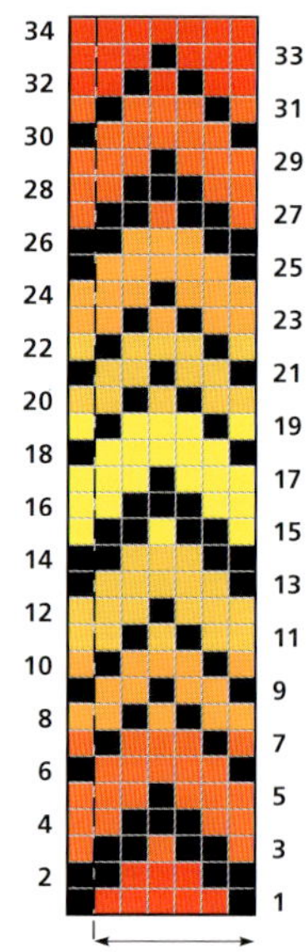

Sur un nombre de m. multiple de 6, + 1 m.

☐ m. end. sur l'end. m. env. sur l'env.

Point 223

Entre-deux **Niveau 1**

Ce motif a été dessiné d'après un tapis turc. À l'exception du rang central, on n'utilise jamais plus de deux couleurs à la fois. Vous pouvez tricoter l'entre-deux complet tel qu'il est photographié ou employer séparément les frises de triangles.

Diagramme 1

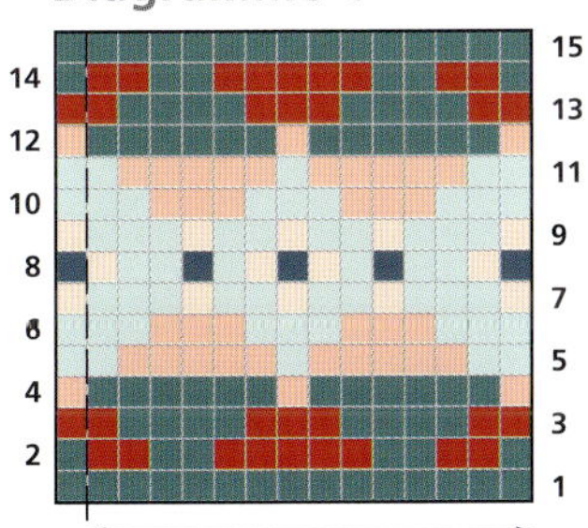

Sur un nombre de m. multiple de 14, + 1 m.

Légende

- Bleu clair
- Bleu foncé
- Bleu moyen
- Turquoise foncé
- Rouge
- Turquoise clair
- Rose foncé
- Rose clair

Diagramme 2

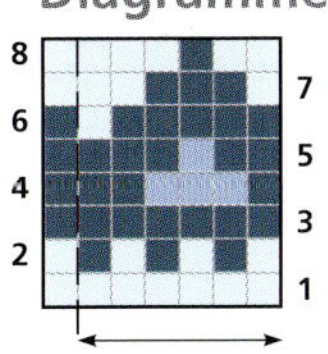

Sur un nombre de m. multiple de 6, + 1 m.

Diagramme 3

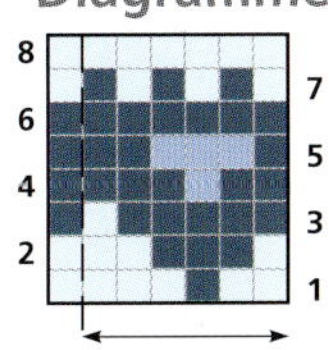

Sur un nombre de m. multiple de 6, + 1 m.

L'entre-deux complet doit être tricoté sur un nombre de m. multiple de 42, + 1 m.

Point 224

Pochoir japonais **Niveau 3**

Les fleurs asymétriques et le moucheté irrégulier du fond exigent plus de concentration qu'un motif répétitif. Ce jacquard reste cependant assez simple à tricoter puisqu'il est bicolore. Lorsque vous faites suivre le fil blanc sur plus de quatre mailles, croisez-le avec le fil bleu à l'aplomb d'une maille blanche du rang précédent.

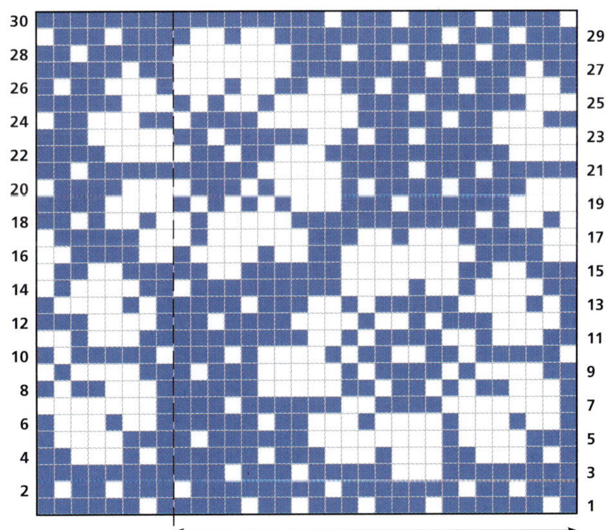

Sur un nombre de m. multiple de 24, + 8 m.

Légende

- Bleu
- Blanc

Point 225

Frises de fleurs **Niveau 2**

En accordant davantage d'importance aux fleurs, ce décor propose une variante contemporaine des motifs scandinaves traditionnels.
Le diagramme ne montre que deux couleurs de fleurs, mais vous pouvez diversifier la palette comme sur l'échantillon photographié.

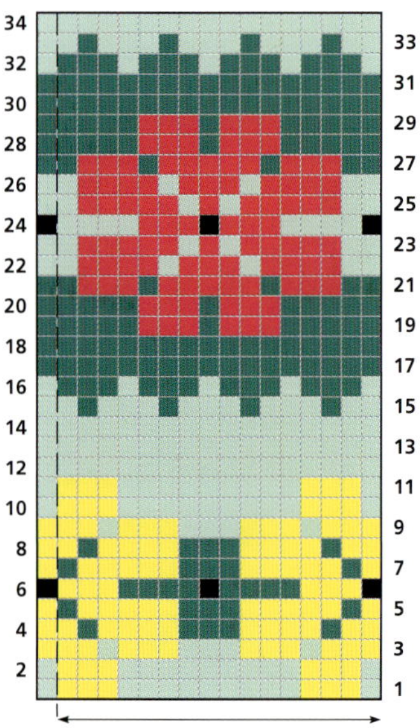

Sur un nombre de m. multiple de 16, + 1 m.

Légende

- Vert clair
- Jaune
- Vert foncé
- Fuchsia
- Noir

Point 226

Marguerites en couleurs **Niveau 3**

Ce décor rappelle les tissus imprimés en vogue dans les années 1930. Travaillez en jacquard, mais en utilisant un groupe distinct de trois fils (vert, blanc, jaune) pour chaque marguerite.

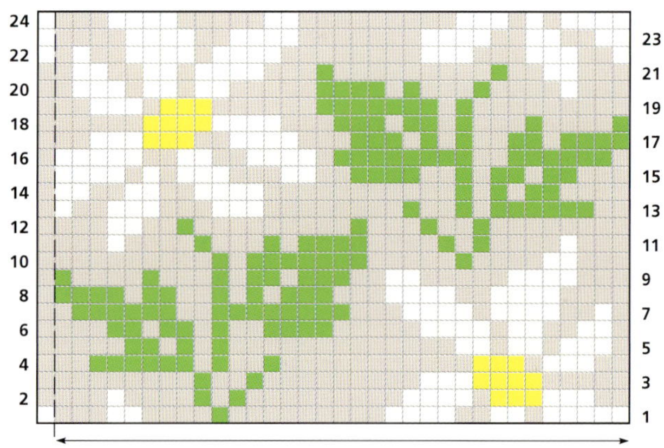

Sur un nombre de m. multiple de 33, + 1 m.

Légende

- Blanc
- Beige
- Vert
- Jaune

142-143 Symboles de base

m. end. sur l'end.
m. env. sur l'env.

Point 227

Feuilles aztèques **Niveau 3**

Travaillez en jacquard, mais en utilisant un groupe distinct de fils pour chaque feuille et pour chaque triangle. Seul le fil beige du fond doit suivre sur toute la longueur des rangs.

Sur un nombre de m. multiple de 42, + 3 m.

Légende

- Kaki
- Beige
- Turquoise foncé
- Orange foncé

Point 228

Frises arabes **Niveau 3**

Ce décor s'inspire des tapis d'Afrique du Nord. Il est réalisé majoritairement en jacquard, mais vous devez employer un fil distinct pour chaque grand motif orange foncé.

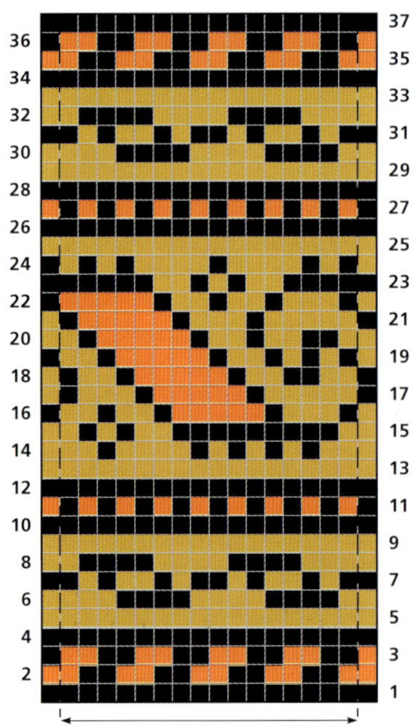

Sur un nombre de m. multiple de 16, + 2 m.

Légende

- Noir
- Orange foncé
- Ocre jaune

Point 229

Mosaïque de triangles **Niveau 2**

Les patchworks Amish opposant des couleurs vives à un fond sombre ont servi de point de départ à ce décor. Seul le fil noir doit courir sur toute la longueur du rang. Utilisez un fil distinct pour chaque triangle du premier rang, puis faites-le suivre en diagonale d'une rangée horizontale à l'autre.

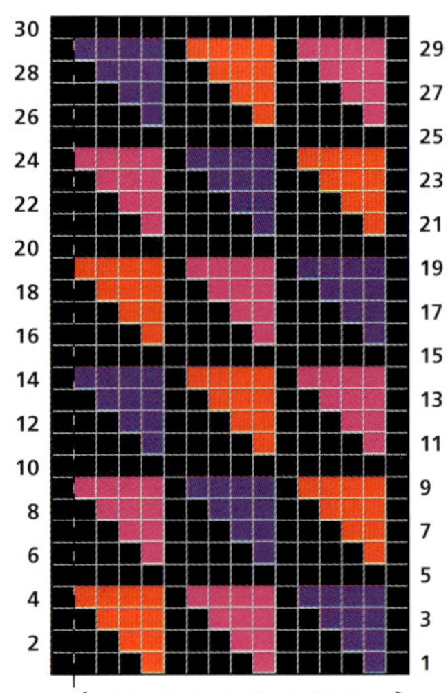

Sur un nombre de m. multiple de 15, + 1 m.

Légende

- Noir
- Violet
- Rose vif
- Rouge

- m. end. sur l'end.
  m. env. sur l'env.

Point 230

Frises indiennes **Niveau 3**

Les broderies richement détaillées de l'Inde occidentale ont inspiré ce jacquard. Vous devez employer simultanément jusqu'à quatre fils par rang. Pour donner davantage d'authenticité à votre ouvrage, choisissez des fils brillants ou métallisés, et ajoutez des sequins (voir page 162).

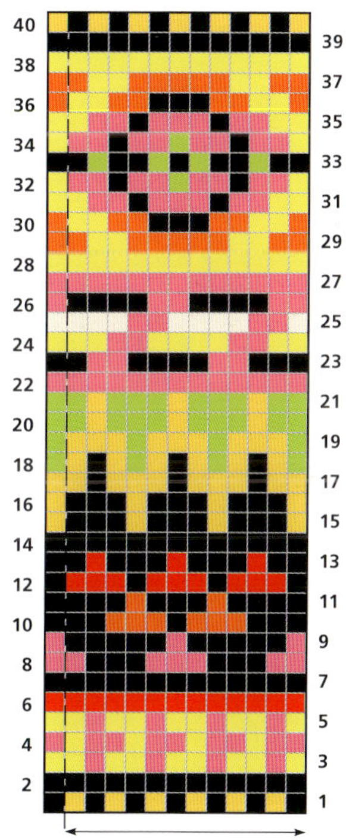

Sur un nombre de m. multiple de 12, + 1 m.

Légende

- Noir
- Jaune d'or
- Jaune citron
- Rose vif
- Rouge
- Orange
- Vert anis
- Crème

Point 231

Cachemire en couleurs **Niveau 3**

Pour réaliser ce superbe motif cachemire, vous devez tricoter en jacquard la frise du bas et la forme de goutte d'eau, mais utiliser un fil distinct pour chacune des fleurs. Enrichissez votre ouvrage en choisissant une teinte différente pour chaque fleur. Vous pouvez employer séparément la frise et le motif principal, voire placer ce dernier isolément et supprimer les fleurs du fond (le motif seul occupe trente mailles sur quarante-sept rangs).

Sur un nombre de m. multiple de 31, + 1 m.

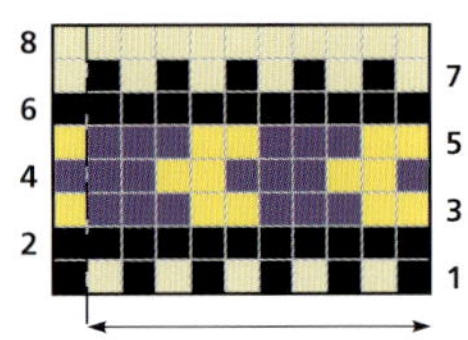

Sur un nombre de m. multiple de 10, + 1 m.

Légende

- Noir
- Beige
- Bleu-violet
- Jaune
- Lilas
- Fuchsia
- Rose vif
- Bleu-vert
- Vert émeraude

☐ m. end. sur l'end.
m. env. sur l'env.

Point 232

Cerfs-volants **Niveau 3**

Les coloris vifs et les formes géométriques de ce décor évoquent les immenses cerfs-volants que l'on fait tournoyer dans le ciel des Andes lors des grandes fêtes. Combinez jacquard et incrustations selon la distance qui sépare deux zones d'une même couleur. Vous pouvez enrichir la palette en utilisant plusieurs nuances de chacune des couleurs.

Sur un nombre de m. multiple de 24, + 3 m.

Légende

- Noir
- Rose vif
- Rouge
- Turquoise foncé
- Violet
- Jaune
- Vert moyen
- Vert anis

Point 233

Frise celtique **Niveau 2**

Travaillez entièrement en jacquard. Vous pouvez répéter le motif en continu ou le placer isolément (il occupe trente-trois mailles sur quatorze rangs).

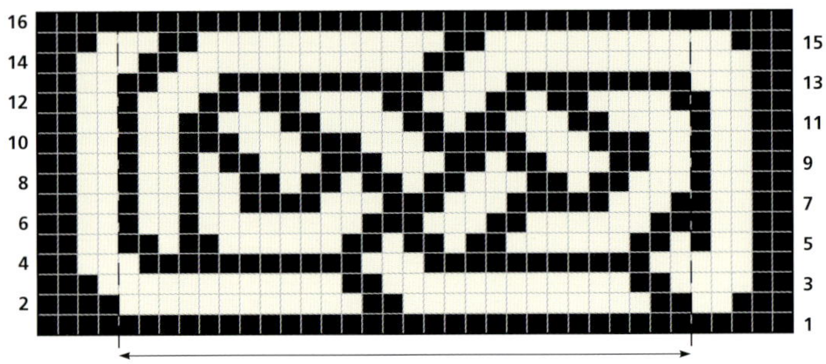

Sur un nombre de m. multiple de 28, + 9 m.

Légende

- ■ Noir
- □ Crème

Point 234

Spirales jumelles **Niveau 2**

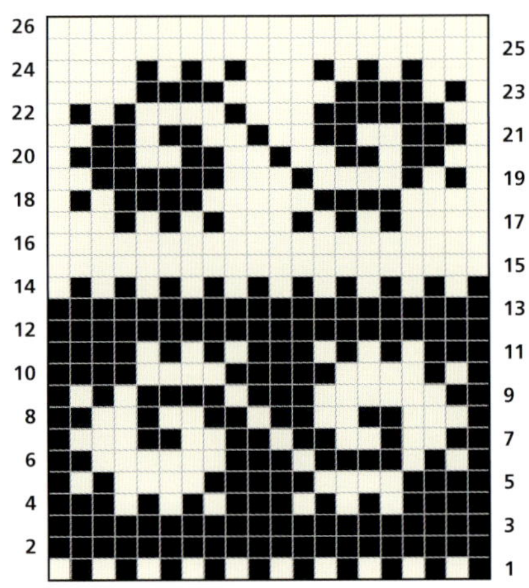

Sur un nombre de m. multiple de 20

Légende

- □ Crème
- ■ Noir

L'alternance d'un décor en négatif et en positif est un procédé décoratif très efficace. On l'utilise ici pour un jacquard d'inspiration sud-américaine.

□ m. end. sur l'end.
m. env. sur l'env.

Point 235

Nœud celtique noir et blanc **Niveau 2**

Malgré sa taille, ce jacquard n'est pas très difficile à tricoter pour peu que vous suiviez attentivement le diagramme. Associez-le à des torsades entrelacées afin de créer un ouvrage typiquement celtique.

Légende

- ■ Noir
- □ Crème

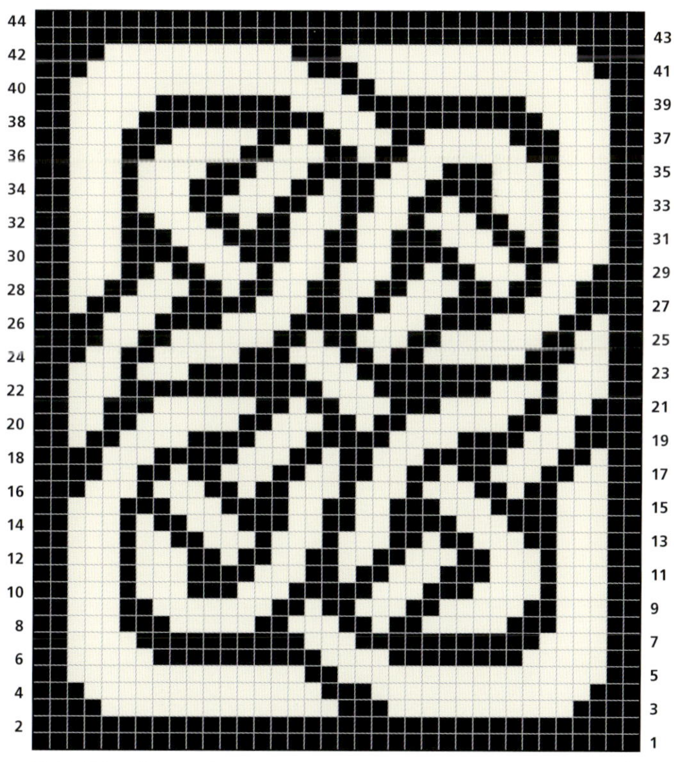

Motif sur 36 m.

Point 236

Flocons de neige **Niveau 2**

Ce décor d'inspiration scandinave est entièrement réalisé en jacquard, avec deux couleurs par rang. Vous pouvez utiliser séparément le motif du flocon de neige (il occupe vingt-trois mailles sur vingt-trois rangs).

Légende

- ■ Noir
- □ Crème
- ■ Rouge

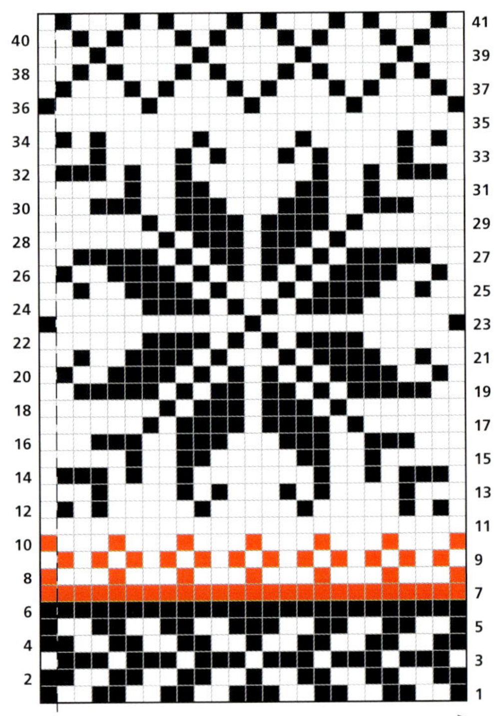

Sur un nombre de m. multiple de 24, + 1 m.

□ m. end. sur l'end.
m. env. sur l'env.

Point 237

Étoiles africaines **Niveau 2**

Bien que ce décor s'inspire d'un tissage africain, la construction des étoiles s'apparente à celle que l'on trouve sur Entre-deux, un motif d'origine turque (voir page 141). Travaillez entièrement en jacquard.

Sur un nombre de m. multiple de 28, + 3 m.

Légende

- Brun
- Écru

Point 238

Cœurs, ancres et croix **Niveau 2**

Les treillis bicolores sont typiques des îles Shetland et de la Scandinavie. Dans cette version, on a placé dans chaque losange un motif que vous pouvez aussi utiliser séparément : croix celtique, cœur, ancre. Travaillez entièrement en jacquard.

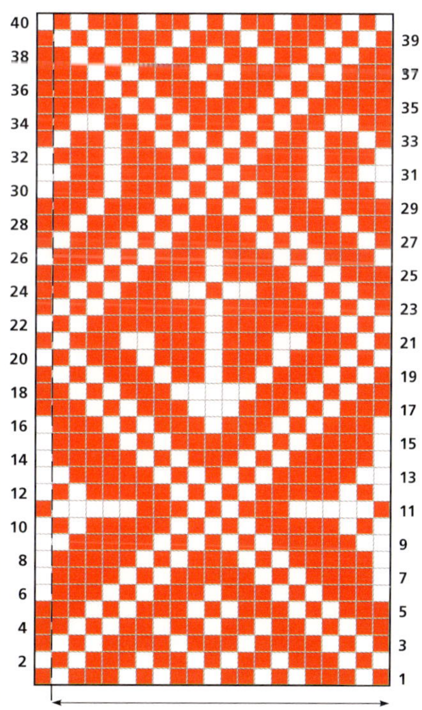

Sur un nombre de m. multiple de 20, + 1 m.

Légende

- Rouge
- Blanc

PANORAMA Effets spéciaux

Vous trouverez réunis dans ce chapitre des points et des procédés permettant de créer des effets intéressants. Il suffit de les essayer pour leur trouver toutes sortes d'applications sur des vêtements, des accessoires, des coussins, des jouets...

239 Rayures en rangs raccourcis

240 Rayures impaires

241 Carré ajouré

244 Fleur hexagonale

242 Fausse torsade ajourée

243 Cercle

247 Nopes pliées

245 Chaînettes rapportées

246 Bouclettes

248 Volants

249 Torsades en rangs raccourcis

250 Enroulements horizontaux

251 Enroulements verticaux

252 Rayures brisées

253 Côtes perlées

254 Côtes perlées bicolores

255 Perles tricotées

258 Sequins tricotés

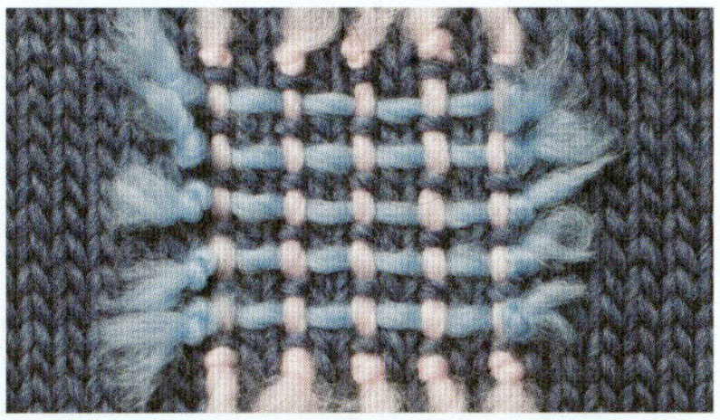
256 Fils tissés

257 Écossais bicolore

259 Écossais tricolore

262 Jersey double face

260 Écossais rebrodé au crochet

261 Damier double face

263 Jersey tissé

264 Point mousse tissé

Point 239

Rayures en rangs raccourcis

Niveau 1

La technique des rangs raccourcis consiste à tourner l'ouvrage en cours de rang après avoir glissé une maille. Pour éviter que cette maille glissée génère un jour, on enroule le fil autour. Cette méthode forme un petit brin horizontal sur l'endroit, mais elle est plus discrète. L'exemple est expliqué sur trente mailles, avec des écarts de six mailles d'un rang à l'autre. Plus l'écart est grand, plus les rayures sont inclinées. Vous pouvez utiliser autant de couleurs que vous le souhaitez.

Abréviation spéciale

1 m. enroul. : placez le fil dev. l'ouvrage entre les 2 aig., gl. 1 m. à l'env., placez le fil der. l'ouvrage, remettez la m. gl. sur l'aig. gauche.

Méthode

Commencez avec le fil A. Montez 30 m.
1er rg (end.). Tric. à l'end.
2e rg. Tric. à l'env.
3e et 4e rgs. 24 m. end., 1 m. enroul., tournez, tric. à l'env. jusqu'à la fin du rg.
5e et 6e rgs. 18 m. end., 1 m. enroul., tournez, tric. à l'env. jusqu'à la fin du rg.
7e et 8e rgs. 12 m. end., 1 m. enroul., tournez, tric. à l'env. jusqu'à la fin du rg.
9e et 10e rgs. 6 m. end., 1 m. enroul., tournez, tric. à l'env. jusqu'à la fin du rg.
11e rg. Tric. à l'end. sur toute la longueur du rg.
Continuez avec le fil B.
12e rg. Tric. à l'env. sur toute la longueur du rg.
13e rg. Tric. à l'end. sur toute la longueur du rg.
14e et 15e rgs. 6 m. env., 1 m. enroul., tournez, tric. à l'end. jusqu'à la fin du rg.
16e et 17e rgs. 12 m. env., 1 m. enroul., tournez, tric. à l'end. jusqu'à la fin du rg.
18e et 19e rgs. 18 m. env., 1 m. enroul., tournez, tric. à l'end. jusqu'à la fin du rg.
20e et 21e rgs. 24 m. env., 1 m. enroul., tournez, tric. à l'end. jusqu'à la fin du rg.
22e rg. Tric. à l'env. sur toute la longueur du rg.
Rép. toujours ces 22 rgs en alternant les fils A et B.

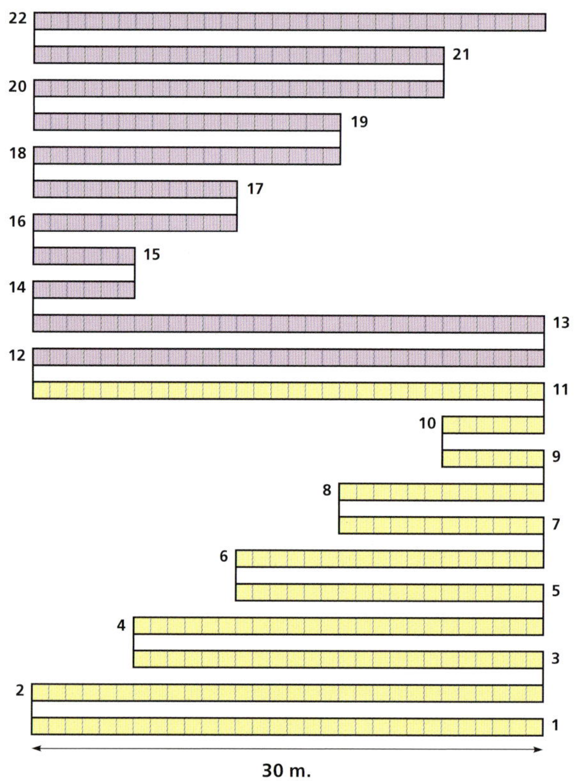

Légende

- A
- B

m. end. sur l'end. / m. env. sur l'env. — 2 m. ens. à l'end. — srjt sple à l'end. — jeté

Point 240

Rayures impaires

Niveau 1

Il n'est pas possible de faire suivre le fil en lisière quand une rayure comporte un nombre impair de rangs, ce qui laisse beaucoup d'extrémités à rentrer à la fin du travail. Voici comment contourner ce problème.

Méthode

Travaillez avec une paire d'aiguilles à deux pointes. Tricotez normalement en jersey en faisant suivre les fils en lisière d'un rang à l'autre. Quand vous avez besoin d'une couleur qui se trouve sur le côté opposé, faites tout simplement glisser les mailles à l'autre extrémité de l'aiguille, tournez l'ouvrage sur l'autre face et tricotez le rang avec le fil voulu.

Point 241

Carré ajouré

Niveau 2

Ce carré est tricoté en rond avec cinq aiguilles à deux pointes. Monter les mailles au crochet permet d'obtenir un centre soigné. Utilisez pour ce faire un crochet plus fin que les aiguilles de deux numéros environ.

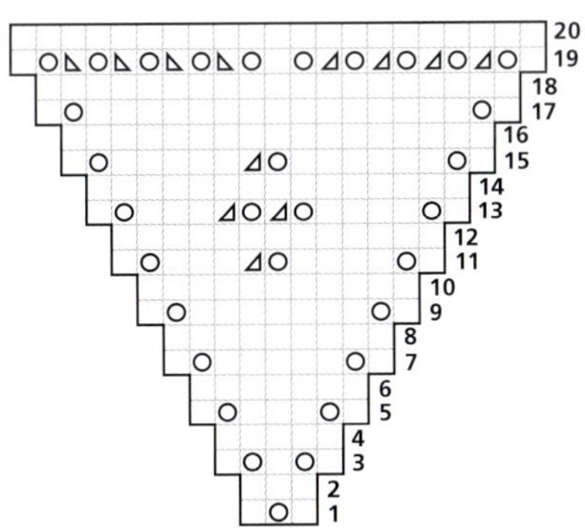

1/4 de carré

Méthode

En laissant une petite extrémité de fil libre au début, enroulez le fil autour de l'index gauche de façon à former un anneau. *Piquez le crochet dans l'anneau, ramenez une boucle, attrapez le fil et ramenez-le à travers la boucle du crochet*, retirez l'index de l'anneau. Répétez sept fois de * à * : vous avez huit mailles sur le crochet. Tirez l'extrémité du fil pour fermer l'anneau. Transférez deux mailles sur quatre des aiguilles. Tricotez en rond et à l'endroit, en lisant toujours le diagramme de droite à gauche.
À la fin du dernier tour, placez le fil devant l'ouvrage, glissez la première maille du tour sur la quatrième aiguille, placez le fil derrière et remettez la maille glissée sur la première aiguille. Tournez de manière à avoir l'envers du tricot devant vous. Rabattez les mailles en les tricotant à l'endroit.

Point 242

Fausse torsade ajourée **Niveau 2**

Les côtes en relief qui cernent ce losange au point de riz ressemblent à des torsades alors qu'elles sont formées uniquement grâce à des diminutions et des jetés. On ne se sert d'une aiguille auxiliaire que pour le croisement du dernier rang.

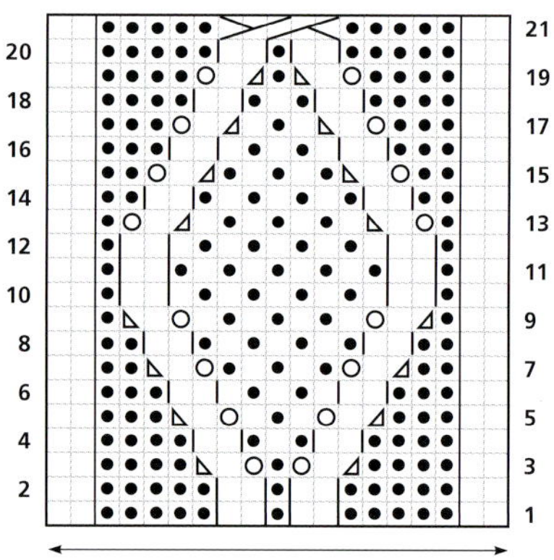

Panneau de 19 m.

Symbole spécial

 Gl. 3 m. sur une aig. aux. der., 2 m. end., gl. la 3e m. de l'aig. aux. sur l'aig. gauche, placez l'aig. aux. dev., tric. à l'env. la m. gl., tric. à l'end. les 2 m. rest. de l'aig. aux.

Notes

- Ce point nécessite une aiguille auxiliaire.
- Tric. les 21 rgs du diagramme, puis rép. toujours du 2e au 21e rg.

Point 243

Cercle **Niveau 2**

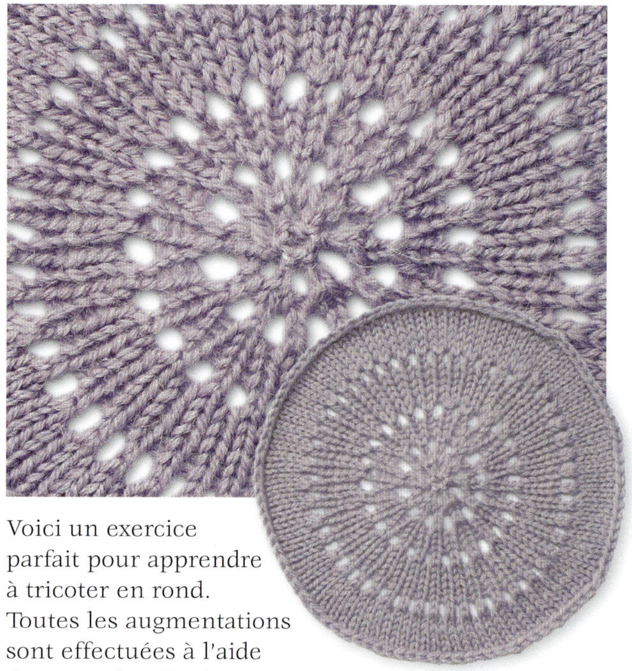

Voici un exercice parfait pour apprendre à tricoter en rond. Toutes les augmentations sont effectuées à l'aide de jetés. Il suffit de suivre le diagramme en travaillant toujours à l'endroit.

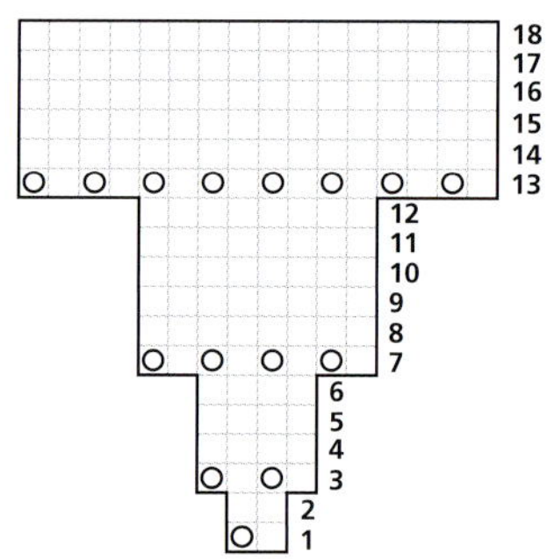

1/6 de cercle

Méthode

Travaillez avec quatre aiguilles à deux pointes. Montez six mailles et placez-en deux sur trois des aiguilles. Pour fermer le rang de montage, placez le fil devant, glissez la première maille de la première aiguille sur la troisième aiguille, placez le fil derrière, remettez la maille glissée sur la première aiguille et tournez l'ouvrage. Tricotez en rond et à l'endroit, en lisant toujours le diagramme de droite à gauche.

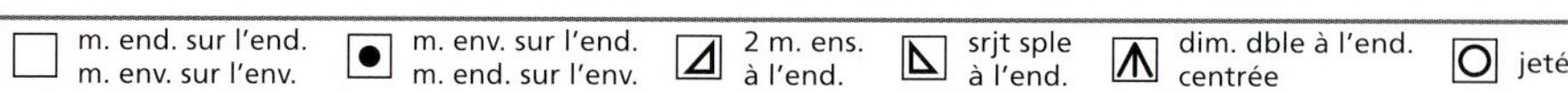

Point 244

Fleur hexagonale **Niveau 3**

Cet hexagone est tricoté en rond sur quatre aiguilles à deux pointes. Il vous faut aussi un crochet plus fin d'environ deux numéros.

Symboles spéciaux

Tric. la m. à l'end. par son brin avant, puis par son brin arrière.

Tric. la m. à l'env. par son brin avant, puis par son brin arrière.

B Dans la même m., tric. * 1 m. end., 1 jeté*, rép. 1 fois de * à *, 1 m. end. tournez, 5 m. env., tournez, 5 m. end.; sur l'aig. droite, rab. la 5e, la 4e, la 3e puis la 2e m. par-dessus la 1re m.

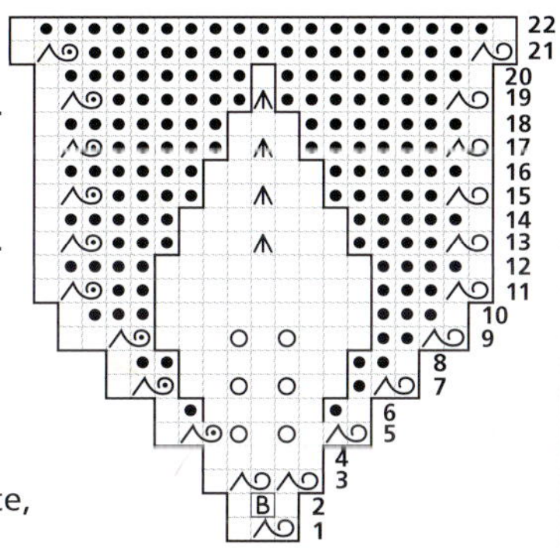

1/6 d'hexagone

Méthode

Avec le crochet, montez un anneau de douze mailles en procédant comme pour Carré ajouré, page 155. Transférez quatre mailles sur trois des aiguilles. Tricotez en rond et à l'endroit, en lisant toujours le diagramme de droite à gauche (vous devez avoir deux fois la séquence de mailles sur chaque aiguille). À la fin du dernier tour, placez le fil devant l'ouvrage, glissez la première maille du tour sur la troisième aiguille, placez le fil derrière et remettez la maille glissée sur la première aiguille. Tournez de manière à avoir l'envers du tricot devant vous. Rabattez les mailles en les tricotant à l'endroit.

Point 245

Chaînettes rapportées **Niveau 2**

N'hésitez pas à adapter cette idée pour obtenir des effets variés. Par exemple, des chaînettes courtes et très rapprochées figurent très bien la fourrure d'un animal. Vous pouvez aussi utiliser de longues chaînettes comme franges ou comme brides de boutonnage.

Symbole spécial

L Piquez le crochet dans la m. de l'aig. gauche et ramenez le fil à travers la m. (laissez-la sur l'aig.). Crochetez 14 m. en l'air. Piquez le crochet dans la m. de l'aig. gauche, ramenez le fil à travers cette m. puis à travers la boucle du crochet. Écoulez la m. de l'aig. gauche. Gl. la boucle du crochet sur l'aig. droite.

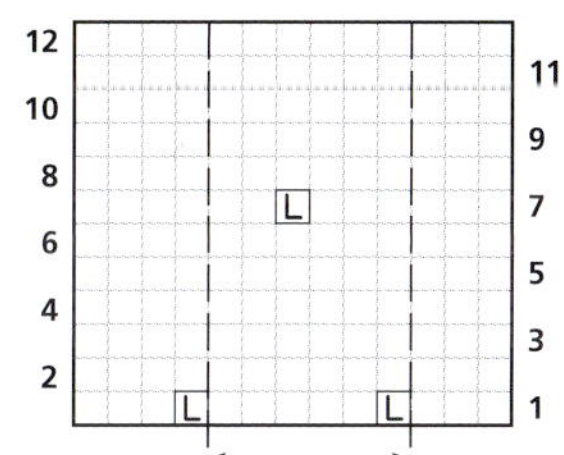

Sur un nombre de m. multiple de 6, + 7 m.

Notes

- Utilisez un crochet plus fin que les aiguilles d'environ deux numéros.
- Il est possible de tricoter les chaînettes. Travaillez de la façon suivante: *1 m. end., remettez la m. obtenue sur l'aig. gauche*, répétez 13 fois de * à *. Notez que les chaînettes tricotées sont moins fermes et moins nettes que celles réalisées au crochet

Point 246

Bouclettes

Niveau 2

Vous pouvez tricoter des bouclettes en bordure ou sur toute la surface de l'ouvrage, les rapprocher ou les espacer afin de varier la densité, utiliser plusieurs couleurs... Il est même possible de les couper comme des franges.

Méthode

Sur un nombre de m. multiple de 2, + 3 m.

1er rg (end.). 1 m. end., *▼tric. la m. suiv. à l'end. sans l'écoul.; placez le fil dev. entre les aig., enroulez-le autour de votre pouce gauche dans le sens des aig. d'une montre et placez-le der. entre les aig.; tric. de nouveau la m. de l'aig. gauche à l'end. et écoul.-la; remettez les 2 m. obtenues sur l'aig. gauche et tric.-les ens. à l'end. en les prenant par leur brin arrière▼, 1 m. end.*, rép. de * à * jusqu'à la fin du rg.

2e rg. Tric. à l'env.

3e rg. 2 m. end., *rép. 1 fois de ▼ à ▼, 1 m. end.*, rép. de * à * jusqu'à 1 m. avant la fin du rg, 1 m. end.

4e rg. Tric. à l'env.

Rép. toujours ces 4 rgs.

Note

Vous pouvez moduler la longueur des bouclettes en serrant plus ou moins le fil autour de votre pouce, voire en l'enroulant plusieurs fois.

Point 247

Nopes pliées

Niveau 2

La technique particulière expliquée ci-dessous permet d'obtenir ces nopes rebondies et bien dessinées, sans ajouter des mailles.

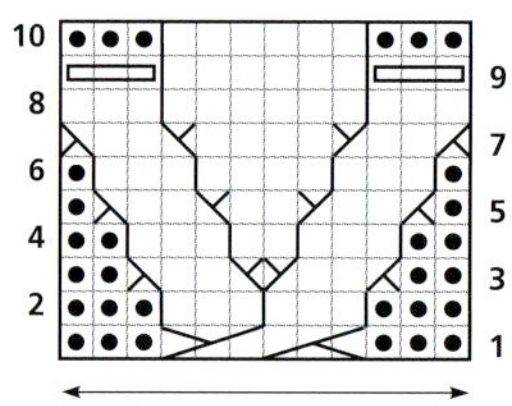

Panneau de 12 m.

Symboles spéciaux

3 m. end., tournez, 3 m. env., tournez, rép. 2 fois de * à *. Repliez la bande obtenue sur l'env. °Piquez dans la 1re m. de l'aig. gauche, puis dans le brin arrière de la m. située à l'aplomb sur le rg précédant la bande repliée; tric. ces 2 m. ens. à l'end.° Rép. 2 fois de ° à °.

Gl. 1 m. sur une aig. aux. der., 3 m. end., tric. à l'end. la m. de l'aig. aux.

Gl. 3 m. sur une aig. aux. dev., 1 m. end., tric. à l'end. les 3 m. de l'aig. aux.

Note

Ce point nécessite une aiguille auxiliaire.

Point 248

Volants

Niveau 2

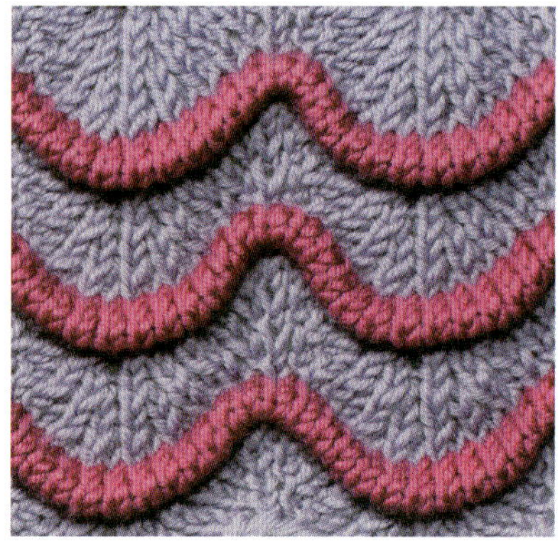

Une succession de diminutions et de jetés crée un bord festonné au début et à la fin de la pièce. On alterne tous les six rangs des bandes de jersey d'une autre couleur, puis on les replie pour obtenir des volants eux aussi festonnés.

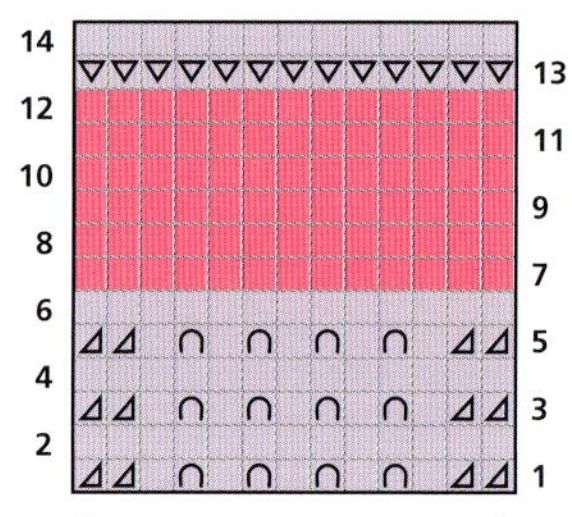

Sur un nombre de m. multiple de 13

Légende

A

B

Symbole spécial

Avec le fil A, tric. ens. la m. de l'aig. gauche et le brin arrière de la m. située à l'aplomb sur le 6e rg.

m. end. sur l'end. m. env. sur l'env. | m. env. sur l'end. m. end. sur l'env. | 2 m. ens. à l'end. | augm. inter. dev. | T6D

Point 249

Torsades en rangs raccourcis **Niveau 3**

Ces torsades doivent leur relief particulier à une technique proche des rangs raccourcis.

Torsade à droite

Sur 12 m.
1er rg (env.). 12 m. env.
2e rg. 10 m. end. *tournez, 4 m. env., tournez, 4 m. end.*, rép. 2 fois de * à *, gl. ces 4 m. sur une aig. aux. dev., placez le fil der. entre les aig., gl. 4 m. de l'aig. droite à l'aig. gauche, 6 m. end.
3e rg. 6 m. env., tric. à l'env. les 4 m. de l'aig. aux., 2 m. env.
4e rg. 12 m. end.
Rép. toujours ces 4 rgs.

Torsade à gauche

Sur 12 m.
1er rg (env.). 12 m. env.
2e rg. 6 m. end. *tournez, 4 m. env., tournez, 4 m. end.*, rép. 2 fois de * à *, gl. ces 4 m. sur une aig. aux. dev., placez le fil der. entre les aig., gl. 4 m. de l'aig. droite à l'aig. gauche, 2 m. end.
3e rg. 2 m. env., tric. à l'env. les 4 m. de l'aig. aux., 6 m. env.
4e rg. 12 m. end.
Rép. toujours ces 4 rgs.

Notes

- Ce point nécessite une aiguille auxiliaire.
- Les torsades sont bordées de chaque côté par deux mailles en jersey endroit.

Point 250

Enroulements horizontaux **Niveau 2**

Ce point entièrement tricoté à l'endroit donne un tricot très ferme, qui ne se déforme pas. La face endroit présente une séduisante texture de fines cordelettes horizontales, la face envers ressemble à du jersey envers.

Méthode

Sur n'importe quel nombre de m.
1er rg (env.). *1 m. gl. à l'end., 1 jeté*, rép. de * à * jusqu'à la fin du rg.
2e rg. *Tric. ens. à l'end. le jeté et la m. suiv. en les prenant par leur brin arrière*, rép. de * à * jusqu'à la fin du rg.
Rép. toujours ces 2 rgs.

Notes

- Les jetés doivent êtres assez lâches, mais réguliers.
- Veillez à ne pas perdre le jeté situé en fin de rang envers quand vous tournez l'ouvrage sur l'endroit.

Point 251

Enroulements verticaux **Niveau 2**

Comme le précédent, ce point joue sur les jetés pour créer un effet d'enroulement. Il est tout à fait facile à tricoter une fois que vous avez compris le principe.

Méthode

Sur un nombre de m. multiple de 2, + 1 m.
1er rg (env.). 1 m. end., *1 jeté, 1 m. gl. à l'env. avec le fil der., 1 m. end.*, rép. de * à * jusqu'à la fin du rg.
2e rg. 1 m. end., *tric. ens. à l'end. le jeté et la m. suiv. en les prenant par leur brin arrière, 1 m. end.*, rép. de * à * jusqu'à la fin du rg.
Rép. toujours ces 2 rgs.

Note

Sur les rangs endroit, veillez à tricoter ensemble les mailles glissées et les jetés du rang précédent (et non les mailles endroit).

Point 252

Rayures brisées

Niveau 1

Cet effet très graphique est tout simplement obtenu en alternant des groupes de mailles endroit et envers. On n'utilise qu'une couleur à la fois, et on en change tous les deux rangs. N'hésitez pas à modifier la largeur des côtes et la hauteur des rayures.

Méthode

Sur un nombre de m. multiple de 8, + 4 m.
Montez les m. avec le fil A.
1er rg (end.). Avec le fil A, 4 m. end., *4 m. env., 4 m. end.*, rép. de * à * jusqu'à la fin du rg.
2e rg. Comme le 1er rg.
3e et 4e rgs. Comme le 1er rg, mais avec le fil B.
Rép. toujours ces 4 rgs.

Note

Sur l'échantillon photographié : A = bleu et B = jaune.

Point 253

Côtes perlées

Niveau 2

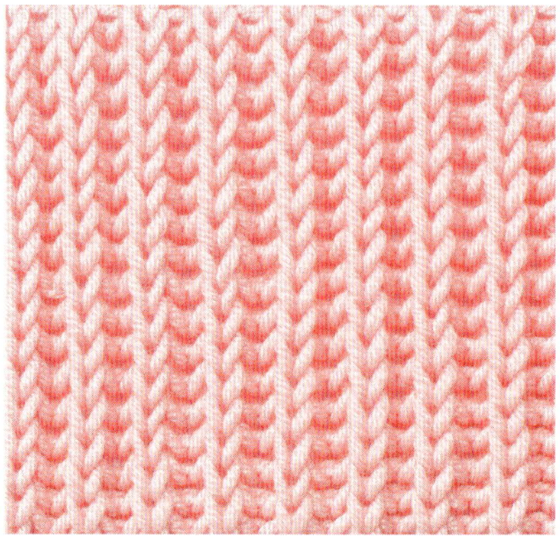

Ces côtes 1/1 traditionnelles possèdent une particularité : on tricote chaque maille endroit en piquant l'aiguille droite dans la maille du rang précédent. La maille du rang en cours s'écoule d'elle-même hors de l'aiguille gauche.

Méthode

Sur un nombre de m. multiple de 2, + 1 m.
1er rg (end.). 1 m. env., *1 m. end., 1 m. env.*, rép. de * à * jusqu'à la fin du rg.
2e rg. 1 m. end., *1 m. env., 1 m. end.*, rép. de * à * jusqu'à la fin du rg.
3e rg. 1 m. gl. à l'env., *1 m. end. dans la m. du rg préc., 1 m. env.*, rép. de * à * jusqu'à la fin du rg.
4e rg. 1 m. gl. à l'end., 1 m. env., *1 m. end. dans la m. du rg préc., 1 m. env.*, rép. de * à * jusqu'à 1 m. avant la fin du rg, 1 m. end.
Rép. toujours les 3e et 4e rgs.

Note

Serrez bien les mailles lisières afin d'obtenir des bords nets.

Point 254

Côtes perlées bicolores

Niveau 2

Le principe général est le même que pour le point précédent. Travaillez avec une paire d'aiguilles à deux pointes ou sur une aiguille circulaire.

Méthode

Sur un nombre de m. multiple de 2, + 1 m.
Montez les m. avec le fil A.
1er rg. Avec le fil A, 1 m. env., *1 m. end., 1 m. env.*, rép. de * à * jusqu'à la fin du rg, gl. les m. à l'autre bout de l'aig.
2e rg. Avec le fil B, 1 m. env., *1 m. end. dans la m. du rg préc., 1 m. env.*, rép. de * à * jusqu'à la fin du rg, tournez.
3e rg. Avec le fil A, *1 m. end. dans la m. du rg préc., 1 m. env.*, rép. de * à * jusqu'à 1 m. avant la fin du rg, 1 m. end. dans la m. du rg préc., gl. les m. à l'autre bout de l'aig.
4e rg. Avec le fil B, 1 m. end., *1 m. env. dans la m. du rg préc., 1 m. end.*, rép. de * à * jusqu'à la fin du rg, tournez.
5e rg. Avec le fil A, *1 m. env. dans la m. du rg préc., 1 m. end.*, rép. de * à * jusqu'à 1 m. avant la fin du rg, 1 m. env. dans la m. du rg préc. gl. les m. à l'autre bout de l'aig.
Rép. toujours du 2e et 5e rg.

Note

La répartition des couleurs ne devient visible qu'à partir du cinquième rang.

□ m. end. sur l'end. m. env. sur l'env.

● m. env. sur l'end. m. end. sur l'env.

Point 255

Perles tricotées

Niveau 1

Enfilez les perles sur la pelote avant de monter les mailles. Lorsque vous voulez en fixer une sur l'ouvrage, plaquez-la contre la dernière maille que vous venez de tricoter, puis tricotez la suivante. Avec la méthode utilisée ici, les perles sont fermement bloquées sur l'endroit entre deux mailles envers.

Méthode

Sur un nombre de m. multiple de 4, + 2 m.
1er rg (end.). 2 m. end., *1 m. env., 1 perle, 1 m. env., 2 m. end.*, rép. de * à * jusqu'à la fin du rg.
2e rg. 2 m. env., *2 m. end., 2 m. env.*, rép. de * à * jusqu'à la fin du rg.
Rép. toujours ces 2 rgs.

Note

Pour enfiler aisément les perles sur la pelote, procédez de la façon suivante. Préparez une petite aiguillée de fil à coudre sur une aiguille fine. Nouez ses extrémités ensemble et placez le nœud près du chas. Glissez l'extrémité du fil de la pelote dans la boucle de fil à coudre et repliez-la. Enfilez chaque perle sur l'aiguille et faites-la coulisser sur le fil à coudre, puis sur le fil de la pelote.

Point 256

Fils tissés

Niveau 1

Sur un fond en jersey endroit, placez une zone en côtes 1/1 brisées (voir page 16). Une fois le tricot terminé, il ne vous reste plus qu'à tisser des fils de couleurs différentes à cet emplacement. Vous pouvez réaliser un tissage de n'importe quelle taille, à condition qu'il comporte un nombre impair de mailles et de rangs.

Méthode

Pour un tissage de 9 m. sur 11 rgs.
Travaillez avec le fil A.
Tric. en jersey end. jusqu'à la hauteur où vous voulez placer le tissage.
1er rg (end.). Tric. à l'end. jusqu'à l'emplacement du tissage, 1 m. env., *1 m. end., 1 m. env.*, rép. 3 fois de * à *, term. le rg à l'end.
2e rg. Tric. à l'env.
Rép. encore 4 fois ces 2 rgs, puis rép. 1 fois le 1er rg.
Continuez à tric. en jersey end.

Enfilez un fil B sur une aiguille à tapisserie et faites un nœud à une extrémité. Sur l'endroit, glissez l'aiguille verticalement sous toutes mailles envers de la première côte. Assurez-vous que le fil ne fronce pas le tricot, puis nouez l'autre extrémité. Répétez l'opération sur toutes les côtes. Recoupez les extrémités et effilochez-les. En travaillant de la même manière, tissez des fils C horizontalement entre les mailles envers.

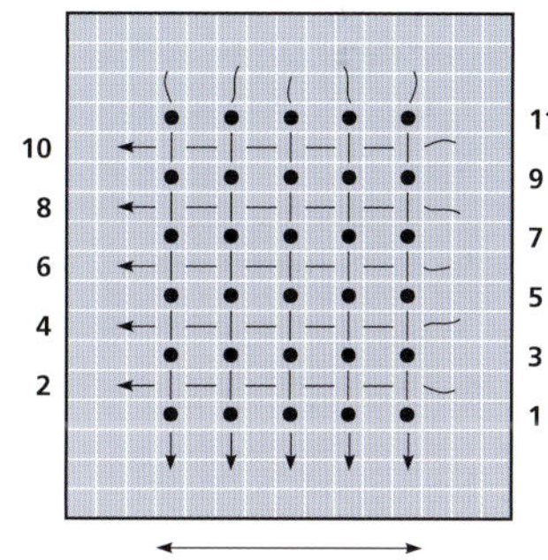

Tissage sur 9 m.

Notes

- Ce point nécessite une aiguille à tapisserie (grand chas, bout rond).
- Sur l'échantillon photographié : A = bleu moyen, B = rose et C = bleu clair.

Légende

□ A

Symboles spéciaux

↓ Sens de tissage des fils B

← Sens de tissage des fils C

Point 257

Écossais bicolore

Niveau 1

On tricote de simples rayures en jersey endroit, puis on rebrode certaines mailles de façon à obtenir un motif écossais.

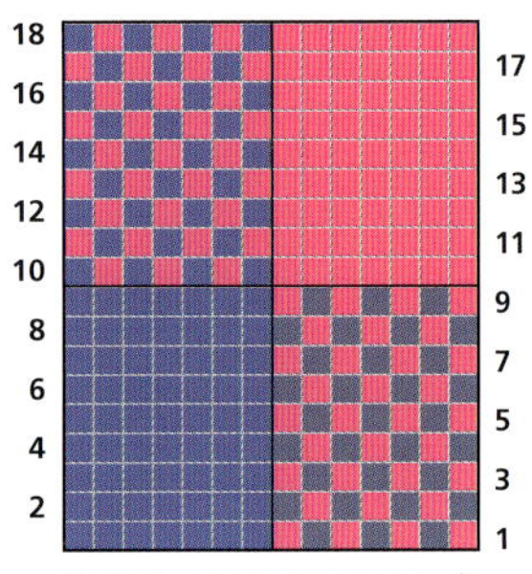

Sur un nombre de m. multiple de 14

Méthode

Montez les m. avec le fil A.
En commençant par 1 rg à l'end., tric. 9 rgs en jersey end. Avec le fil B, tric. 9 rgs en jersey end.
Rép. toujours ces 18 rgs.

Avec une aiguille à tapisserie, rebrodez les mailles sur l'endroit en suivant le diagramme.

Notes

- Ce point nécessite une aiguille à tapisserie (grand chas, bout rond).
- Pour cet exemple : A = bleu et B = rose.

Point 258

Sequins tricotés

Niveau 2

Enfilez les sequins sur la pelote avant de monter les mailles. Lorsque vous voulez en fixer un sur l'ouvrage, amenez-le contre l'aiguille droite et tricotez une maille endroit. Le principe de base est expliqué ci-dessous, mais vous pouvez bien sûr espacer différemment les sequins ou les disséminer au hasard.

Méthode

Sur un nombre de m. multiple de 6, + 7 m.
1er rg (end.). Tric. à l'end.
2e rg et tous les rgs env. Tric. à l'env.
3e rg. Tric. à l'end.
5e rg. 3 m. end., *1 m. end. avec sequin, 5 m. end.*, rép. de * à * jusqu'à 4 m. avant la fin du rg, 1 m. end. avec sequin, 3 m. end.
7e et 9e rgs. Tric. à l'end.
11e rg. 6 m. end., *1 m. end. avec sequin, 5 m. end.*, rép. de * à * jusqu'à 1 m. avant la fin du rg, 1 m. end.
12e rg. Tric. à l'env.
Rép. toujours ces 12 rgs.

Notes

- Pour enfiler les sequins, procédez comme pour Perles tricotées, page 161. Dans le cas d'un grand ouvrage, procurez-vous des sequins déjà enfilés en continu sur du Nylon, plus rapides à transférer sur le fil à tricoter.
- Ne repassez jamais les sequins.

Point 259

Écossais tricolore

Niveau 2

Grâce à des mailles glissées, on obtient ce motif tricolore en n'utilisant qu'un fil par rang.

Méthode

Sur un nombre de m. multiple de 6, + 3 m.
Montez les m. avec le fil A.
1er rg (end.). Avec le fil A, tric. à l'end.
2e rg. Avec le fil B, 3 m. env., *3 m. gl. à l'env., 3 m. env.*, rép. de * à * jusqu'à la fin du rg.
3e rg. Avec le fil B, 3 m. end., *3 m. gl. à l'env. avec le fil der., 3 m. end.*, rép. de * à * jusqu'à la fin du rg.
4e et 5e rgs. Comme les 2e et 3e rgs.
6e rg. Avec le fil A, 3 m. gl. à l'env., *3 m. env., 3 m. gl. à l'env.*, rép. de * à * jusqu'à la fin du rg.
7e rg. Avec le fil A, tric. à l'end.
8e rg. Avec le fil C, 3 m. gl. à l'env., *3 m. env., 3 m. gl. à l'env.*, rép. de * à * jusqu'à la fin du rg.
9e rg. Avec le fil C, 3 m. gl. à l'env., *3 m. end., 3 m. gl. à l'env. avec le fil der.*, rép. de * à * jusqu'à la fin du rg.
10e et 11e rgs. Comme les 8e et 9e rgs.
12e rg. Avec le fil A, 3 m. env., *3 m. gl. à l'env., 3 m. env.*, rép. de * à * jusqu'à la fin du rg.
Rép. toujours ces 12 rgs.

Note

Sur l'échantillon photographié : A = vert clair, B = vert foncé et C = crème. (A doit toujours être une nuance plus claire de B.)

☐ m. end. sur l'end. m. env. sur l'env.

⦿ m. env. sur l'end. m. end. sur l'env.

Point 260

Écossais rebrodé au crochet

Niveau 1

Le fond est constitué de rayures horizontales tricotées en côtes 4/1. Les mailles envers sont ensuite rebrodées verticalement à l'aide d'un crochet.

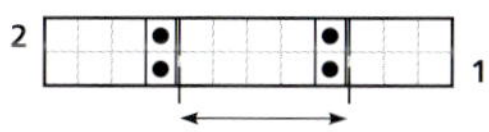

Sur un nombre de m. multiple de 5, + 7 m.

Méthode

Montez les m. avec le fil A.

1er rg (end.). 3 m. end., *1 m. env., 4 m. end.*, rép. de * à * jusqu'à 4 m. avant la fin du rg, 1 m. env., 3 m. end.

2e rg. 3 m. env., *1 m. end., 4 m. env.*, rép. de * à * jusqu'à 4 m. avant la fin du rg, 1 m. end., 3 m. env.

En rép. toujours ces 2 rgs, tric. encore 3 rgs avec le fil A, puis tric. 1 rg avec le fil B, 5 rgs avec le fil C, 1 rg avec le fil D, 5 rgs avec le fil C, 1 rg avec le fil B, 5 rgs avec le fil A et 1 rg en avec le fil D = 24 rgs.

Rép. toujours ces 24 rgs.

Sur l'endroit, avec un crochet, brodez des lignes verticales de mailles chaînette le long des côtes envers d'une maille. Utilisez alternativement le fil B et le fil D.

Notes

- Ce point nécessite un crochet. Choisissez-le plus fin que les aiguilles de deux ou trois numéros.
- Sur l'échantillon photographié : A = vert, B = noir, C = rose et D = crème.

Point 261

Damier double face

Niveau 2

L'envers est également en jersey endroit, avec les couleurs du damier inversées.

Méthode

Sur un nombre de m. multiple de 16, + 8 m.

Montez les m. avec le fil A.

1re RANGÉE DE CARRÉS

1er rg. Avec le fil B, *°1 m. end., 1 m. gl. à l'env.°, rép. 3 fois de ° à °, °°1 m. gl. à l'env. avec le fil der., 1 m. env.°°, rép. 3 fois de °° à °°*, rép. de * à * jusqu'à 8 m. avant la fin du rg, rép. 4 fois de ° à °, gl. les m. à l'autre bout de l'aig.

2e rg. Avec le fil A, *°1 m. gl. à l'env. avec le fil der., 1 m. env.°, rép. 3 fois de ° à °, °°1 m. end., 1 m. gl. à l'env.°°, rép. 3 fois de °° à °°*, rép. de * à * jusqu'à 8 m. avant la fin du rg, rép. 4 fois de ° à °, tournez.

3e rg. Avec le fil A, comme le 1er rg.

4e rg. Avec le fil B, comme le 2e rg.

Rép. 1 fois du 1er au 4e rg, puis 1 fois les 1er et 2e rgs = 10 rgs.

2e RANGÉE DE CARRÉS

Tric. 10 rgs comme pour la 1re rangée, mais en inversant les couleurs.

Rép. toujours ces 20 rgs. Pour équilibrer le motif, terminez par une 1re rangée.

DERNIER RANG ET RABATTAGE DES MAILLES

Avec le fil A, *2 m. gl. à l'end., remettez ces 2 m. sur l'aig. gauche (la position des couleurs est alors inversée), 2 m. ens. à l'env.*, rép. de * à * jusqu'à la fin du rg.

Sur le rg suiv., rab. les m. en les tric. à l'env.

Notes

- Travaillez avec une paire d'aiguilles à deux pointes ou sur une aiguille circulaire.
- Sur l'échantillon photographié : A = rose et B = vert.
- À chaque changement de couleur, croisez les deux fils en lisière.

Point 262

Jersey double face

Niveau 1

Avec cette technique ingénieuse, on obtient deux faces en jersey endroit de couleurs différentes.

Méthode

Sur un nombre pair de m.
Montez les m. avec le fil A.
1er rg. Avec le fil B, *1 m. end., 1 m. gl. à l'env.*, rép. de * à * jusqu'à la fin du rg, gl. les m. à l'autre bout de l'aig.
2e rg. Avec le fil A, *1 m. gl. à l'env. avec le fil der., 1 m. env.*, rép. de * à * jusqu'à la fin du rg, tournez.
3e rg. Avec le fil A, comme le 1er rg.
4e rg. Avec le fil B, comme le 2e rg.
Rép. toujours ces 4 rgs.
Sur le dern. rg, tric. les m. ens. 2 par 2 à l'end. avec le fil A.
Sur le rg suiv., rab. les m. en les tric. à l'end.

Notes

- Travaillez avec une paire d'aiguilles à deux pointes ou sur une aiguille circulaire.
- Sur l'échantillon photographié : A = rose et B = vert.
- À chaque changement de couleur, croisez les deux fils en lisière.

Point 263

Jersey tissé

Niveau 3

Cette technique amusante à tricoter donne l'impression que l'ouvrage est constitué de bandes tissées. On travaille ici en jersey endroit.

Notes

- Sur l'échantillon photographié : A = violet et B = mauve. Vous pouvez travailler avec une seule couleur, ou encore changer de couleur à chaque rangée.
- Une paire d'aiguilles convient très bien pour tricoter un échantillon mais, pour réaliser un grand ouvrage, il est plus pratique d'utiliser une aiguille circulaire afin d'avoir une vision d'ensemble.
- Quand vous devez relever des mailles, relevez-en une tous les deux rangs.
- Cet exemple est composé de petits rectangles de quatre mailles sur huit rangs. Si vous souhaitez modifier ces dimensions, procédez à des essais pour trouver le bon rapport mailles/rangs.

Méthode

TRIANGLES DE BASE
Travaillez avec le fil A.
Montez un nombre de m. multiple de 4.
1er rg (end.). 1 m. end., tournez.
2e rg. 1 m. env., tournez.
3e rg. 2 m. end., tournez.
4e rg. 2 m. env., tournez.
5e rg. 3 m. end., tournez.
6e rg. 3 m. env., tournez.
7e rg. 4 m. end., tournez.
8e rg. 4 m. env., tournez.
9e rg. 5 m. end., tournez.
Les 8 premiers rgs forment le 1er triangle de base. Le 9e rg constitue le 1er rg du 2e triangle.
Rép. du 2e au 9e rg jusqu'à épuiser les m., en terminant le dernier triangle au 7e rg. Coupez le fil.

1re RANGÉE DE RECTANGLES
Travaillez avec le fil B.
1er triangle latéral
1er rg (env.). 1 m. env., tournez.
2e rg. 1 augm. sple à l'end. = 2 m.
3e rg. 1 m. env., 2 m. ens. à l'env., tournez.
4e rg. 1 m. gl. à l'env. avec le fil der., 1 augm. sple à l'end. = 3 m.
5e rg. 2 m. env., 2 m. ens. à l'env., tournez.
6e rg. 1 m. gl. à l'env. avec le fil der., 1 m. end., 1 augm. sple à l'end. = 4 m.
7e rg. 3 m. env., 2 m. ens. à l'env., ne tournez pas.
1er rectangle. ▼Sur le côté du triangle de base, relev. 4 m. en les tric. à l'env., tournez.
1er rg (end.). 4 m. end., tournez.
2e rg. 3 m. env., 2 m. ens. à l'env., tournez.
3e rg. 1 m. gl. à l'env. avec le fil der., 3 m. end., tournez
4e rg. Comme le 2e rg.
Rép. encore 2 fois les 3e et 4e rgs.
Ne tournez pas.▼
Rectangles suivants. Rép. de ▼ à ▼ jusqu'à la fin des triangles de base.
2e triangle latéral. Tournez l'ouvrage sur l'env. Sur le côté du dern. triangle de base, relev. 4 m. en les tric. à l'env., tournez.
1er rg (end.). 4 m. end., tournez.
2e rg. 4 m. env.
3e rg. 2 m. ens. à l'end., 2 m. end., tournez = 3 m.
4e rg. 3 m. env.
5e rg. 2 m. ens. à l'end., 1 m. end., tournez = 2 m.
6e rg. 2 m. env.
7e rg. 2 m. ens. à l'end.
Coupez le fil et arrêtez la m. rest.

2e RANGÉE DE RECTANGLES
Travaillez avec le fil A.
1er rectangle. Sur l'end., sur le côté du 2e triangle latéral, relev. 4 m. en les tric. à l'end., tournez.
▼1er rg (env.). 4 m. env., tournez.
2e rg. 3 m. end., 1 srjt sple à l'end., tournez.
3e rg. 1 m. gl. à l'env., 3 m. env., tournez.
4e rg. Comme le 2e rg.
Rép. encore 2 fois les 3e et 4e rgs.
Ne tournez pas.▼
Rectangles suivants. ◆Sur l'end., sur le côté du rectangle suiv., relev. 4 m. en les tric. à l'end., tournez. Rép. 1 fois de ▼ à ▼.◆
Rép. de ◆ à ◆ jusqu'à la fin de la rangée. Coupez le fil.

RANGÉES DE RECTANGLES SUIVANTES
Rép. toujours les 1re et 2e rangées, en relevant les m. sur les rectangles de la rangée préc.
Terminez par une 1re rangée.

TRIANGLES DE FIN
Travaillez avec le fil A.
Sur l'end., sur le côté du 2e triangle latéral, relev. 4 m. en les tric. à l'end., tournez.
▼1er rg (env.). 4 m. env.
2e rg. 3 m. end., 1 srjt sple à l'end., tournez.
3e rg. 1 m. gl. à l'env., 1 m. env., 2 m. ens. à l'env.
4e rg. 2 m. end., 1 srjt sple à l'end., tournez.
5e rg. 1 m. gl. à l'env., 2 m. ens. à l'env.
6e rg. 1 m. end., 1 srjt sple à l'end., tournez.
7e rg. 2 m. ens. à l'env.
8e rg. 1 srjt sple à l'end.
Ne tournez pas.▼
◆Sur le côté du rectangle, relev. 3 m. en les tric. à l'end. = 4 m.
Rép. 1 fois de ▼ à ▼.◆
Rép. de ◆ à ◆ jusqu'à la fin de la rangée. Coupez le fil et arrêtez la m. rest.

Point 264

Point mousse tissé **Niveau** 3

Cette technique s'apparente à celle du point 263, page 165. Comme on travaille ici au point mousse, les mailles sont presque carrées. De ce fait, les «blocs» tissés sont eux aussi carrés et reposent à plat.

Méthode

TRIANGLES DE BASE

Travaillez avec le fil A.
Montez un nombre de m. multiple de 12.
1er rg (end.). 2 m. ens. à l'end., tournez.
2e rg. 1 m. end., tournez.
3e et 4e rgs. 2 m. end., tournez.
5e et 6e rgs. 3 m. end., tournez.
7e rg. 3 m. end., 2 m. ens. à l'end., tournez.
8e rg. 4 m. end., tournez.
9e et 10e rgs. 5 m. end., tournez.
11e et 12e rgs. 6 m. end., tournez.
13e rg. 6 m. end., 2 m. ens. à l'end., tournez.
14e rg. 7 m. end., tournez.
15e et 16e rgs. 8 m. end., tournez.
17e et 18e rg. 9 m. end., tournez.
19e rg. 9 m. end., 2 m. ens. à l'end., tournez.
Les 18 premiers rgs forment le 1er triangle de base. Le 19e rg constitue le 1er rg du 2e triangle.
Rép. du 2e au 19e rg jusqu'à épuiser les m., en terminant le dernier triangle au 18e rg.
19e rg du dern. triangle. 9 m. end., tournez.
Coupez le fil.

Notes

- Sur l'échantillon photographié : A = bleu foncé et B = bleu clair. Vous pouvez utiliser autant de couleurs que vous le souhaitez.
- Une paire d'aiguilles convient très bien pour tricoter un échantillon mais, pour réaliser un grand ouvrage, il est plus pratique d'utiliser une aiguille circulaire afin d'avoir une vision d'ensemble.
- Les diminutions effectuées sur les triangles de base empêchent la base de l'ouvrage de s'étirer.
- Si vous souhaitez modifier la taille des carrés, procédez à des essais pour trouver le bon rapport mailles/rangs.

1re RANGÉE DE CARRÉS
Travaillez avec le fil B.
1er triangle latéral
1er rg (env.). 1 m. env., tournez.
2e rg. 1 m. env.
3e rg. 2 m. env., tournez.
4e rg. 2 m. env.
5e rg. 1 augm. sple à l'env., 2 m. ens. à l'env., tournez.
6e rg. 3 m. env.
7e rg. 1 augm. sple à l'env., 1 m. env., 2 m. ens. à l'env., tournez.
8e rg. 4 m. env.
9e rg. 1 augm. sple à l'env., 2 m. env., 2 m. ens. à l'env., tournez.
10e rg. 5 m. env.
11e rg. 1 augm. sple à l'env., 3 m. env., 2 m. ens. à l'env., tournez.
12e rg. 6 m. env.
13e rg. 1 augm. sple à l'env., 4 m. env., 2 m. ens. à l'env., tournez.
14e rg. 7 m. env.
15e rg. 1 augm. sple à l'env., 5 m. env., 2 m. ens. à l'env., tournez.
16e rg. 8 m. env.
17e rg. 1 augm. sple à l'env., 6 m. env., 2 m. ens. à l'env., tournez.
18e et 19e rgs. 9 m. env.
1er carré. ▼Sur le côté du triangle de base, relev. 9 m. en les tric. à l'env., tournez.
1er rg (end.). 9 m. env., tournez.
2e rg. 8 m. env., 2 m. ens. à l'env., tournez.
Rép. encore 8 fois ces 2 rgs.
Ne tournez pas.▼
Carrés suivants. Rép. de ▼ à ▼ jusqu'à la fin des triangles de base.
2e triangle latéral. Sur le côté du dern. triangle de base, relev. 9 m. en les tric. à l'env., tournez.
1er rg (end.). 9 m. env., tournez.
2e rg. 9 m. env.
3e rg. 2 m. ens. à l'env., 7 m. env., tournez.
4e rg. 8 m. env.
5e rg. 2 m. ens. à l'env., 6 m. env., tournez.
6e rg. 7 m. env.
7e rg. 2 m. ens. à l'env., 5 m. env., tournez.
8e rg. 6 m. env.
9e rg. 2 m. ens. à l'env., 4 m. env., tournez.
10e rg. 5 m. env.
11e rg. 2 m. ens. à l'env., 3 m. env., tournez.
12e rg. 4 m. env.
13e rg. 2 m. ens. à l'env., 2 m. env., tournez.
14e rg. 3 m. env.
15e rg. 2 m. ens. à l'env., 1 m. env., tournez.
16e rg. 2 m. env.
17e rg. 2 m. ens. à l'env., tournez.
18e rg. 1 m. env.
Coupez le fil et arrêtez la m. rest.

2e RANGÉE DE CARRÉS
Travaillez avec le fil A.
1er carré. Sur l'end., sur le côté du 2e triangle latéral, relev. 9 m. en les tric. à l'end., tournez.
▼1er rg (env.). 9 m. end.
2e rg. 8 m. end., 1 srjt sple à l'end., tournez.
Rép. encore 8 fois ces 2 rgs.
Ne tournez pas.▼
Carrés suivants. ◆Sur l'end., sur le côté du carré suiv., relev. 9 m. en les tric. à l'end., tournez.
Rép. 1 fois de ▼ à ▼.◆
Rép. de ◆ à ◆ jusqu'à la fin de la rangée. Coupez le fil.

RANGÉES DE CARRÉS SUIVANTES
Rép. toujours les 1re et 2e rangées, en relevant les m. sur les carrés de la rangée préc.
Terminez par une 1re rangée.
TRIANGLES DE FIN
Travaillez avec le fil A.
Sur l'end., sur le côté du 2e triangle latéral, relev. 9 m. en les tric. à l'end., tournez.
1er rg (env.). 9 m. end.
▼2e rg. 8 m. end., 1 srjt sple à l'end., tournez.
3e rg. 7 m. end., 2 m. ens. à l'end.
4e rg. 7 m. end., 1 srjt sple à l'end., tournez.
5e rg. 6 m. end., 2 m. ens. à l'end.
6e rg. 6 m. end., 1 srjt sple à l'end., tournez.
7e rg. 5 m. end., 2 m. ens. à l'end.
8e rg. 5 m. end., 1 srjt sple à l'end., tournez.
9e rg. 4 m. end., 2 m. ens. à l'end.
10e rg. 4 m. end., 1 srjt sple à l'end., tournez.
11e rg. 3 m. end., 2 m. ens. à l'end.
12e rg. 3 m. end., 1 srjt sple à l'end., tournez.
13e rg. 2 m. end., 2 m. ens. à l'end.
14e rg. 2 m. end., 1 srjt sple à l'end., tournez.
15e rg. 1 m. end., 2 m. ens. à l'end.
16e rg. 1 m. end., 1 srjt sple à l'end., tournez.
17e rg. 2 m. ens. à l'end.
18e rg. 1 srjt sple à l'end.
Ne tournez pas.▼
◆Sur le côté du carré, relev. 9 m. en les tric. à l'end., tournez.
1er rg (env.). 8 m. end., 2 m. ens. à l'end.
Rép. 1 fois de ▼ à ▼.◆
Rép. de ◆ à ◆ jusqu'à la fin de la rangée. Coupez le fil et arrêtez la m. rest.

PANORAMA Lettres

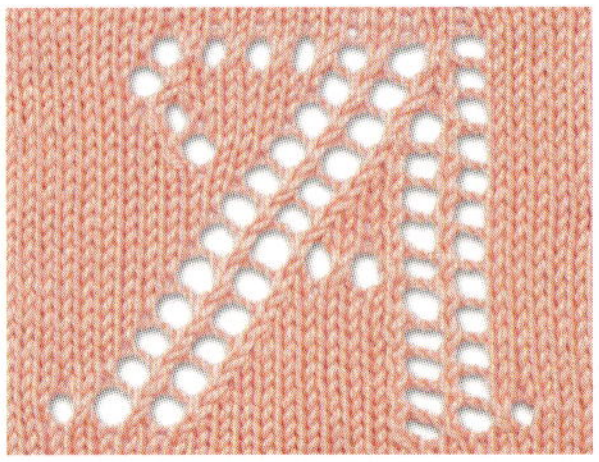
265

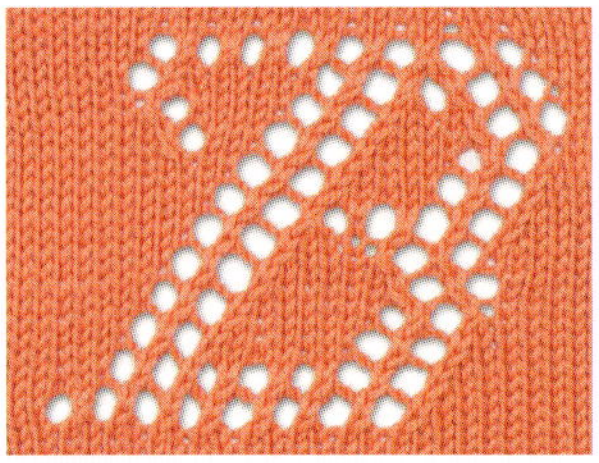
266

267

268

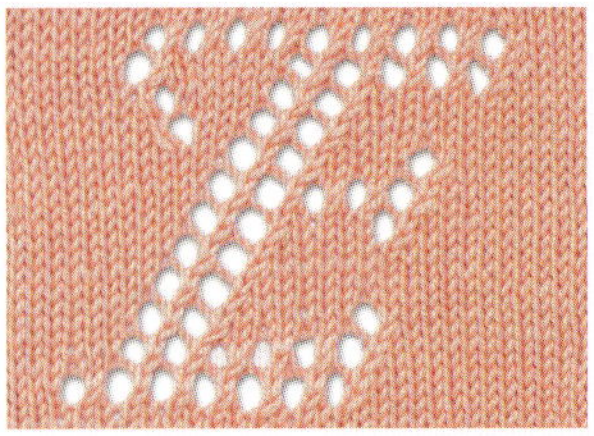
269

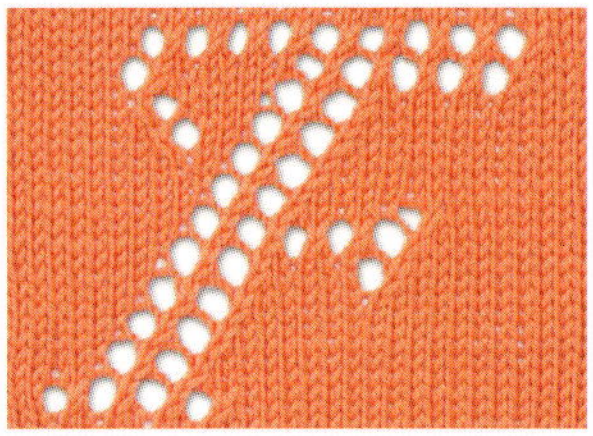
270

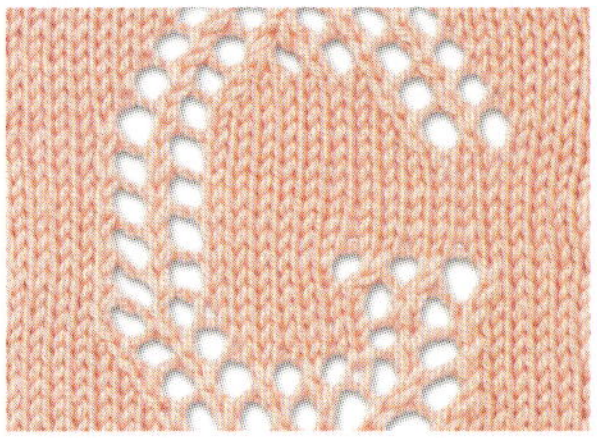
271

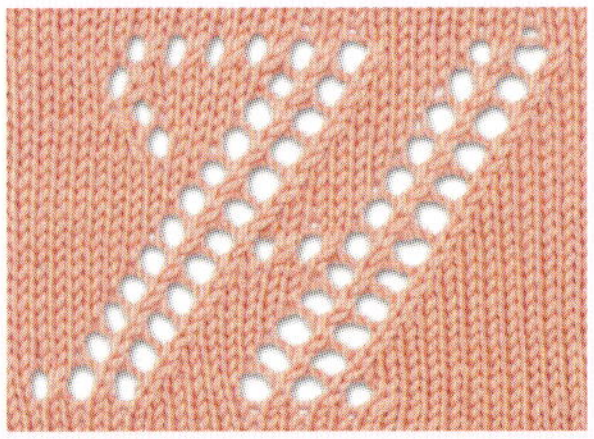
272

273

274

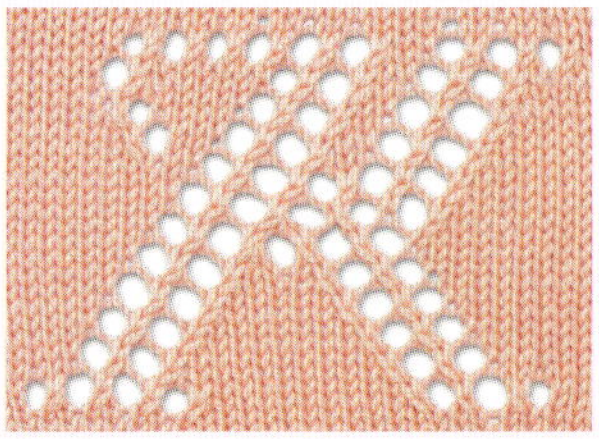
275

276

277

278

279

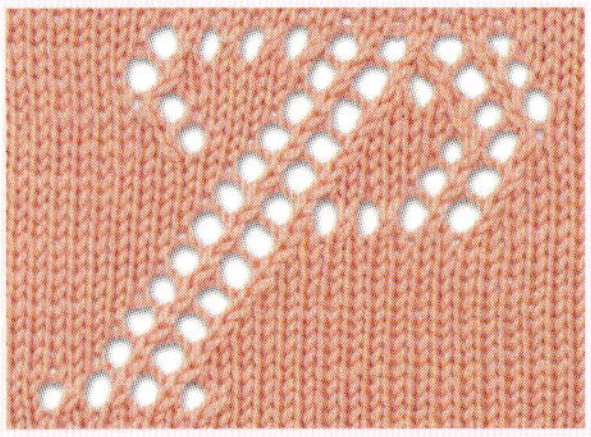
280

281

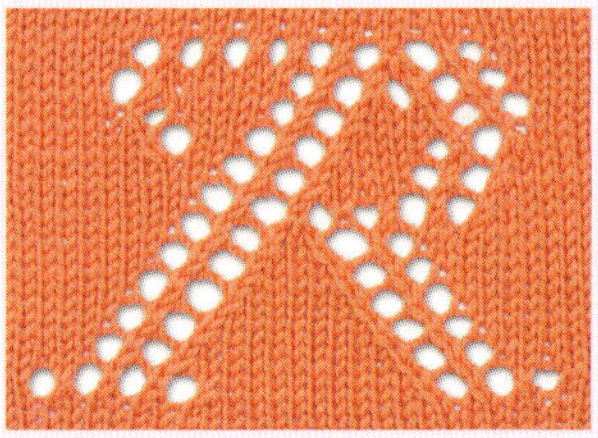
282

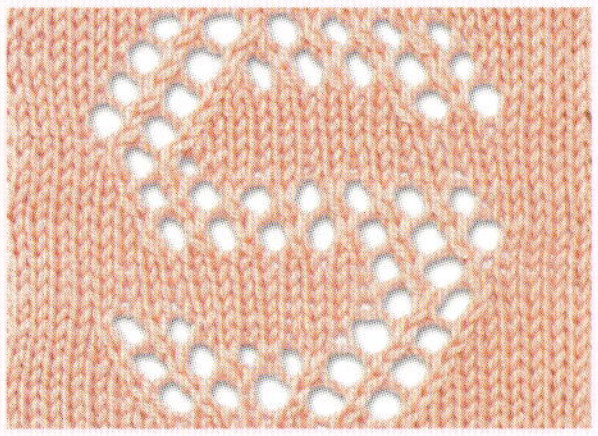
283

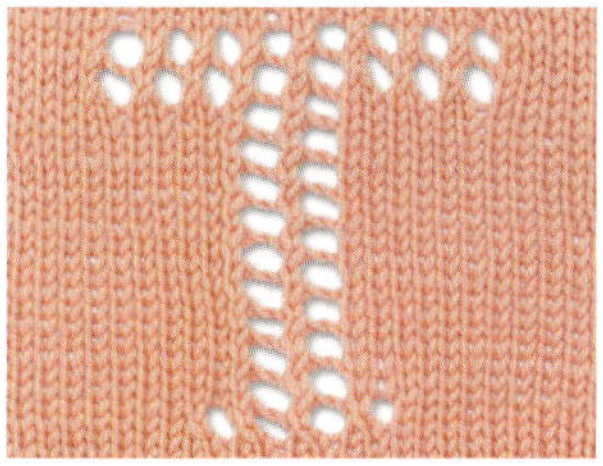
284

285

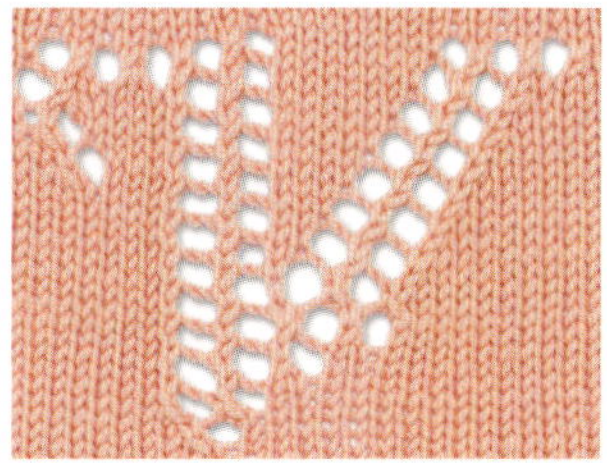
286

287

288

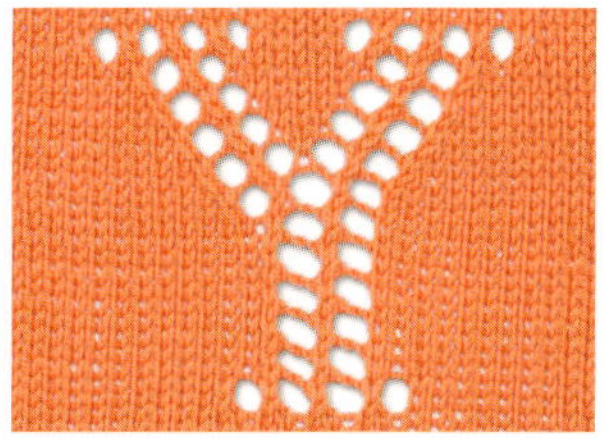
289

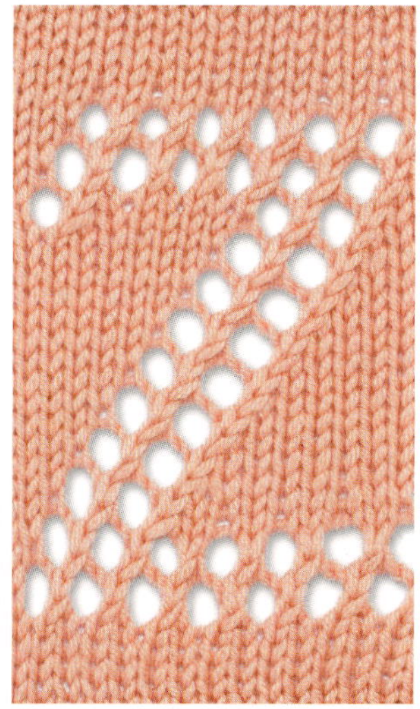
290

PANORAMA Chiffres

291

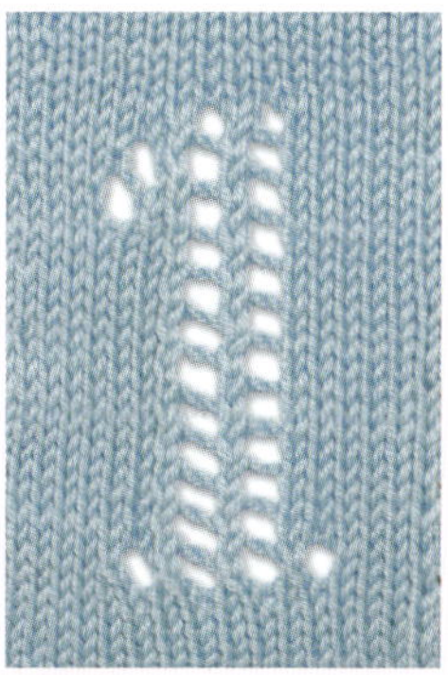
292

293

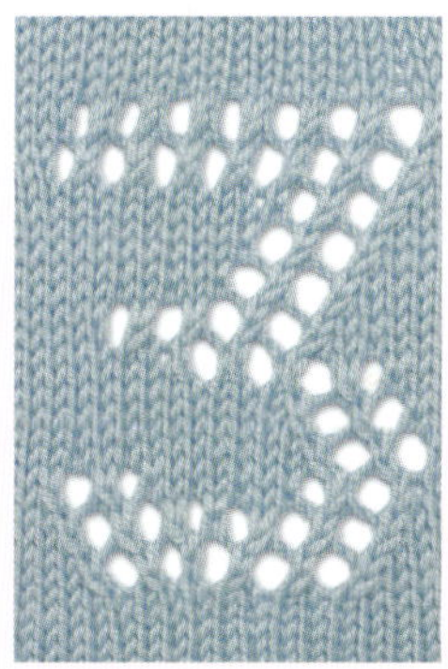
294

295

296

297

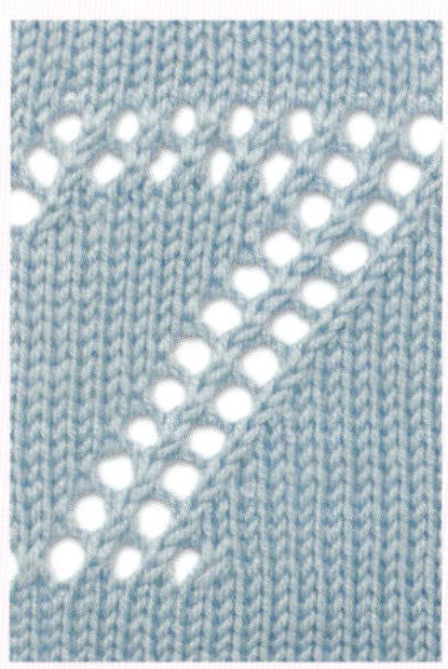
298

299

300

Points 265 à 269

Lettres **Niveau 2**

Les lettres de cet alphabet délicatement dessiné peuvent être utilisées seules en monogrammes, ou combinées pour rédiger une inscription. Dans le second cas, reportez les diagrammes choisis sur du papier quadrillé en cherchant la disposition qui fait le meilleur effet.

Note

Toutes les lettres occupent vingt-trois rangs. Leur largeur varie de seize à trente-trois mailles.

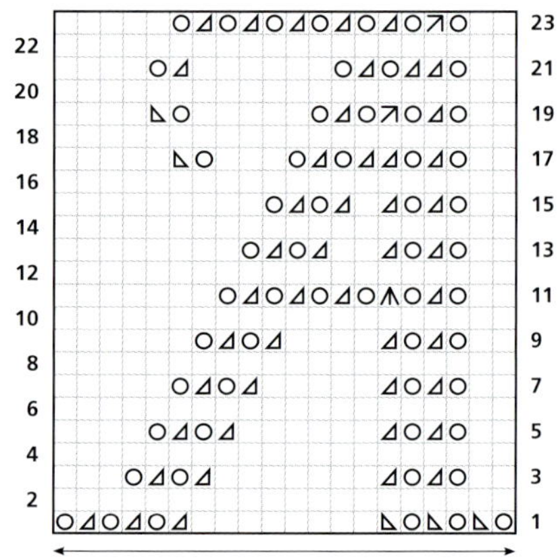

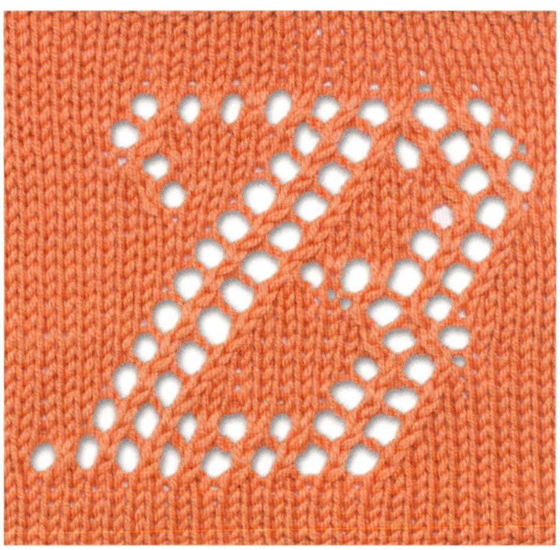

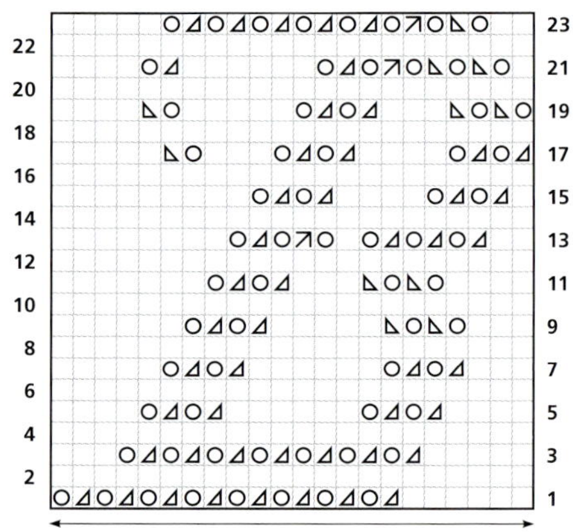

170-171 Symboles de base

- m. end. sur l'end. m. env. sur l'env.
- 2 m. ens. à l'end.
- srjt sple à l'end.
- 3 m. ens. à l'end.
- jeté

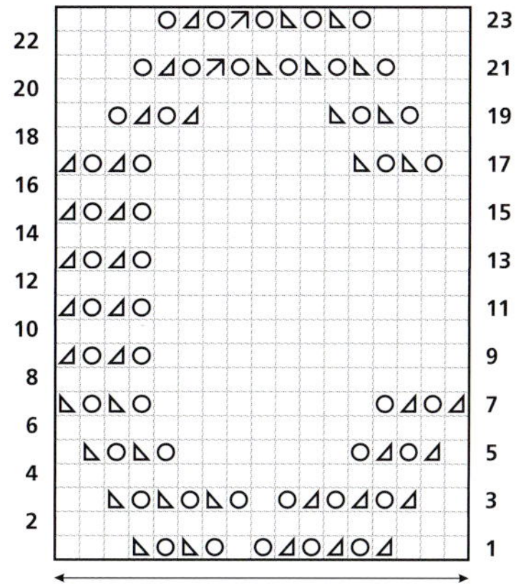

17 m.

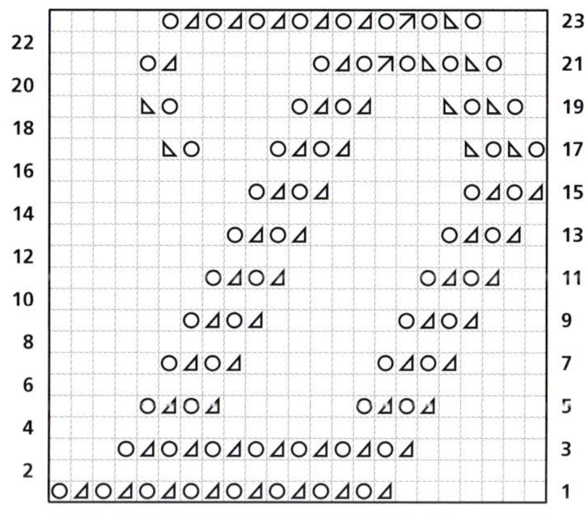

23 m.

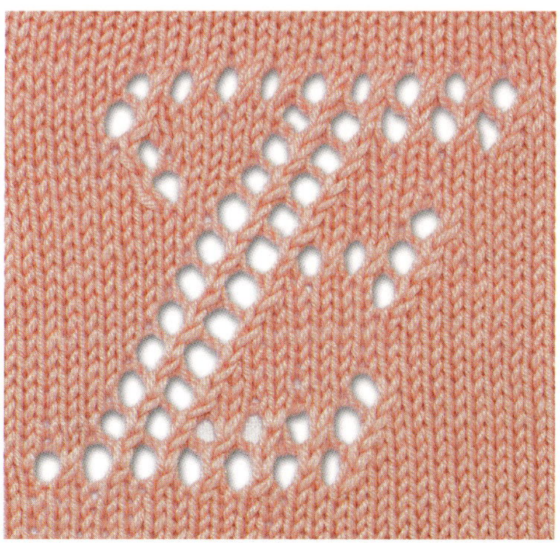

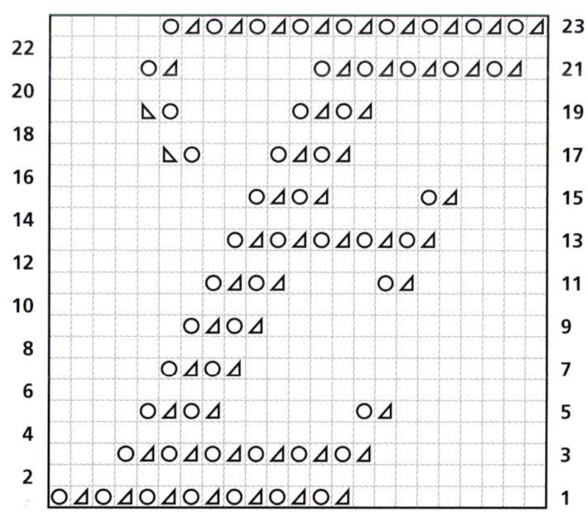

23 m.

Points 270 à 275

Lettres **Niveau 2**

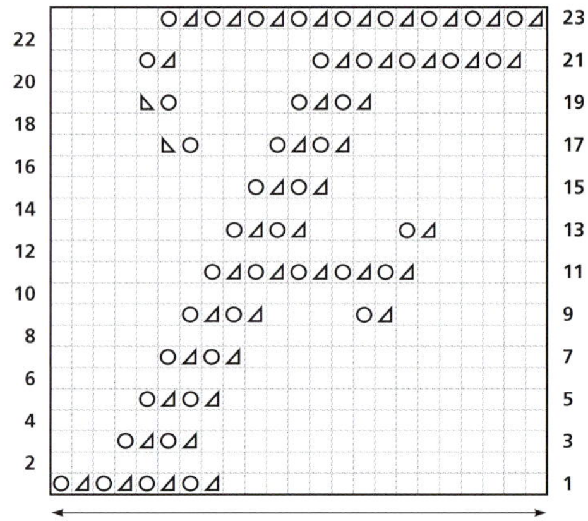

23 m.

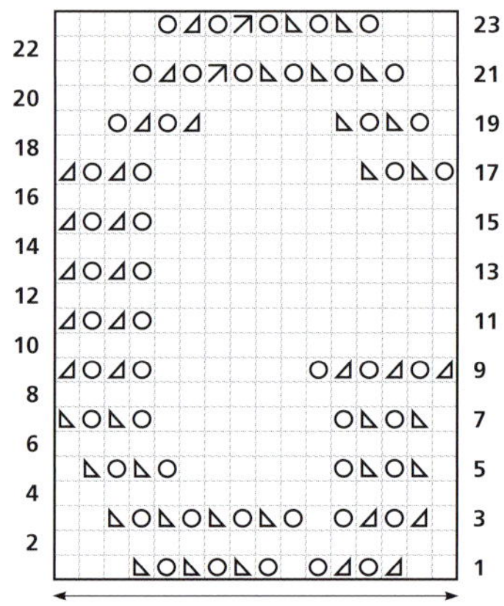

16 m.

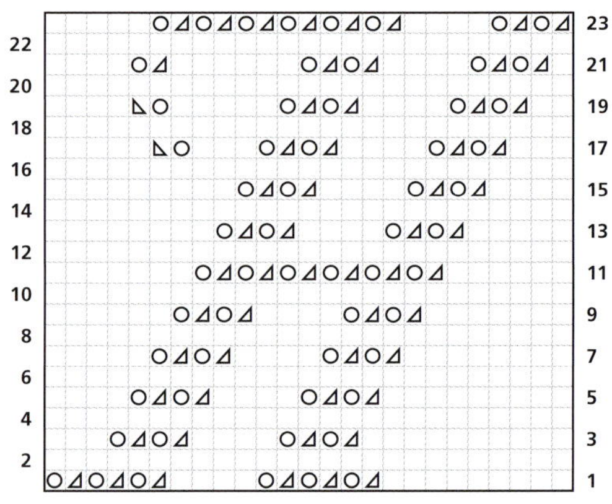

25 m.

172-173 Symboles de base

- ☐ m. end. sur l'end. / m. env. sur l'env.
- 2 m. ens. à l'end.
- srjt sple à l'end.
- 3 m. ens. à l'end.
- jeté

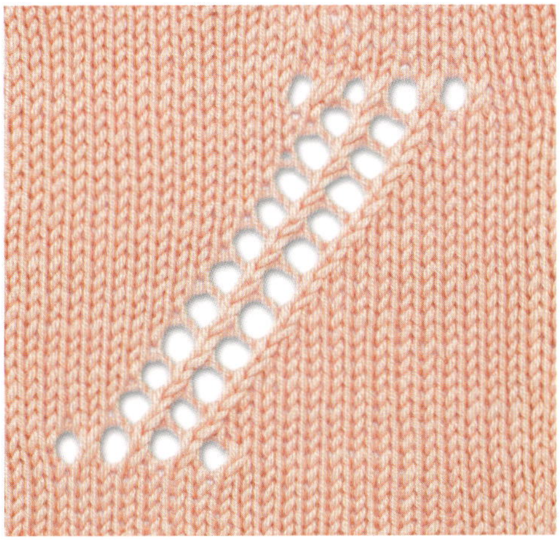

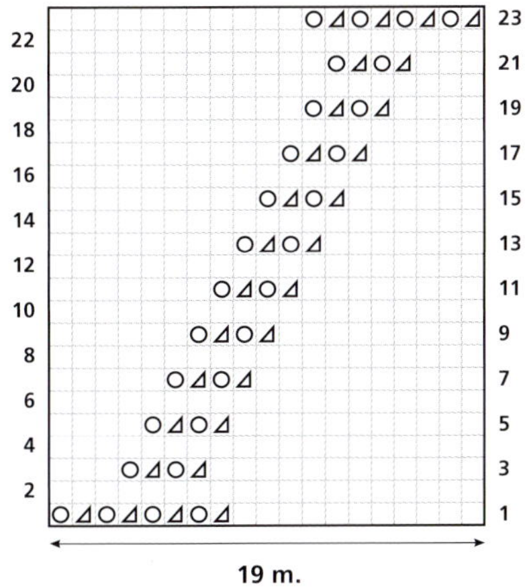
19 m.

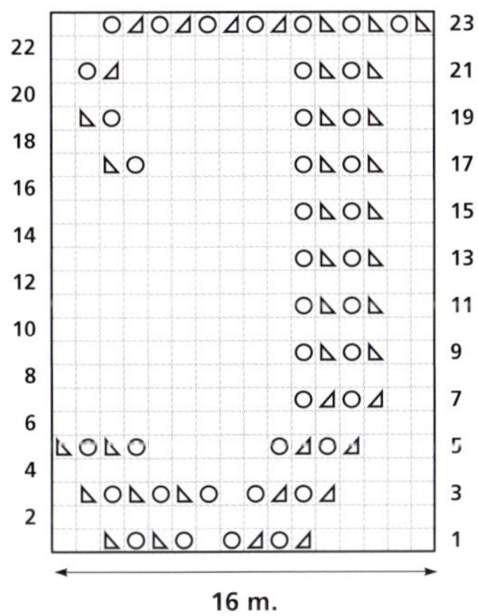
16 m.

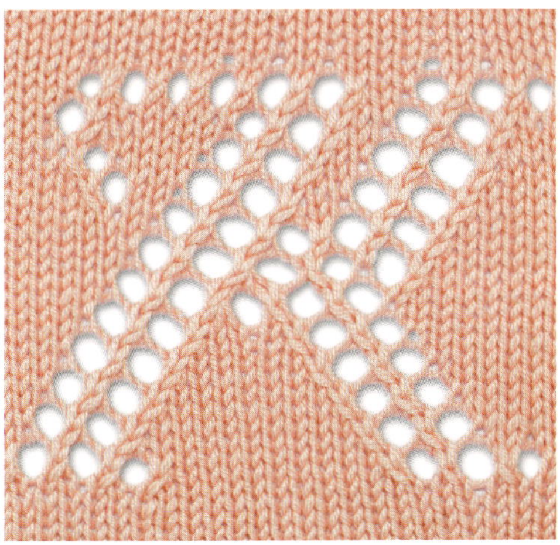

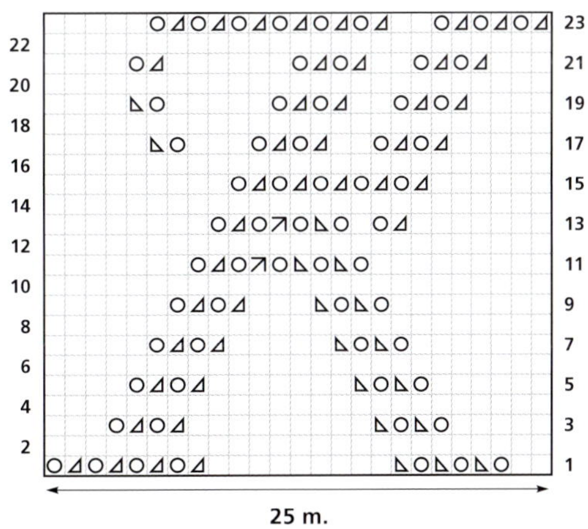
25 m.

Points 276 à 279

Lettres **Niveau 2**

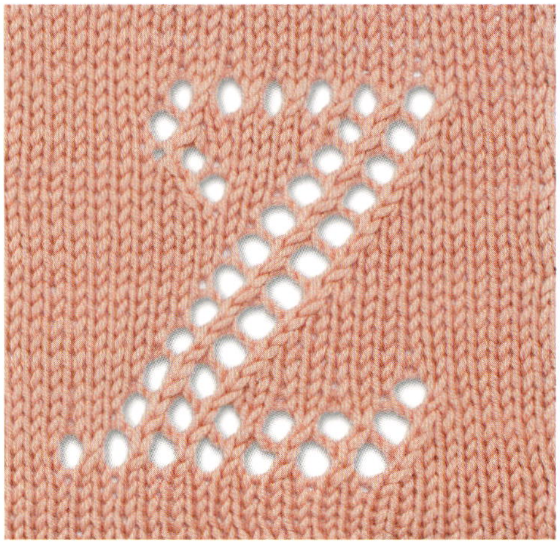

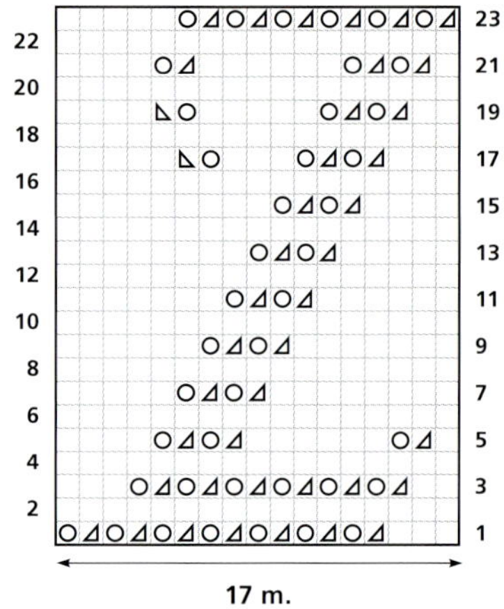

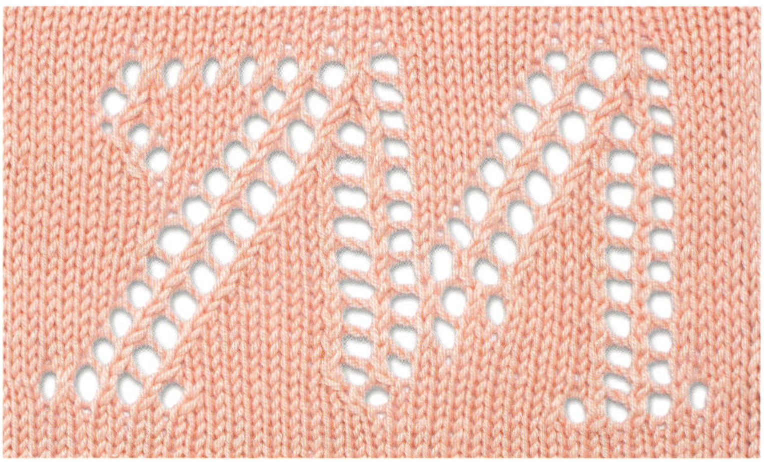

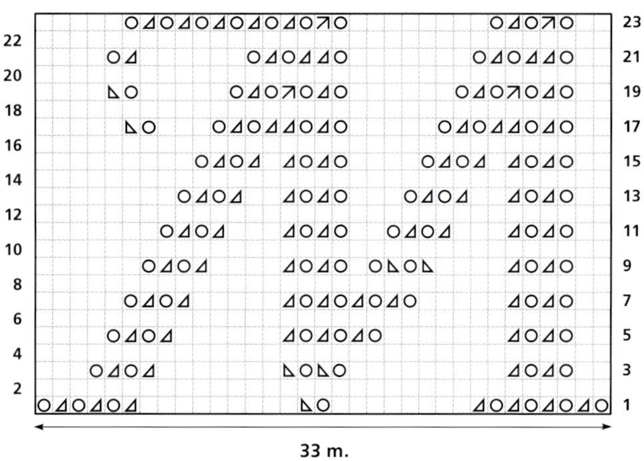

174-175 Symboles de base

- m. end. sur l'end. / m. env. sur l'env.
- 2 m. ens. à l'end.
- srjt sple à l'end.
- 3 m. ens. à l'end.
- jeté

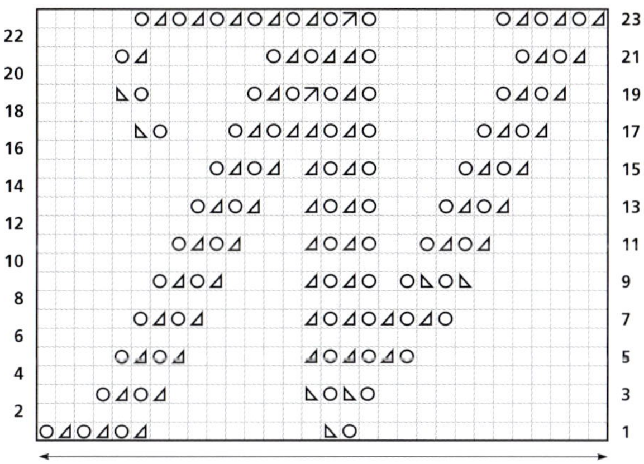

30 m.

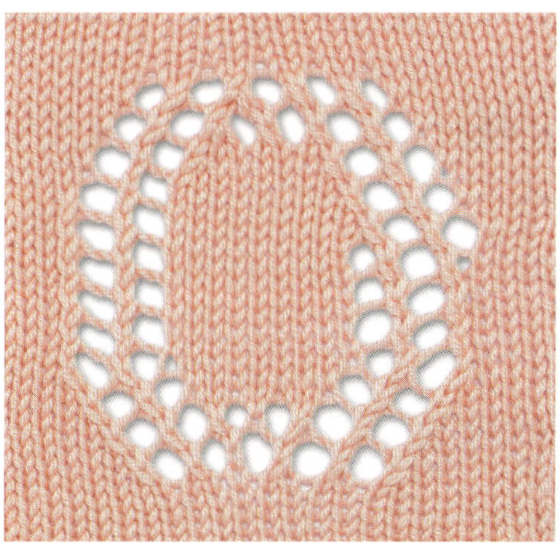

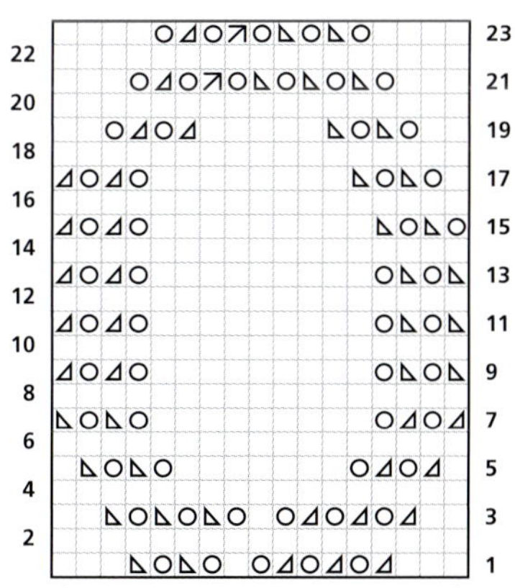

17 m.

Points 280 à 285

Lettres **Niveau** 2

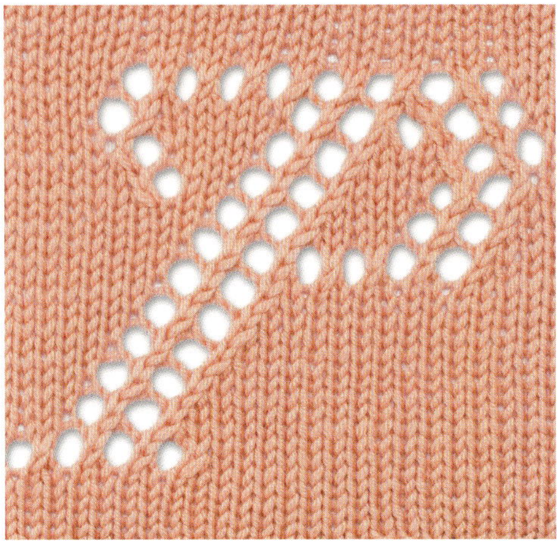

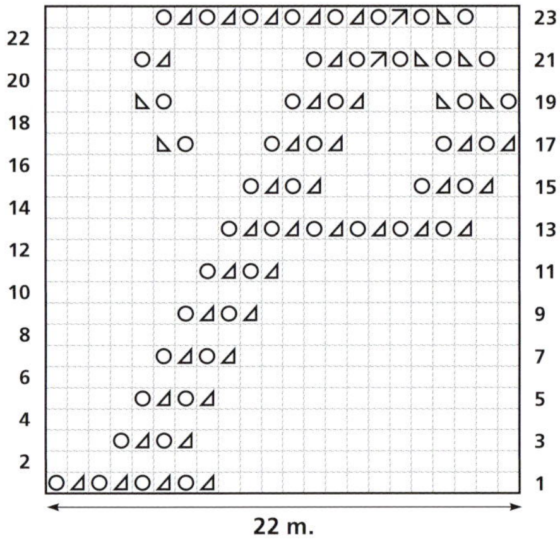

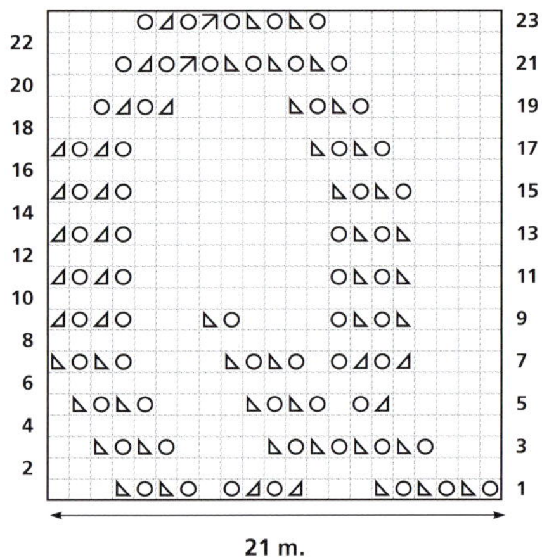

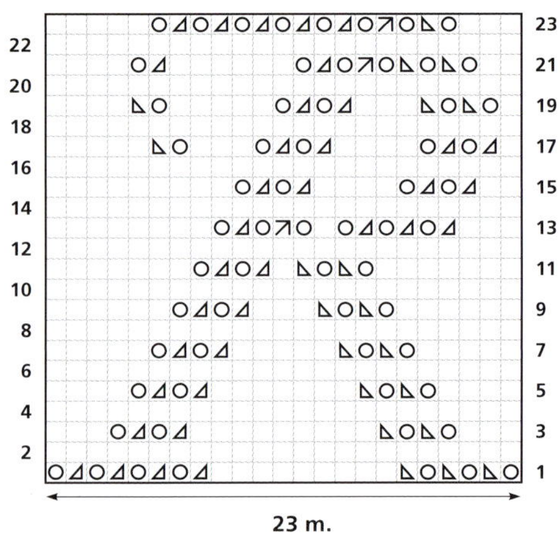

☐ m. end. sur l'end. m. env. sur l'env. — 2 m. ens. à l'end. — srjt sple à l'end. — 3 m. ens. à l'end. — jeté

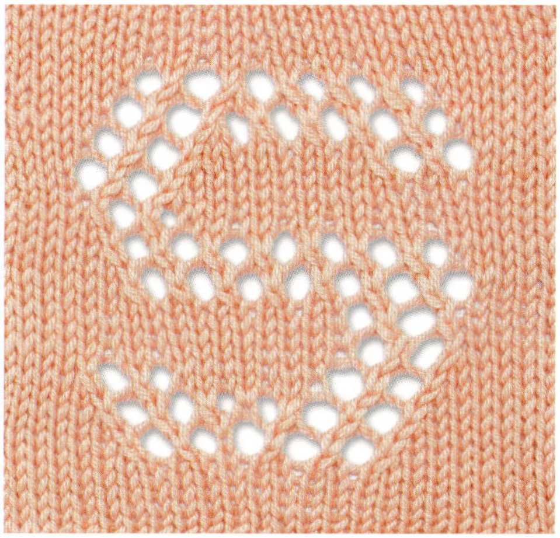

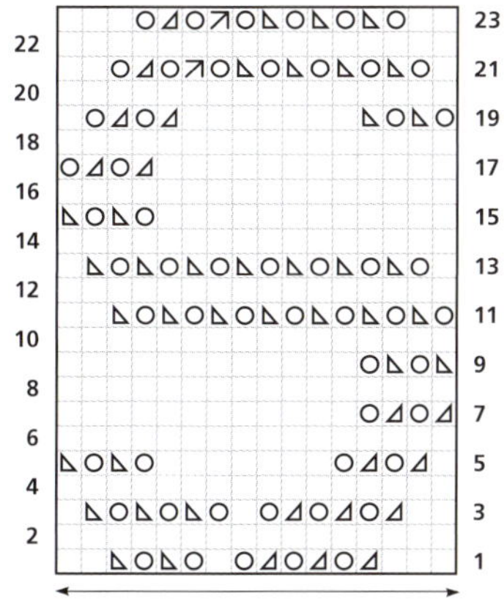
16 m.

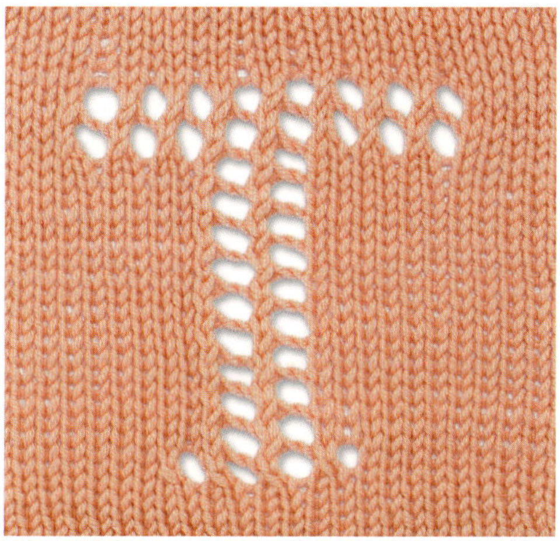

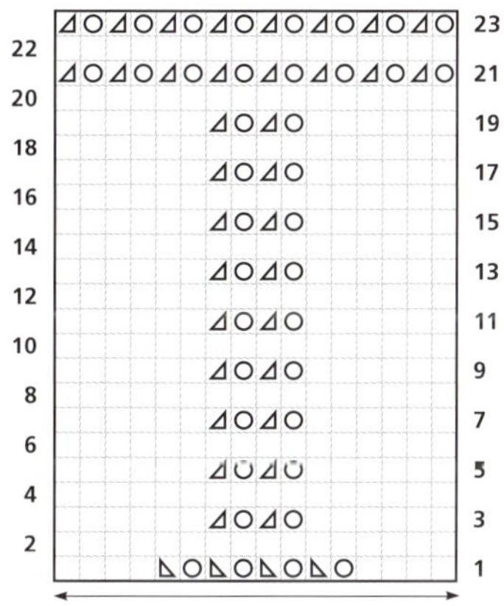
16 m.

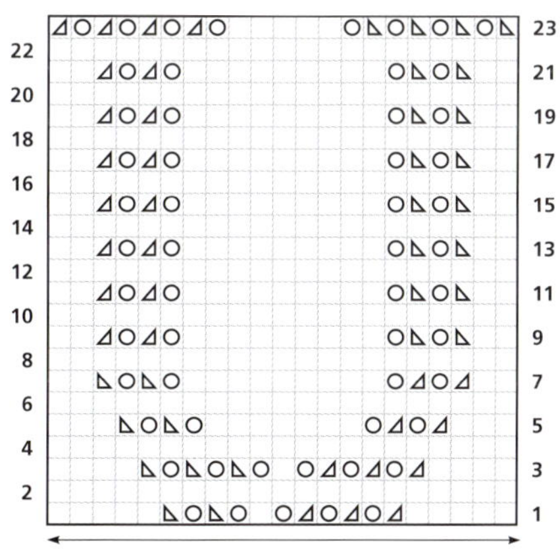
21 m.

Points 286 à 290

Lettres **Niveau 2**

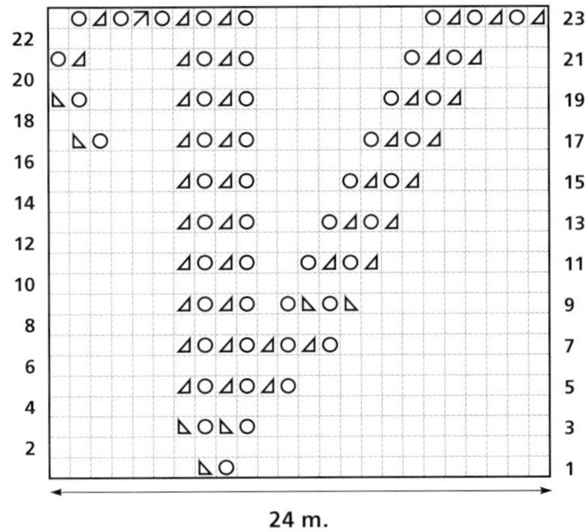

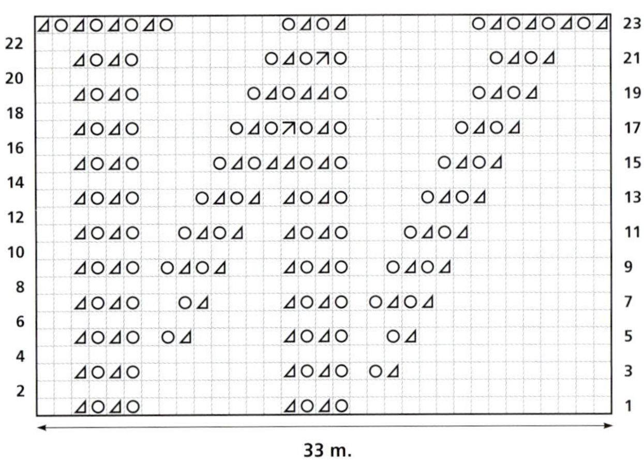

- m. end. sur l'end. m. env. sur l'env.
- 2 m. ens. à l'end.
- srjt sple à l'end.
- 3 m. ens. à l'end.
- jeté

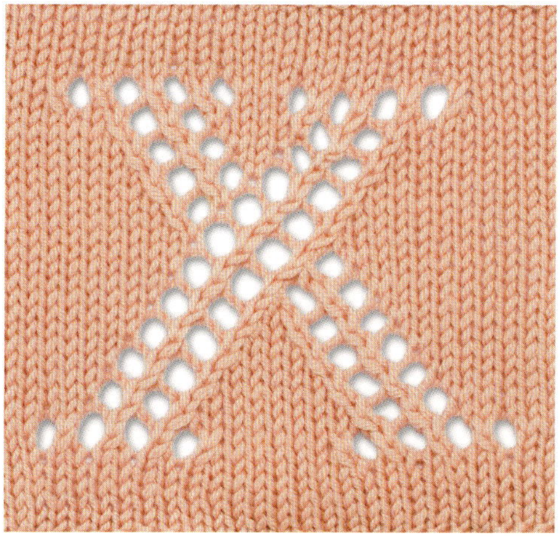

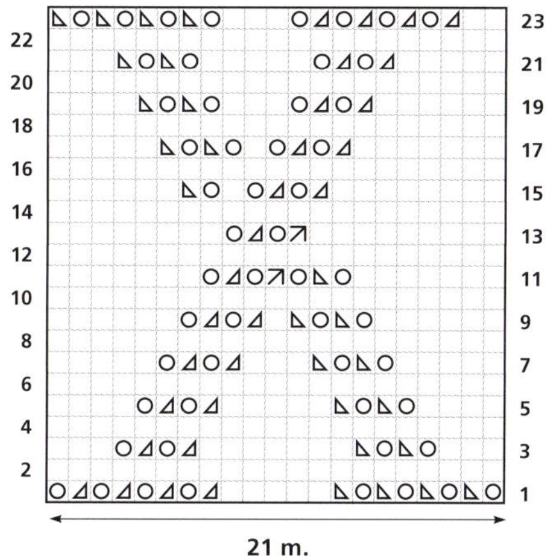
21 m.

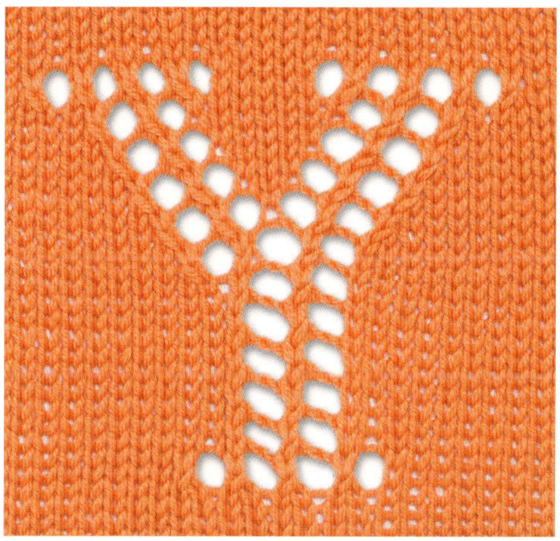

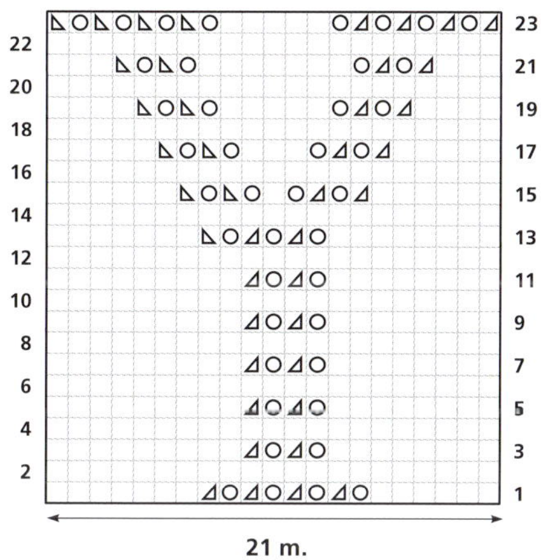
21 m.

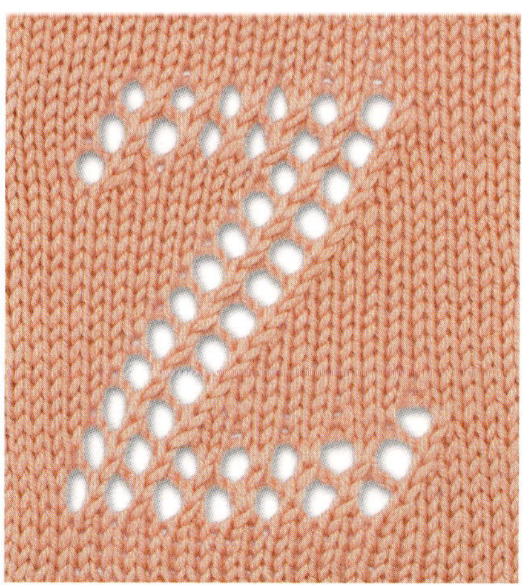

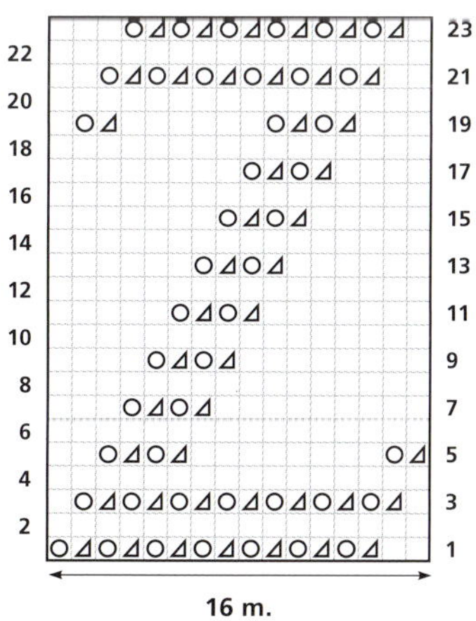
16 m.

Points 291 à 295

Chiffres **Niveau 2**

Bien qu'ils soient généralement plus étroits, ces chiffres sont construits grâce au même point ajouré que les lettres. Vous pouvez donc les combiner harmonieusement pour composer des dates ou des marquoirs. Reportez les diagrammes choisis sur du papier quadrillé afin de planifier l'inscription avant de commencer à tricoter.

Note

Tous les chiffres occupent vingt-trois rangs. Leur largeur varie de huit à dix-sept mailles.

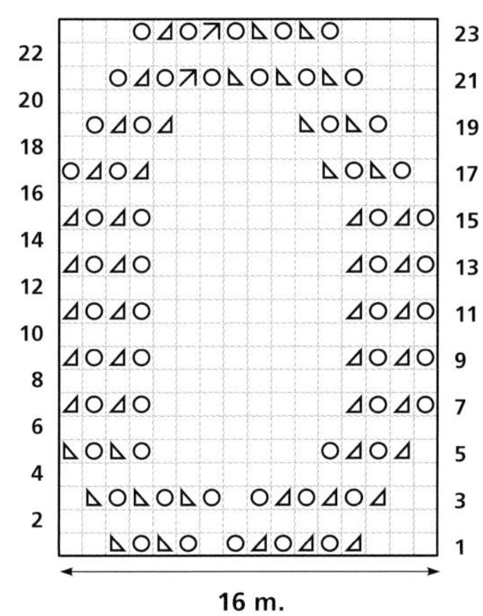

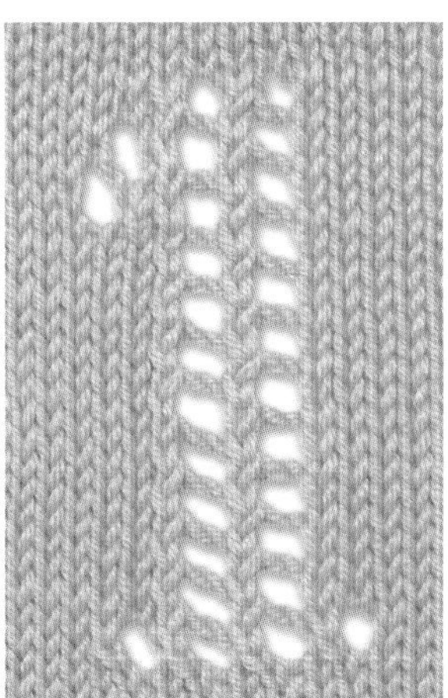

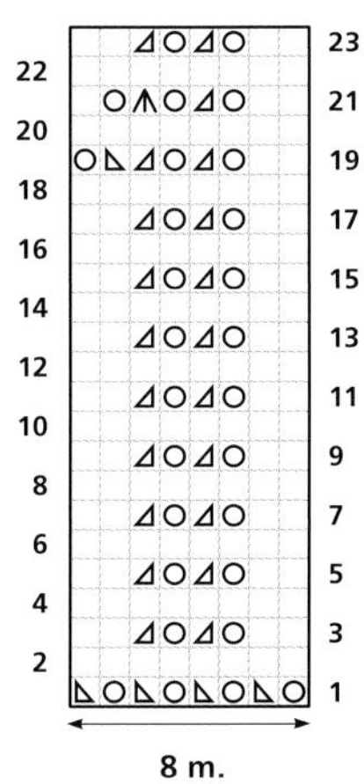

180-181 Symboles de base

- m. end. sur l'end. / m. env. sur l'env.
- 2 m. ens. à l'end.
- srjt sple à l'end.
- 3 m. ens. à l'end.
- dim. dble à l'end. centrée

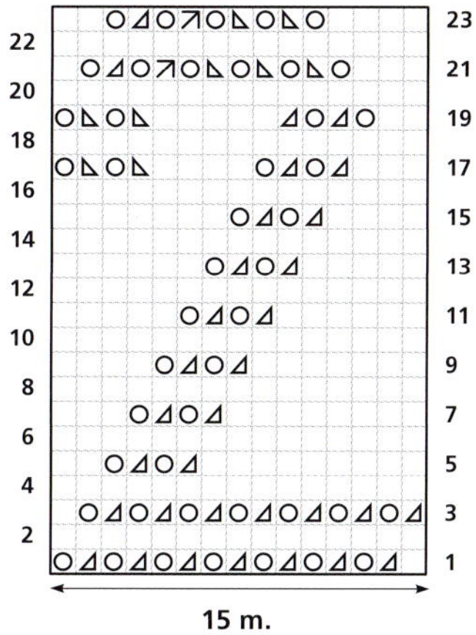

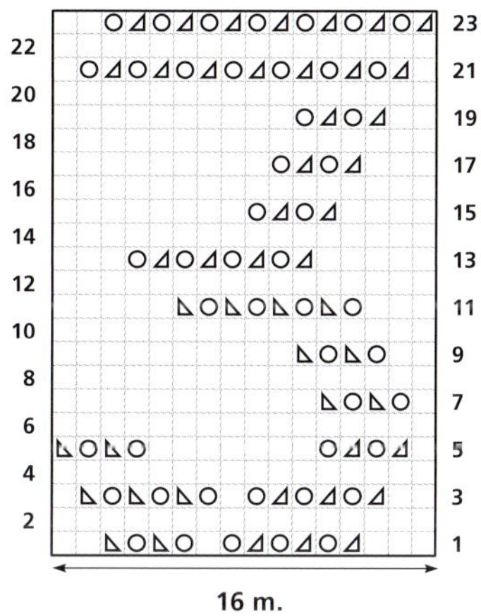

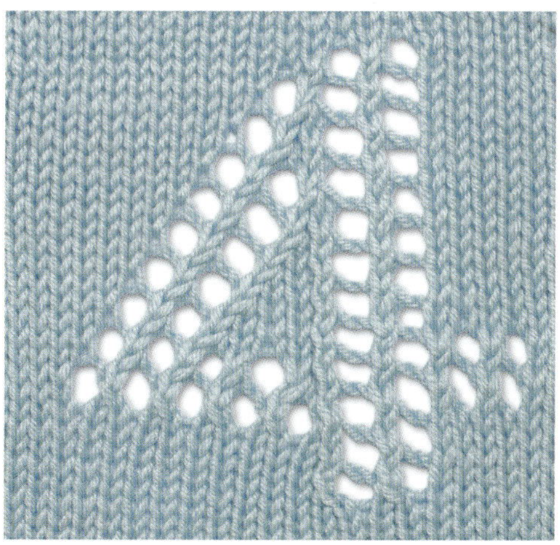

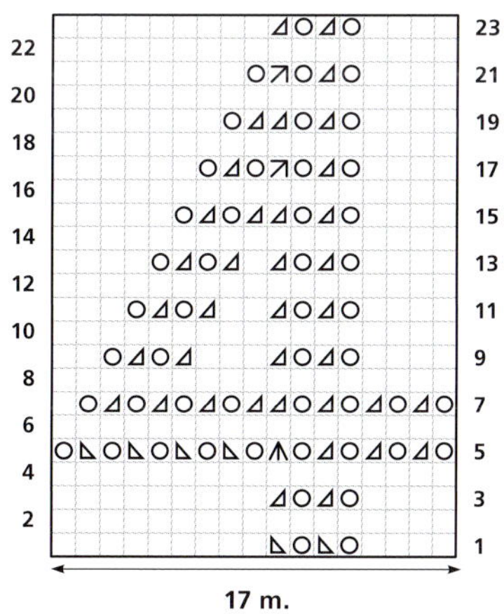

O jeté

Points 296 à 300

Chiffres **Niveau 2**

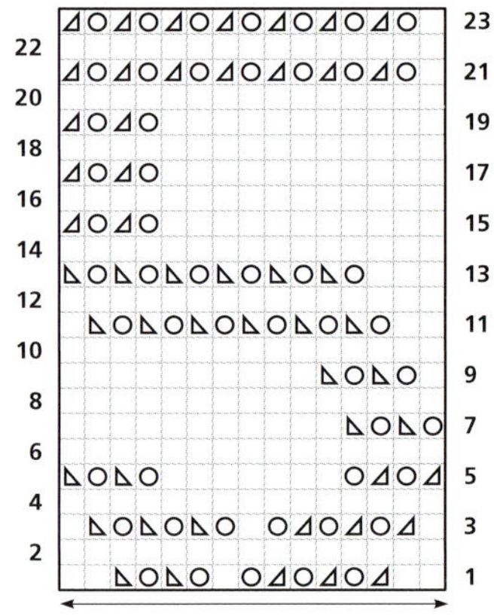

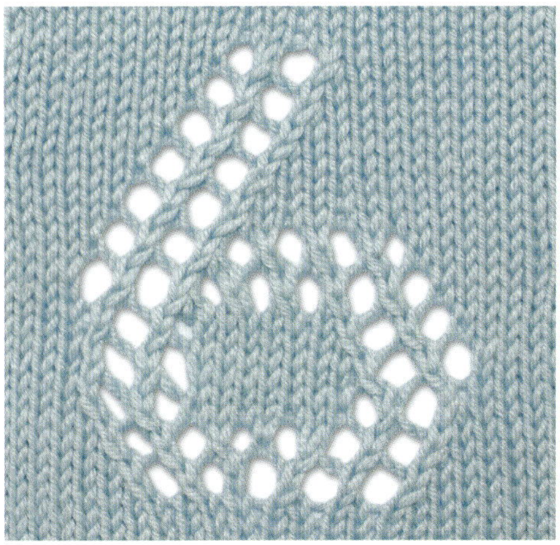

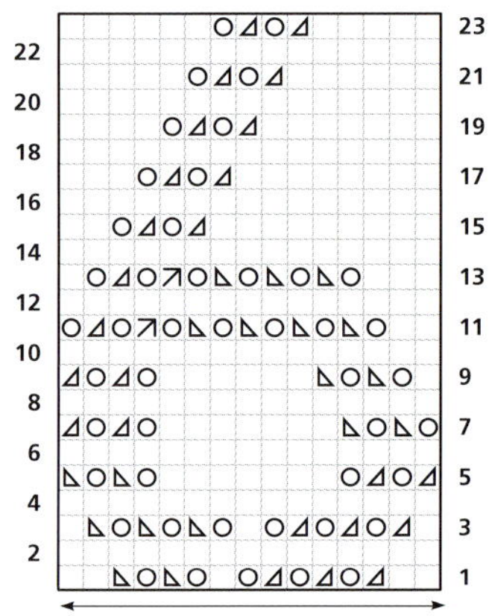

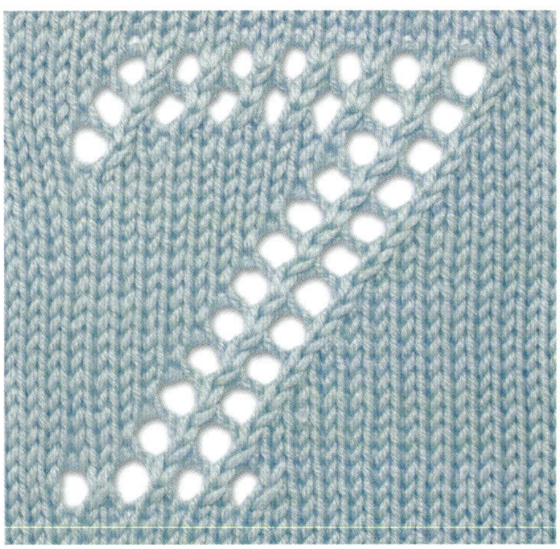

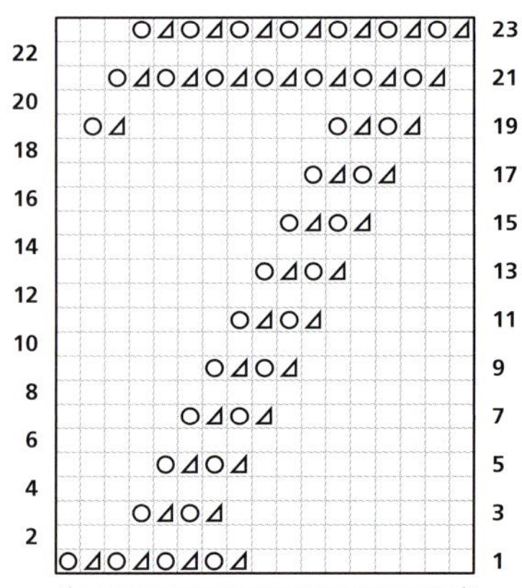

182-183 Symboles de base

- ☐ m. end. sur l'end. / m. env. sur l'env.
- 2 m. ens. à l'end.
- srjt sple à l'end.
- 3 m. ens. à l'end.
- jeté

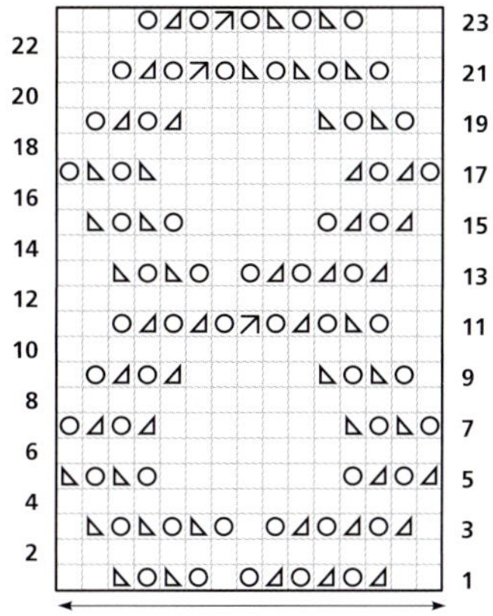

15 m.

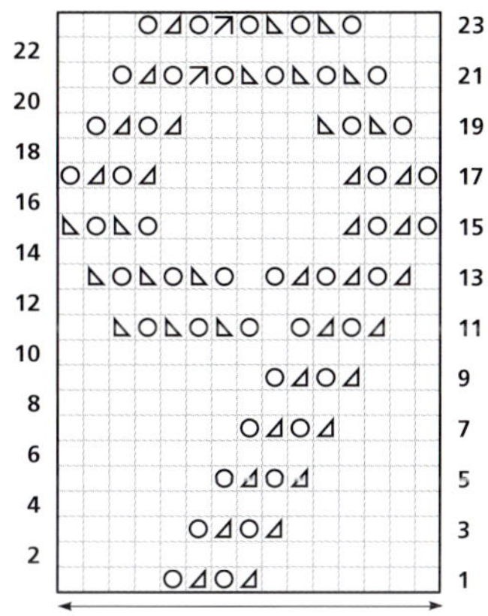

15 m.

Guide de tricot

Cette section explique les techniques employées au fil des pages de ce livre. Quel que soit votre niveau d'habileté, elle vous sera très utile pour tricoter les points présentés. Vous y trouverez de surcroît des informations sur la façon d'exploiter ces points. Elle comporte aussi le récapitulatif des symboles et abréviations : une clef essentielle pour réussir sans souci vos modèles.

Exploiter les points

Si les points de ce livre vous ont donné l'envie de créer vos propres modèles de tricot, ce chapitre explique comment procéder. Vous devez déterminer votre projet et en tracer un croquis sommaire. Il faut ensuite établir les dimensions et réaliser des échantillons.

COMMENT CRÉER VOS MODÈLES

Une fois que vous avez décidé ce vous vouliez réaliser, vous devez planifier le travail. Quel que soit l'ouvrage – bonnet, couverture ou pull-over –, dessinez un croquis, aussi simple soit-il, et écrivez vos remarques. À mesure que vous tricoterez, il sera peut-être nécessaire d'adapter ou de modifier certaines choses, mais vos notes vous permettront de ne pas perdre de vue l'idée de base.

Construction et dimensions

Réfléchissez à la manière de construire le modèle dessiné. Par exemple, un bonnet peut être exécuté en rond ou en rangs aller et retour, une couverture peut être divisée en carrés ou en bandes, les manches d'un pull-over peuvent être séparées ou tricotées d'un seul tenant avec le dos et le devant.

Tracez un croquis de chaque pièce et inscrivez les dimensions. Pour un vêtement, vous pouvez prendre les mesures sur le corps et ajouter l'ampleur souhaitée selon le style désiré, ou bien vous pouvez les relever sur un vêtement existant dont l'ajustement correspond à celui de votre projet.

Pour les accessoires, calculez la largeur, la longueur et, éventuellement, la profondeur (par exemple, dans le cas d'un sac). N'oubliez pas que le tricot est élastique. Ainsi, un coussin paraîtra plus rebondi si la housse est légèrement plus petite que la garniture.

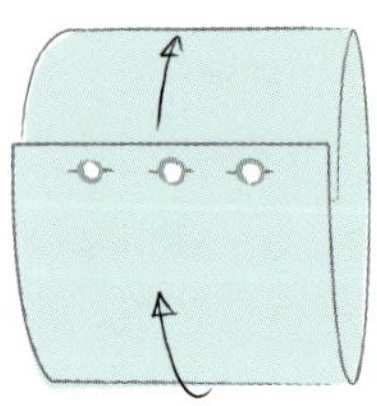

Housse de coussin
C'est l'un des ouvrages les plus faciles à tricoter, car on peut le réaliser d'un seul tenant (dans le sens des flèches), en prévoyant des boutonnières au début ou à la fin. Il suffit ensuite de plier la pièce en faisant chevaucher les premiers et derniers rangs, puis de coudre les côtés.

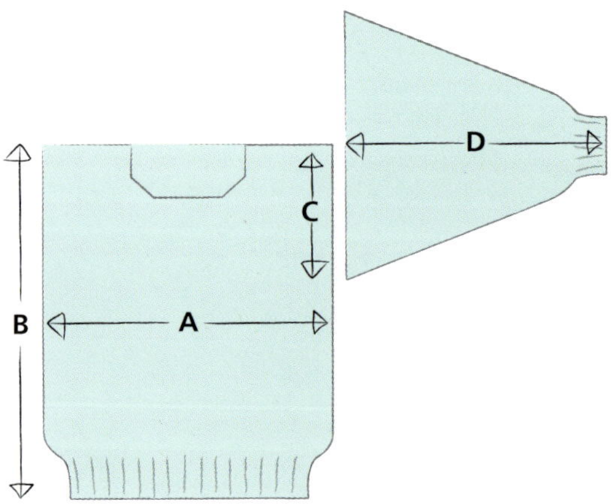

Pull-over: dos, devant et manches
À part l'encolure, le dos et le devant sont identiques. Commencez par déterminer leur largeur (A) et leur longueur (B). Les deux manches étant elles aussi semblables, il suffit d'en dessiner une. Choisissez la hauteur d'emmanchure (C) de telle sorte qu'elle soit proportionnée à B, et que les mouvements des bras ne soient pas entravés. Mesurez toujours la longueur de la manche (D) le long d'une ligne extérieure imaginaire reliant l'épaule au poignet, et non sous le bras. Sur le type de pull-over dessiné ci-dessus, il est important de se rappeler que le haut de la manche tombera un peu sous l'épaule.

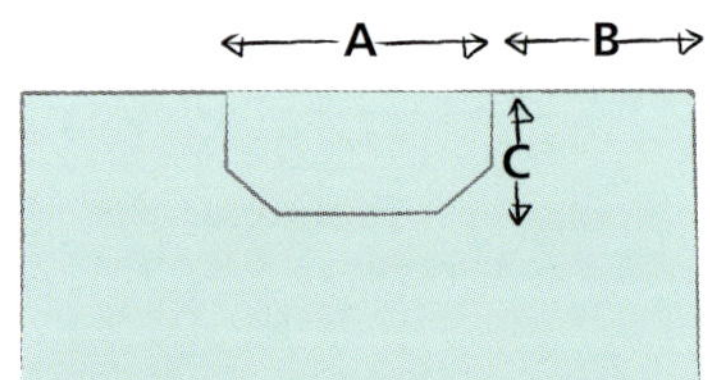

Pull-over: encolure
Le calcul de l'encolure devant est crucial, bien qu'il soit facile et rapide de la retricoter en cas d'erreur. L'encolure doit évidemment être assez large et profonde pour y passer la tête. Quel que soit le style du pull-over, équilibrez la longueur de l'encolure (A) et celle de l'épaule (B). La profondeur de l'encolure (C) affecte autant le style que l'ajustement. L'encolure dos n'est pas indispensable mais, même à peine marquée, elle donne une meilleure tenue. Réfléchissez à la bande d'encolure ou au col que vous souhaitez ajouter.

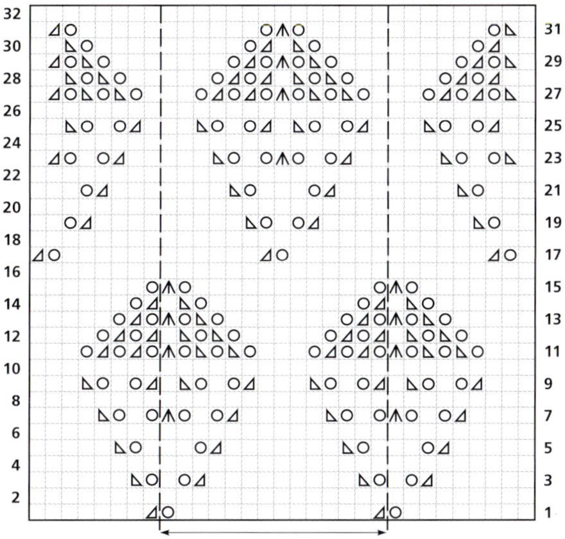

Sur un nombre de m. multiple de 14, + 17 m.

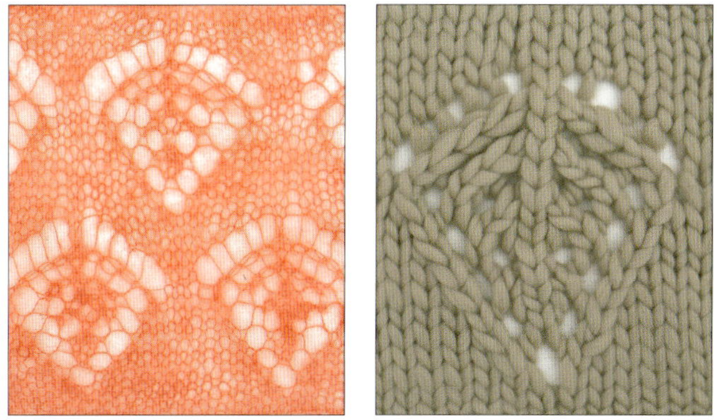

Influence du fil sur le rendu du point
Un même point ajouré (Éventails, page 99) a été tricoté sur les deux échantillons ci-dessus. À droite, un fil épais et souple agrandit le motif tout en lui donnant du relief. À gauche, un fil mohair fin crée un effet plus ajouré, plus léger, et il faut davantage de motifs pour couvrir une surface équivalente.

Échantillons

Il est indispensable de procéder à des essais afin de trouver la texture qui convient le mieux à votre projet. Par exemple, un tricot dense est parfait pour une housse de coussin, mais trop rigide pour de la layette ; un tricot fluide donnera un joli tombé à un petit haut, mais manquera de tenue pour un gros chandail rustique. La composition du fil affecte aussi le résultat. Ainsi, les fils mohair brouillent les motifs, sauf si on les tricote de façon très lâche.

Comme point de départ, tricotez un échantillon avec les aiguilles préconisées par le fabricant du fil. Testez tous les points sélectionnés, séparément ou à la suite. N'hésitez pas à recommencer avec un numéro d'aiguilles différent. Ce travail préparatoire vous permet d'obtenir exactement le résultat escompté, ce qui est le grand plaisir de la création.

Calcul du nombre de mailles et de rangs

Lorsque vous êtes satisfait de votre échantillon, mesurez-le afin de connaître le nombre de mailles et de rangs nécessaires pour un carré de 10 cm de côté (voir ci-dessous). Le nombre de mailles est le plus important, car il est facile d'ajuster le nombre de rangs. Si les résultats du calcul ne « tombent pas bien » par rapport à votre projet, n'essayez pas de modifier votre façon de tricoter, mais utilisez un numéro d'aiguilles différent.

Relevé des mailles et des rangs
Étalez l'échantillon sur une surface plane. Piquez deux épingles verticales espacées de 10 cm (photographie 1). En ligne droite, comptez les mailles comprises entre les épingles, en tenant compte des éventuelles demi-mailles. Piquez deux épingles horizontales espacées de 10 cm (photographie 2) et comptez les rangs, en tenant également compte des éventuels demi-rangs.

1

2

Exploiter les points, suite

Convertir les dimensions

Vous disposez à présent d'un croquis coté de votre projet et d'un relevé mailles/rangs pour 10 cm. Il ne vous reste plus qu'à convertir les dimensions en mailles et en rangs à l'aide d'une calculette.

Divisez par dix le nombre de mailles du relevé = nombre de mailles pour 1 cm de largeur = M. Multipliez par M chacune des dimensions en largeur de votre croquis.

Divisez par dix le nombre de rangs du relevé = nombre de rangs pour 1 cm de hauteur = R. Multipliez par R chacune des dimensions en hauteur de votre croquis.

Adaptez les résultats de façon à obtenir des nombres de mailles et de rangs compatibles avec la séquence à répéter des points que vous avez choisis.

Si votre ouvrage comporte des panneaux ou des motifs incrustés sur un fond uniforme, déterminez leur largeur en fonction du point, puis répartissez les mailles restantes sur le fond de façon symétrique.

Assurez-vous que les découpes (emmanchures, encolure, empiècement...) n'interrompront pas les points de manière disgracieuse.

N'oubliez pas qu'une ou deux mailles seront prises dans les coutures autour de chaque pièce.

Combiner plusieurs séquences de rangs
La manière la plus simple de juxtaposer plusieurs points en largeur consiste à les choisir en fonction de leur séquence de rangs à répéter. Sur l'exemple ci-contre, les trois points ont des séquences multiples de quatre : Cactus (page 56) est répété tous les huit rangs, Torsades décentrées (page 54) est répété tous les quatre rangs, Crocus (page 89) est répété tous les vingt-quatre rangs. L'ensemble peut ainsi être considéré comme une séquence globale de vingt-quatre rangs.

24 rangs

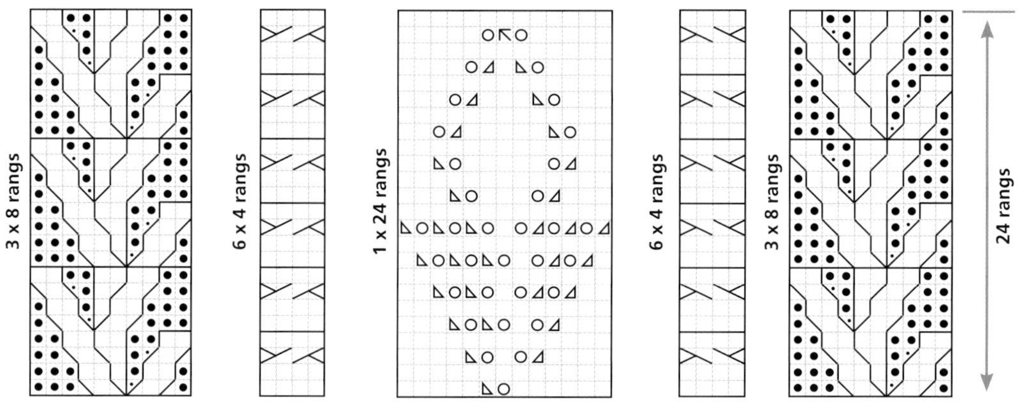

Diminuer et augmenter sur un point ajouré

Les points ajourés étant eux-mêmes basés sur une suite de diminutions et d'augmentations, il est délicat de former les emmanchures ou les encolures sans affecter le décompte des mailles. Un diagramme permet d'anticiper le problème. Sur l'exemple ci-contre (Campanules, page 87), on a réussi à obtenir la forme voulue tout en prolongeant les motifs le plus près possible du bord de la pièce.

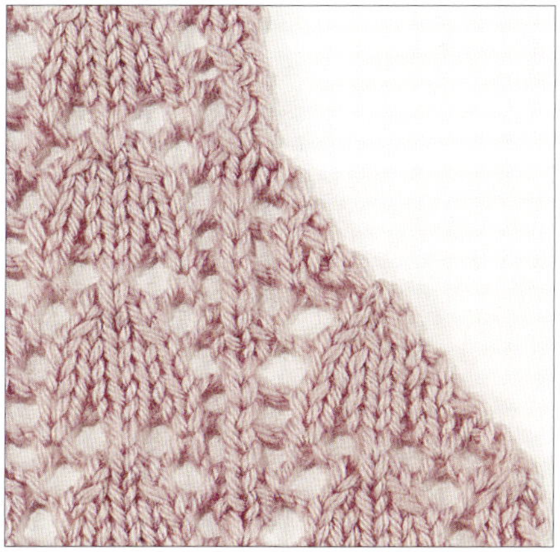

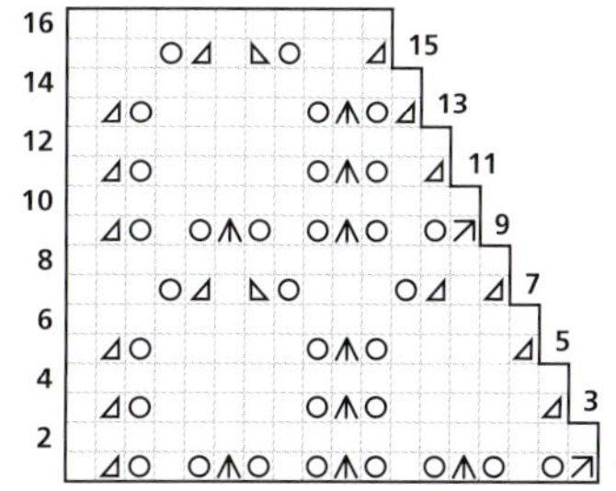

Associer plusieurs points

Sur la manche ci-contre, on a associé des côtes torsadées (page 16) et des torsades afin de créer un bord-côtes original. L'astuce consistait à le relier harmonieusement au point principal (Diables dans leurs boîtes, page 116). Pour le bord-côtes, on a choisi des torsades sur cinq mailles, comme à la base du point principal. On a ensuite placé les côtes torsadées sur le même nombre de mailles que le jersey envers du fond à la base du point principal.

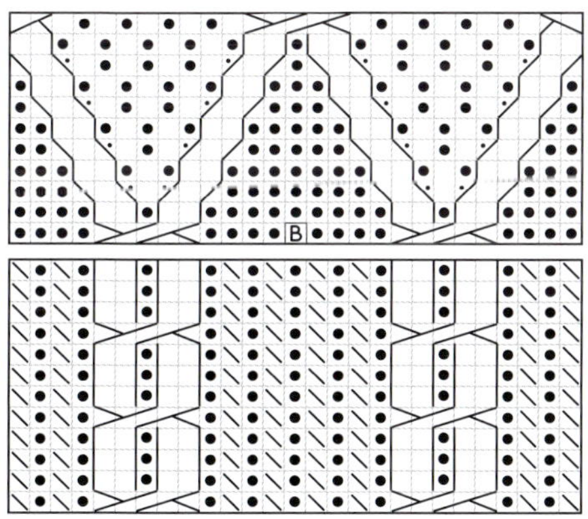

Exploiter les points, suite

COMMENT INTÉGRER DES POINTS DANS VOS MODÈLES

Vous pouvez créer une multitude d'effets fantastiques en associant plusieurs points, mais il ne s'agit pas de les juxtaposer sans réfléchir. Si vous avez envie de rehausser un point courant avec quelque chose de plus original, étudiez le résultat sur un échantillon avec un œil critique. N'hésitez pas à modifier les nombres de mailles et de rangs pour les adapter aux séquences à répéter, ni à combiner des textures complètement différentes. N'oubliez pas que la structure du point et la composition du fil (voir page 187) jouent sur le résultat. Gardez à l'esprit que vous êtes libre d'apporter votre touche personnelle à toutes les étapes du travail. Cette double page explique quelques procédés. N'ayez pas peur de vous livrer à des essais pour découvrir vos propres méthodes.

Passer des côtes au jersey

Si vous tricotez en jersey sur le nombre de mailles du bord-côtes, ce dernier se rétracte et le reste de l'ouvrage s'évase (photographie 1). À moins que vous ne recherchiez délibérément cet effet, contrecarrez-le en montant plus de mailles, puis en les supprimant. Sur l'échantillon de la photographie 2, toutes les paires de mailles endroit ont été tricotées ensemble sur le dernier rang de côtes. Si vous n'avez pas besoin d'autant de diminutions, répartissez-les régulièrement sur le premier rang de jersey.

1

2

Tricoter en biais

L'exemple ci-dessous correspond au point mousse, mais le principe est valable pour tous les points.

Mont. 1 m.
1er rg (end.). Dans la m., tric. 1 m. end., 1 m. env. et 1 m. end. = 3 m.
2e rg et tous les rgs env. Tric. à l'end.
3e rg. 2 augm. sples à l'end, 1 m. end. = 5 m.
5e rg. 1 augm. sple à l'end., 2 m. end., 1 augm. sple à l'end., 1 m. end. = 7 m.
Cont. de la même façon en augm. 1 m. dans la 1re et l'avant-dern. m. de tous les rgs end. jusqu'à la largeur voulue.
Rg end. suiv. 2 m. ens. à l'end., tric. à l'end. jusqu'à 2 m. avant la fin du rg, 1 srjt sple à l'end.
Cont. de la même façon à dim. 1 m. à chaque extrémité de tous les rgs end. jusqu'à ce qu'il reste 3 m.
Dern. rg. 1 srjt dble. Arrêtez la m. rest.

Agir sur le montage et le dernier rang

Les torsades contractent le tricot, ce qui l'évase en bas et en haut (photographie 1). Pour contrecarrer cet effet, augmentez. Sur l'échantillon de la photographie 2, on n'a monté que cinq mailles pour chaque torsade de six mailles. Dans ce cas, sur le dernier rang envers avant les torsades, tricotez chaque groupe de cinq mailles de la façon suivante: 3 m. env., 1 augm. sple à l'env., 2 m . env. Sur le dernier rang envers avant de rabattre les mailles, tricotez chaque groupe de la façon suivante: 1 m. env., 2 m. ens. à l'env., 3 m. env. Adaptez l'exemple selon les torsades, en plaçant l'augmentation ou la diminution au niveau du croisement pour la masquer.

1

2

Répartir les diminutions
Quand vous devez diminuer d'un grand nombre de mailles après une bordure ou un bord-côtes, il est plus élégant de les intégrer au point. Sur l'exemple ci-contre, la bordure a été tricotée en répétant deux fois la séquence de quatre rangs de Algues (page 103). On a ensuite continué en jersey endroit, en exécutant le premier rang de la façon suivante : 1 m. end., *2 srjts sples à l'end., 1 m. env., 2 srjts sples à l'end., 2 m. ens. à l'end., 1 m. env., 2 m. ens. à l'end.*, rép. de * à * jusqu'à 1 m. avant la fin du rg, 1 m. end. Ainsi, chaque séquence de quatorze mailles est réduite à huit mailles, tout en préservant l'axe des côtes.

Placer un point fantaisie en bordure
La séquence de seize rangs de Grappes de cerises (page 124) compose une jolie bordure à picots à la base d'une pièce en jersey endroit. Pour empêcher ce dernier de s'évaser, on a effectué des diminutions doubles sur le dix-septième rang de la façon suivante : *9 m. end., 1 dim. dble centrée à l'end., 8 m. end.*, rép. de * à * jusqu'à 1 m. avant la fin du rg, 1 m. end. Chaque séquence est ainsi discrètement réduite de deux mailles.

Compenser des festons à la fin d'une pièce
Si vous avez tricoté un point générant des festons à la base mais que vous souhaitez un bord supérieur rectiligne, procédez de la manière suivante. Sur les deux derniers rangs, remplacez les diminutions de chaque feston par des augmentations, tout en continuant à effectuer les augmentations habituelles. (Selon l'épaisseur et la tension du fil, il est parfois nécessaire de procéder sur trois ou quatre rangs). Rabattez ensuite les mailles en les tricotant comme elles se présentent.

Galerie d'idées

Ces tricots en miniature schématisent quelques idées de techniques pour créer vous-même des modèles de vêtements et d'accessoires.

Pièce évasée en côtes
Commencez par des côtes très larges à la base, puis réduisez progressivement le nombre de mailles envers jusqu'à obtenir des côtes 2/2 au niveau de la poitrine. Afin que les diminutions soient discrètes, effectuez-les sur l'envers aux extrémités de chaque groupe de mailles endroit, en tricotant deux mailles ensemble d'un côté et un surjet simple de l'autre.

Pièce évasée ajourée
Sur les points ajourés, il est important de distinguer les diminutions et les augmentions qui composent le motif de celles qui donnent la forme de l'ouvrage. Sur ce point ajouré simple (Festons layette, page 84), on a omis les jetés sur le dernier rang avant la taille afin de réduire le nombre de mailles et d'évaser la base.

Bonnet
Mesurez le tour de tête et convertissez-le en mailles (comptez plutôt « juste », car le tricot est élastique). Ajustez ce nombre à un multiple de quatre : quatre sections séparées par une maille. Réduisez progressivement le nombre de mailles en diminuant aux deux extrémités de chaque section (deux mailles ensemble d'un côté, un surjet simple de l'autre). Quand il ne reste plus que quelques mailles, passez le fil dedans et froncez.

Écharpe originale
Cette écharpe est tout simplement constituée d'une torsade sur quatre mailles, sans mailles lisières. On a monté trois mailles, augmenté d'une maille sur le rang précédant le premier croisement, et diminué d'une maille sur le rang suivant le dernier croisement. Utilisez un fil très épais. Assurez-vous qu'il supporte le repassage afin de pouvoir aplatir l'écharpe.

Sac à main
Pour le devant de ce sac, on a réparti des augmentations sur le premier rang, puis on en a effectué quelques autres aux extrémités des rangs suivants. On a ensuite diminué de chaque côté et tricoté une grosse nope au centre de la largeur. Le dos est identique, sans nope, et se termine par une partie rectiligne pour le rabat. Les deux pièces ont été assemblées en tricotant un rang sur des mailles relevées à la base et sur les côtés, ce rang formant aussi la bandoulière. Une boucle tricotée, cousue sur le rabat et glissée autour de la nope permet de fermer le sac.

Chaussettes
Traditionnellement, on réalise les chaussettes en rond afin de supprimer l'inconfort d'une couture. Le principe n'est pas compliqué : on tricote la longueur voulue pour la jambe, on laisse les mailles du cou-de-pied en attente pendant que l'on façonne le talon en rangs aller et retour, puis on reprend toutes les mailles en rond, en terminant par des diminutions à la pointe. Pour réaliser votre première paire de chaussettes, le mieux est de suivre un modèle simple dans un livre ou un catalogue.

Jacquard
Si vous voulez superposer des motifs différents, choisissez-les de façon qu'ils soient sous-multiples de la séquence la plus longue (par exemple, séquences sur seize, huit et quatre mailles). Quand vous exécutez un diagramme en rond, omettez les mailles lisières et répétez la séquence en continu de droite à gauche. Pour tricoter un empiècement en rond, répartissez régulièrement les diminutions entre les motifs du point ou du jacquard.

Techniques de base

Les techniques de tricot sont très nombreuses. Vous trouverez ici toutes celles utilisées dans ce livre. Ainsi, quel que soit votre degré d'expérience, vous êtes certain d'obtenir le même résultat que sur les échantillons photographiés. Les explications sont données pour les droitiers ; inversez-les dans un miroir si vous êtes gaucher.

NŒUD COULANT DE DÉPART

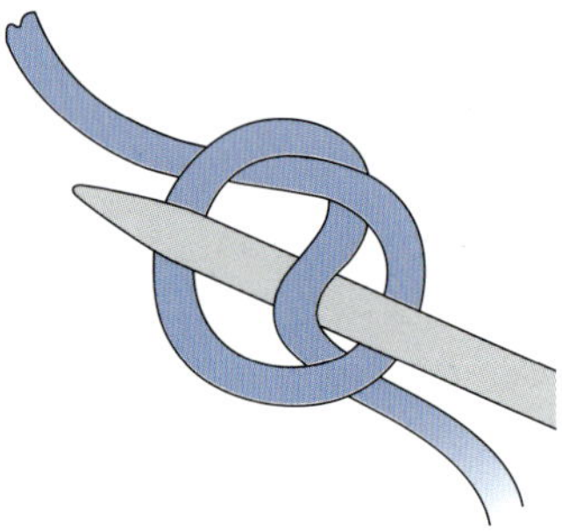

1 La première maille du rang de montage est un nœud coulant. Enroulez le fil autour de deux doigts de la main gauche, en plaçant sur le dessus le brin allant à la pelote. Piquez une aiguille dans la boucle, attrapez le fil et ramenez-le vers vous.

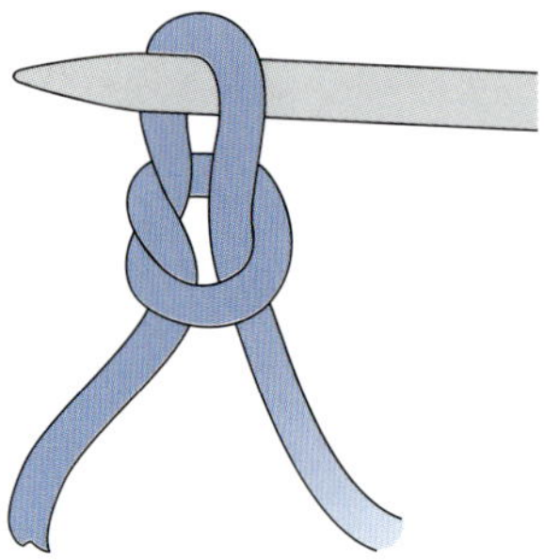

2 Tirez sur les deux brins du fil pour serrer le nœud, puis tirez uniquement sur celui allant à la pelote afin de resserrer le nœud autour de l'aiguille.

Rentrer les fils

L'extrémité de fil libre restant à la fin du rang de montage doit être suffisamment longue pour que vous puissiez la rentrer dans l'ouvrage sans le froncer. Il en va de même pour l'extrémité laissée à la fin de la pièce, ainsi que pour celles des fils terminés ou introduits en cours de travail. Quand l'ouvrage est fini, rentrez toutes ces extrémités sur l'envers avec une aiguille à bout rond. Pour ce faire, tissez-les souplement à l'horizontale le long du rang, ou à la verticale le long de la couture. Assurez-vous que le tissage ne resserre pas les mailles, puis coupez le fil au ras du tricot.

MONTER LES MAILLES

Cette méthode génère un montage élastique, semblable à un rang de point mousse.

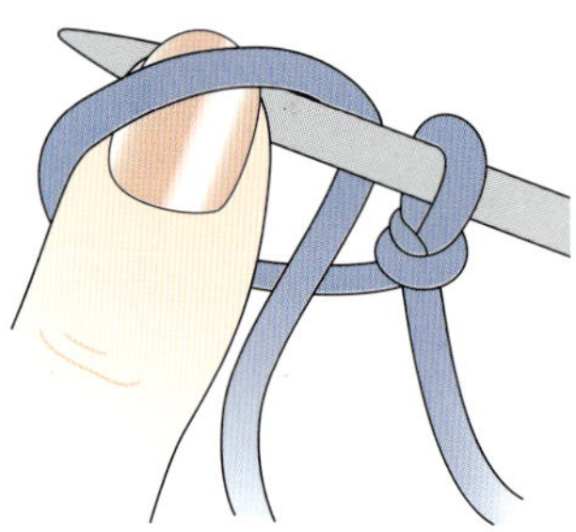

1 Réalisez le nœud coulant de départ en laissant une extrémité de fil libre trois fois plus longue environ que le rang de montage voulu. Enroulez le fil allant à la pelote autour du pouce gauche, de l'arrière vers l'avant. Piquez l'aiguille dans la boucle ainsi formée.

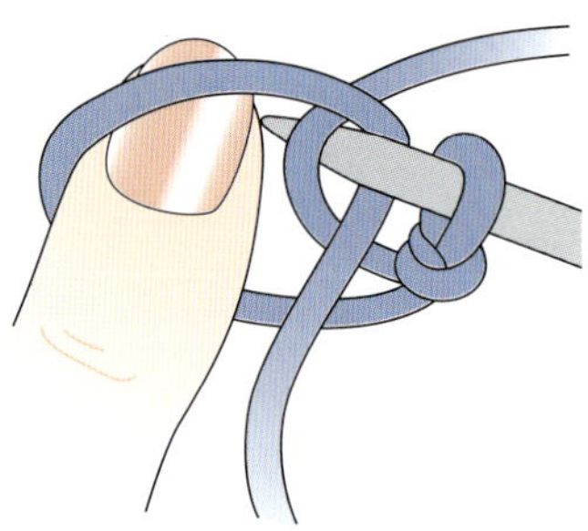

2 Enroulez l'extrémité libre du fil autour de la pointe de l'aiguille, de l'arrière vers l'avant. Écoulez la boucle hors du pouce en la passant par-dessus l'aiguille. Tirez sur le fil allant à la pelote afin de resserrer la maille autour de l'aiguille. Montez les mailles suivantes de la même manière.

RABATTRE LES MAILLES

Tricotez deux mailles. *Avec l'aiguille gauche, passez la première maille par-dessus la deuxième et écoulez-la hors de l'aiguille. Tricotez la maille suivante.* Répétez de * à * jusqu'à ce qu'il ne reste qu'une maille. Coupez le fil, passez-le dans la maille et tirez dessus pour la resserrer.

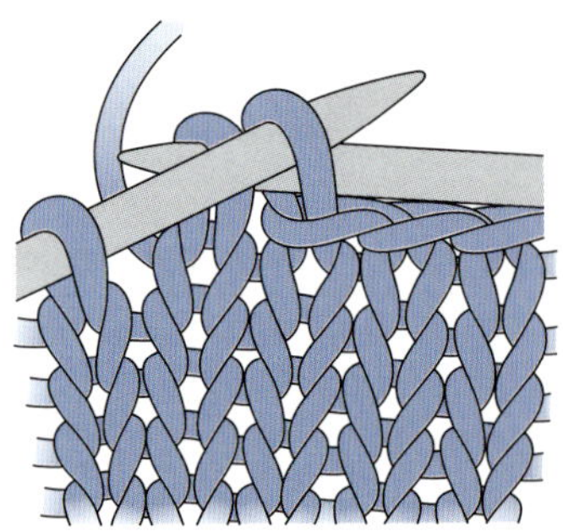

Pour une finition soignée, rabattez les mailles en les tricotant comme elles se présentent, à l'endroit ou à l'envers selon le point.

TRICOTER À L'ENDROIT

Tenez les aiguilles et le fil de la manière que vous trouvez la plus confortable. L'important est de maintenir une tension régulière du fil. Pour ce faire, vous devez le coincer légèrement entre l'index et le majeur, et l'enrouler éventuellement autour de l'auriculaire. Pour tricoter à l'endroit, le fil doit toujours être derrière l'ouvrage. (Croquis ci-contre.)

Maille endroit torse

À l'étape 1, piquez l'aiguille entre le brin avant et le brin arrière de la maille, de droite à gauche. Continuez comme pour une maille endroit ordinaire.

Maille glissée à l'endroit

Faites passer la maille de l'aiguille gauche à l'aiguille droite en la prenant comme pour la tricoter à l'endroit. Sauf indication contraire, le fil doit être derrière l'ouvrage.

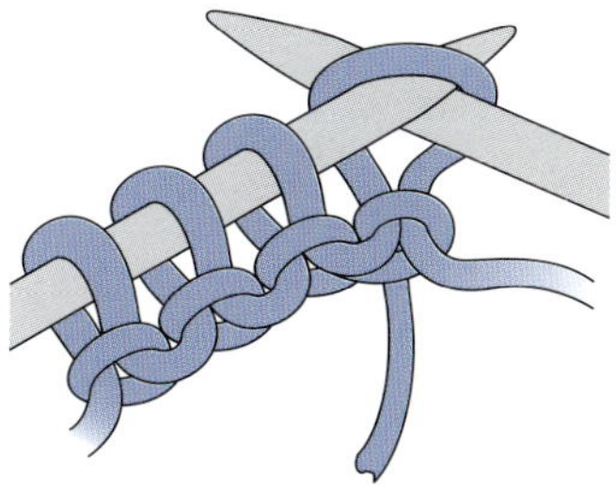

1 Piquez l'aiguille droite dans la maille, en passant de gauche à droite derrière le brin avant.

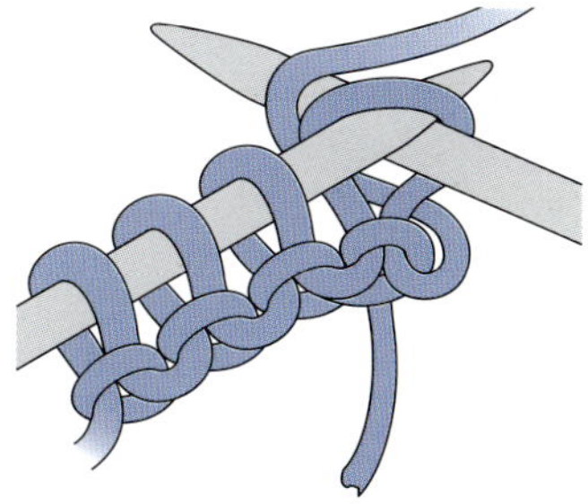

2 Enroulez le fil autour de l'aiguille droite, de l'arrière vers l'avant.

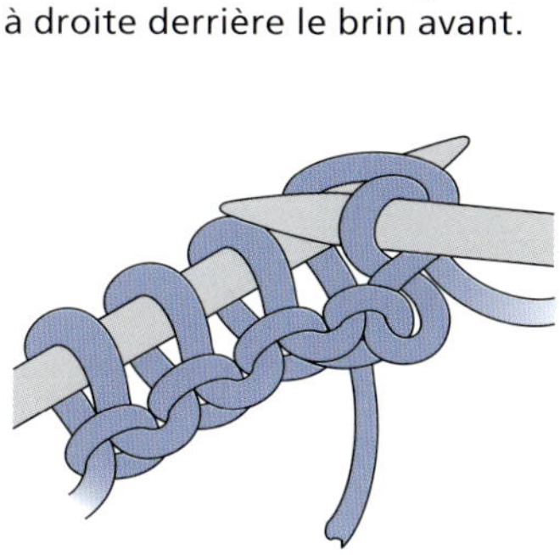

3 Ramenez la pointe de l'aiguille droite vers l'avant.

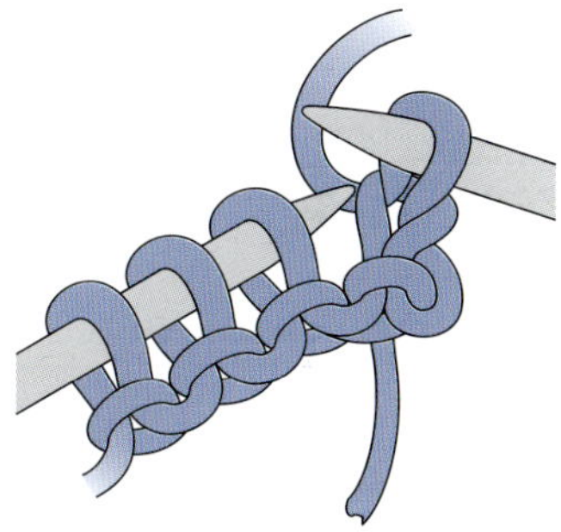

4 Écoulez la boucle de fil hors de l'aiguille gauche.

TRICOTER À L'ENVERS

Tenez les aiguilles et le fil de la même manière que pour tricoter à l'endroit, en veillant à la tension régulière du fil. Pour tricoter à l'envers, le fil doit toujours être devant l'ouvrage. (Croquis ci-contre.)

Maille envers torse

À l'étape 1, piquez l'aiguille entre le brin avant et le brin arrière de la maille, de gauche à droite, puis ramenez l'aiguille devant. Continuez comme pour une maille envers ordinaire.

Maille glissée à l'envers

Faites passer la maille de l'aiguille gauche à l'aiguille droite en la prenant comme pour la tricoter à l'envers. Sauf indication contraire, le fil doit être devant l'ouvrage.

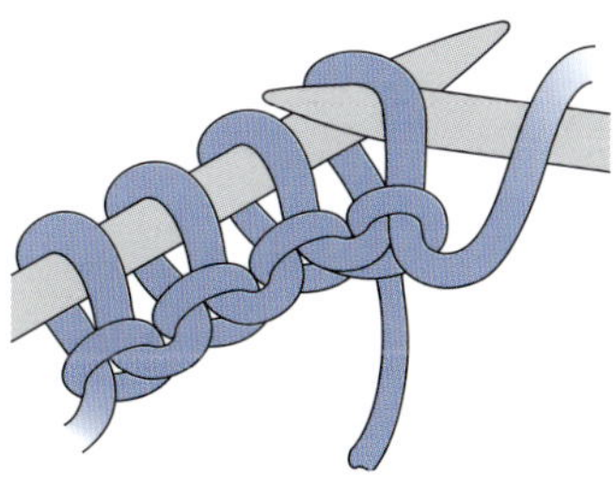

1 Piquez l'aiguille droite dans la maille, en passant de droite à gauche derrière le brin avant.

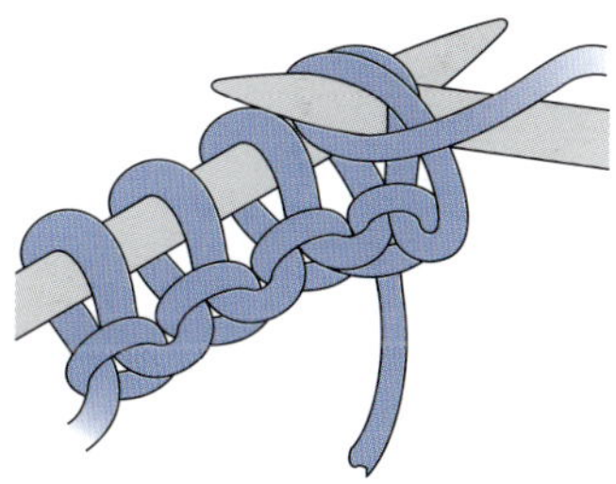

2 Enroulez le fil autour de l'aiguille droite dans le sens inverse des aiguilles d'une montre.

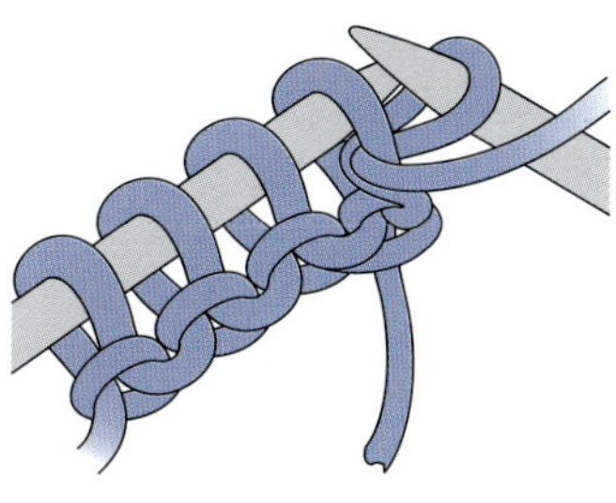

3 Passez la pointe de l'aiguille droite dans la boucle de l'aiguille gauche, de bas en haut.

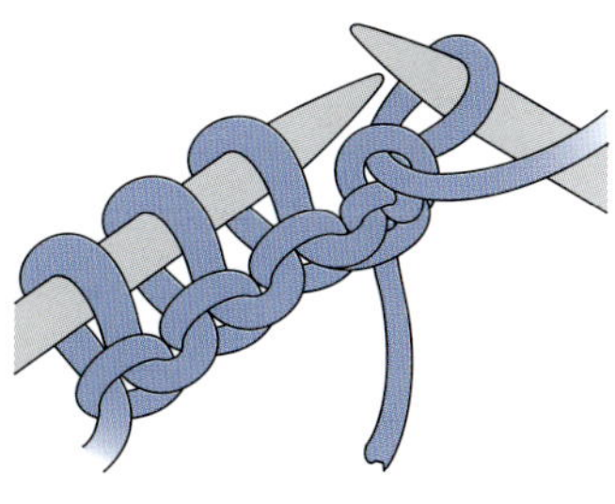

4 Écoulez la boucle de fil hors de l'aiguille gauche.

Techniques de base, suite

DIMINUTIONS

Elles permettent de réduire le nombre de mailles pour former, par exemple, les emmanchures et l'encolure. Elles entrent aussi dans la composition de certains points, en particulier dans celle des points ajourés.

Diminution simple à l'endroit inclinée à droite

Cette méthode consiste à tricoter deux mailles ensemble à l'endroit (2 m. ens. à l'end.).

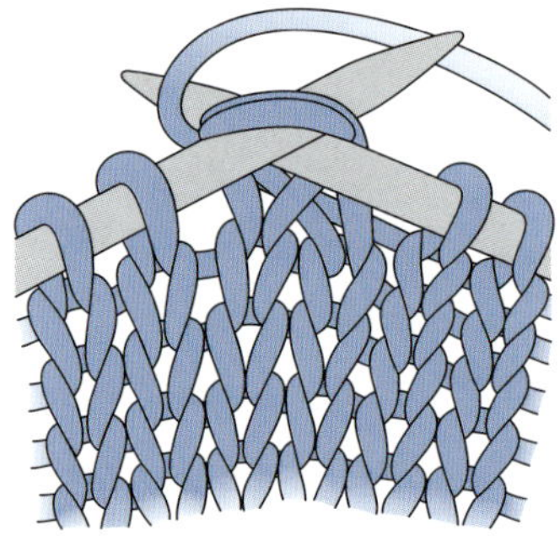

1 Piquez l'aiguille droite dans deux mailles, en passant de gauche à droite derrière leur brin avant. Enroulez le fil autour de l'aiguille droite.

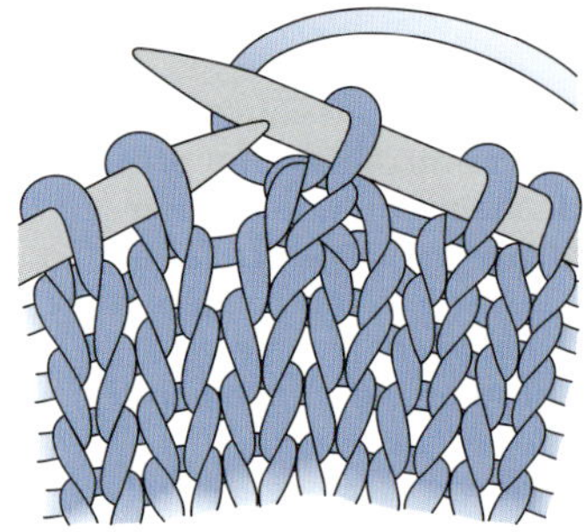

2 Ramenez la pointe de l'aiguille droite vers l'avant et écoulez les deux boucles de fil hors de l'aiguille gauche.

Diminution simple à l'endroit inclinée à gauche

On effectue un surjet simple (srjt sple), c'est-à-dire que l'on rabat une maille glissée par-dessus une maille tricotée.

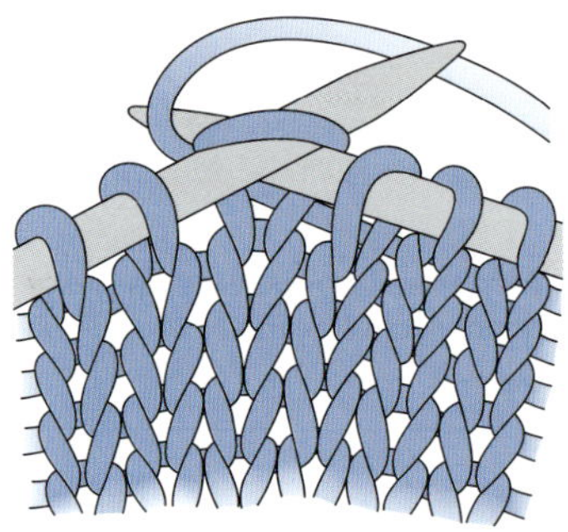

1 Glissez une maille à l'endroit (voir page 195). Tricotez la maille suivante à l'endroit.

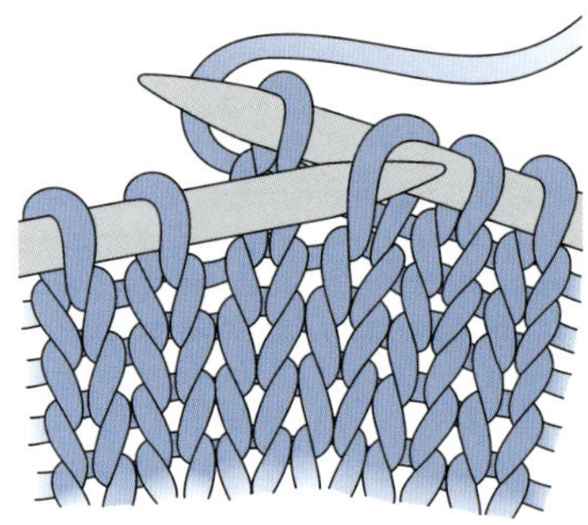

2 Avec l'aiguille gauche, passez la maille glissée par-dessus la maille tricotée et écoulez-la hors de l'aiguille droite.

Diminution double à l'endroit inclinée à gauche

Cette méthode consiste à tricoter un surjet double (srjt dble, croquis ci-contre). Pour obtenir un effet identique sur l'endroit en travaillant sur un rang envers, tricotez trois mailles ensemble à l'envers (3 m. ens. à l'env.) en les prenant par leur brin arrière.

Diminution double à l'endroit inclinée à droite

Tricotez trois mailles ensemble à l'endroit (3 m. ens. à l'end.).

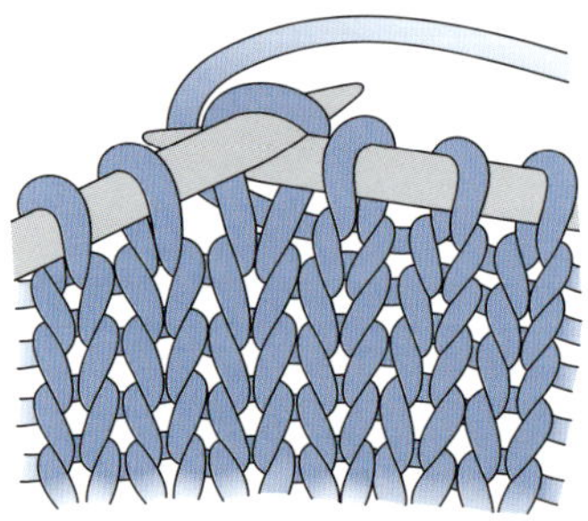

1 Glissez une maille à l'endroit (voir page 195).

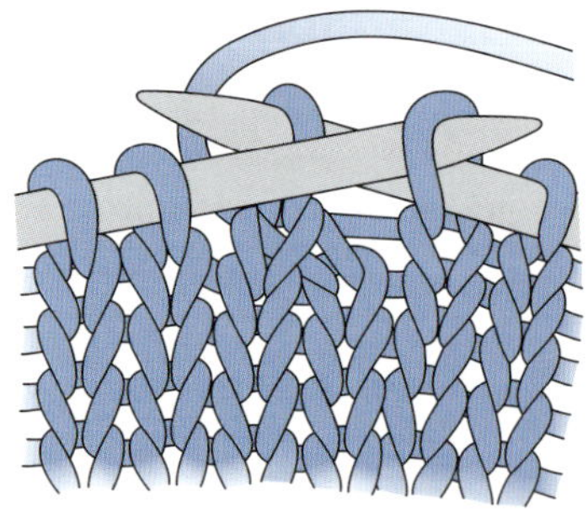

2 Tricotez les deux mailles suivantes ensemble à l'endroit. Avec l'aiguille gauche, passez la maille glissée par-dessus la maille obtenue et écoulez-la.

Diminution double à l'endroit centrée

Cette méthode (dim. dble à l'end. centrée) s'apparente à un surjet double, mais la maille du milieu demeure à la verticale.

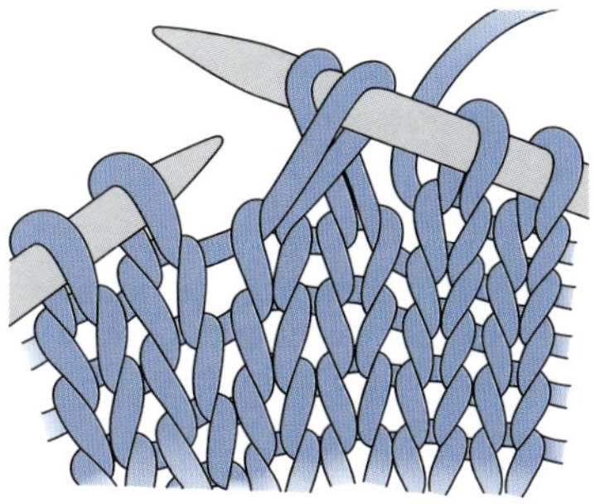

1 Prenez deux mailles comme pour les tricoter ensemble à l'endroit et glissez-les sur l'aiguille droite.

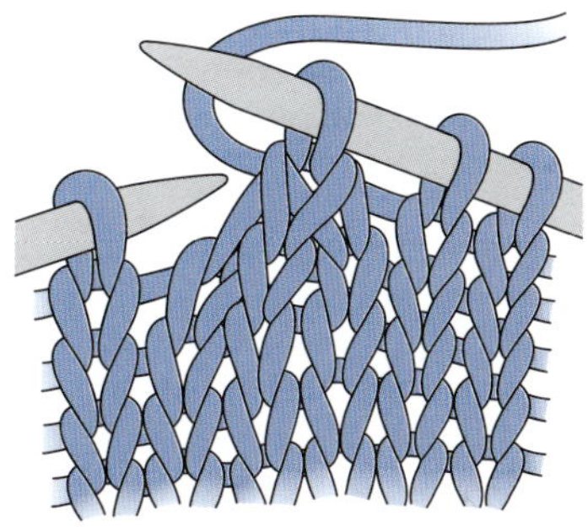

2 Tricotez la maille suivante à l'endroit. Avec l'aiguille gauche, passez les mailles glissées par-dessus la maille à l'endroit et écoulez-les.

TORSADES

Une torsade est un groupe de mailles croisées à intervalles réguliers. L'exemple ci-dessous montre le principe de base, qui est valable quel que soit le nombre de mailles et leur nature (endroit ou envers). Cette technique nécessite une aiguille auxiliaire, et parfois deux.

Torsade sur quatre mailles endroit

L'exemple illustre une torsade croisée à gauche (T4G). Pour obtenir une torsade croisée à droite (T4D), procédez de la même manière, mais en plaçant l'aiguille auxiliaire derrière l'ouvrage.

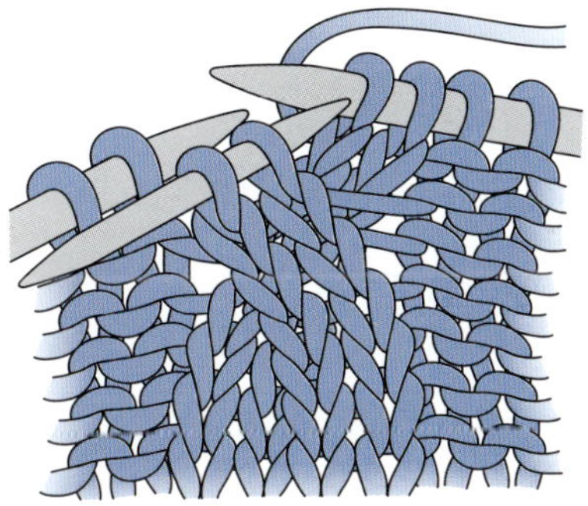

1 Glissez les deux premières mailles de l'aiguille gauche sur l'aiguille auxiliaire placée devant l'ouvrage. Tricotez à l'endroit les deux mailles suivantes de l'aiguille gauche.

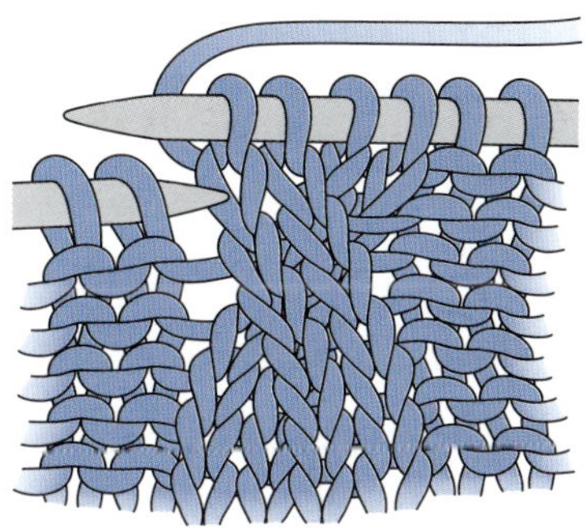

2 Tricotez à l'endroit les deux mailles de l'aiguille auxiliaire.

JETÉ

Dans les points fantaisie, un jeté sert à compenser une diminution pour retrouver le nombre de mailles de départ. Il est important que le jeté repose sur l'aiguille dans le même sens que les mailles. Il génère un jour sur le rang suivant, à moins de le tricoter en le tordant, comme pour une maille torse.

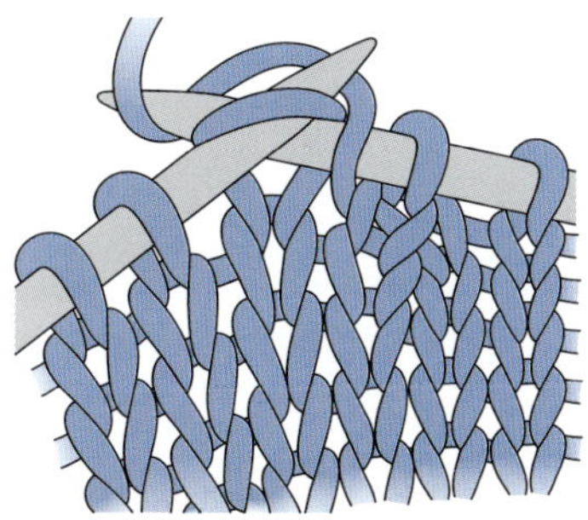

Entre deux mailles endroit

Amenez le fil devant comme pour tricoter à l'envers. Tricotez la maille suivante à l'endroit.

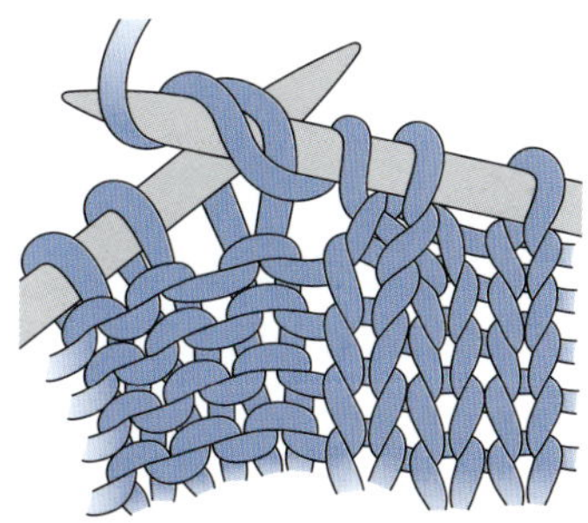

Entre une maille endroit et une maille envers

Enroulez le fil autour de l'aiguille droite de façon à le ramener devant. Tricotez la maille suivante à l'envers.

Techniques de base, suite

AUGMENTATIONS

Elles permettent de donner sa forme à l'ouvrage, mais participent aussi à de nombreux points. Dans les deux cas, il convient de veiller à leur inclinaison pour obtenir un résultat soigné.

Augmentation simple à l'endroit

Cette méthode (augm. sple à l'end.) génère un petit brin horizontal net et discret. Elle consiste à tricoter deux fois la même maille. Utilisez-la chaque fois que vous voulez augmenter sans que le point choisi ne préconise une autre technique.

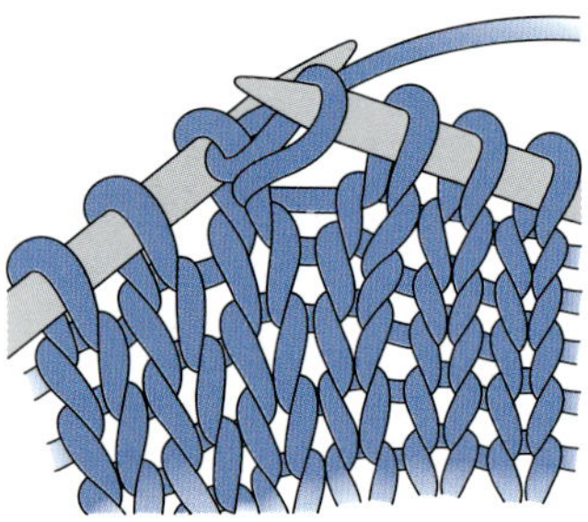

1 Tricotez une maille endroit, sans écouler la maille d'origine de l'aiguille gauche.

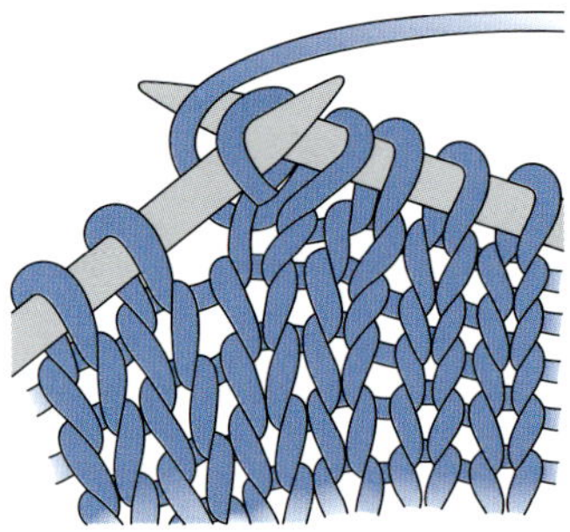

2 Tricotez à l'endroit la maille d'origine en la prenant par son brin arrière.

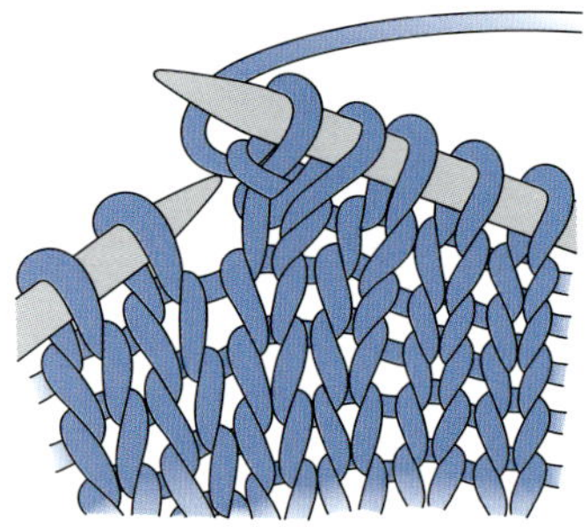

3 Écoulez la maille d'origine de l'aiguille gauche.

Augmentation simple à l'endroit inclinée à gauche

On effectue une augmentation intercalaire par devant (augm. inter. dev.).

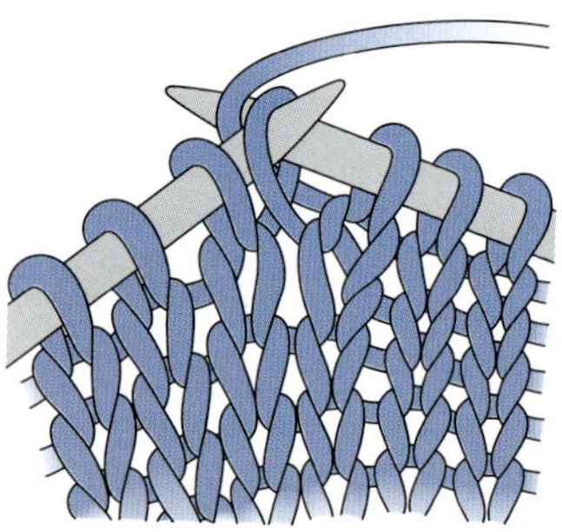

Piquez l'aiguille gauche sous le brin horizontal situé entre les deux aiguilles, de l'avant vers l'arrière. La boucle obtenue doit être orientée dans le même sens que les mailles. Tricotez-la à l'endroit par son brin arrière.

Augmentation simple à l'endroit inclinée à droite

On effectue une augmentation intercalaire par derrière (augm. inter. der.).

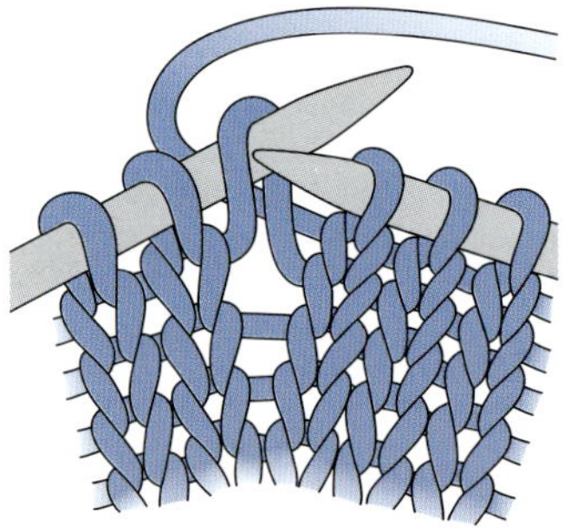

Piquez l'aiguille gauche sous le brin horizontal situé entre les deux aiguilles, de l'arrière vers l'avant. La boucle obtenue est orientée en sens inverse des mailles. Tricotez-la à l'endroit par son brin avant.

Augmentation double à l'endroit

Voici la méthode la plus simple pour augmenter de deux mailles (augm. dble à l'end.).

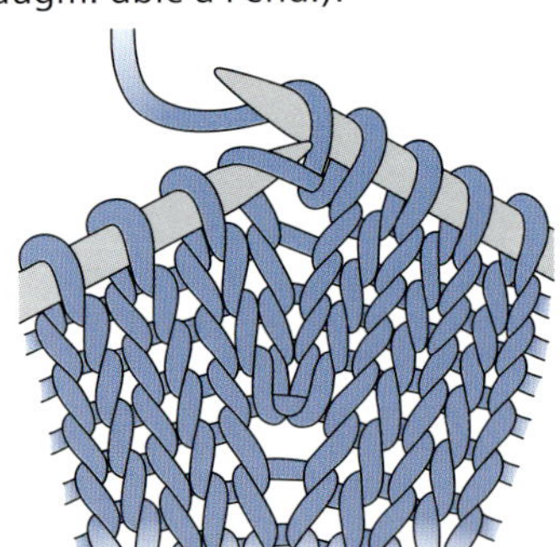

Tricotez une maille endroit sans écouler la maille d'origine de l'aiguille gauche. Amenez le fil devant entre les deux aiguilles, puis enroulez-le vers l'arrière autour de l'aiguille droite. Tricotez à l'endroit la maille d'origine et écoulez-la.

MAILLES CROISÉES

Cette technique consiste à croiser deux mailles sans utiliser d'aiguille auxiliaire. On peut ainsi obtenir aisément des effets de relief et décaler les mailles de façon à créer des motifs.

Deux mailles endroit croisées à gauche (2 CG)

On travaille sur l'endroit. La première maille passe sur la deuxième en s'inclinant à gauche.

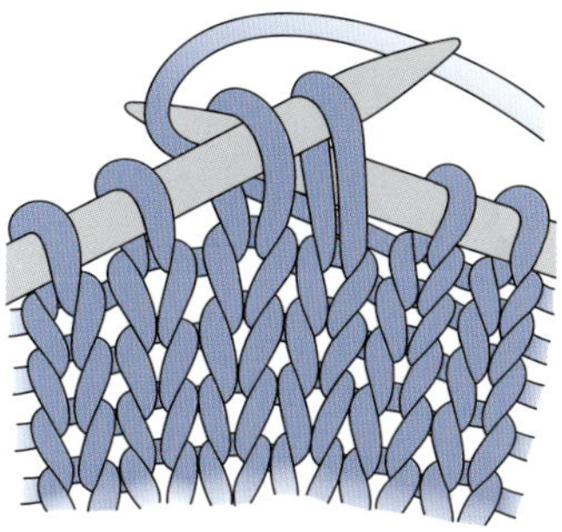

1 En passant derrière la première maille, tricotez la deuxième maille à l'endroit en la prenant par son brin arrière, sans l'écouler.

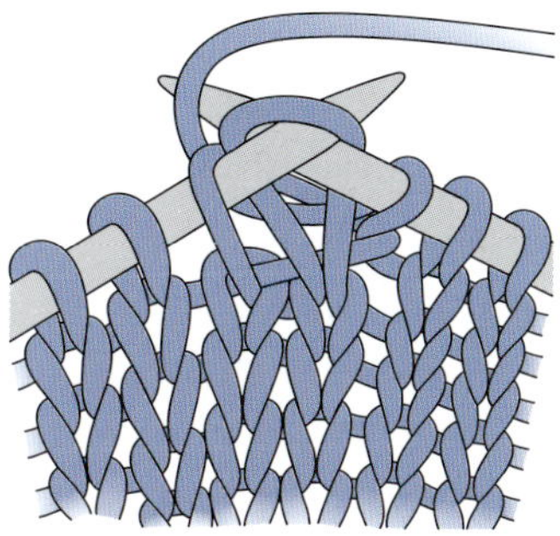

2 Tricotez la première maille à l'endroit sans l'écouler.

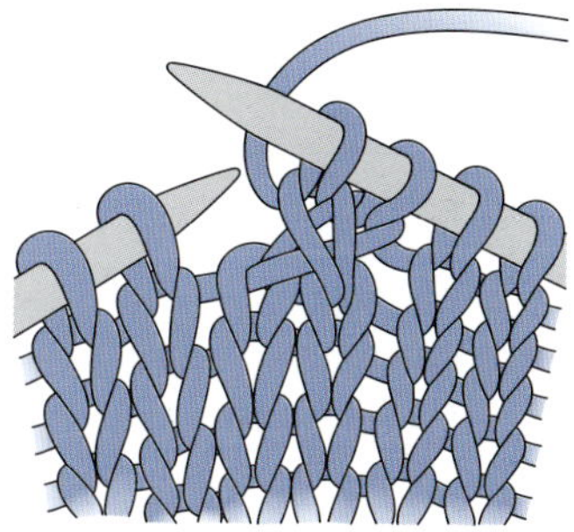

3 Écoulez les deux mailles de l'aiguille gauche.

Deux mailles endroit croisées à droite (2 CD)

On travaille sur l'endroit. La deuxième maille passe sur la première en s'inclinant à droite.

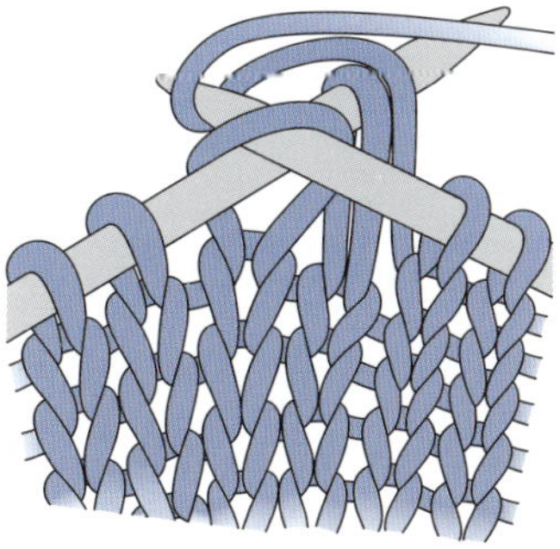

1 En passant devant la première maille, tricotez la deuxième maille à l'endroit sans l'écouler.

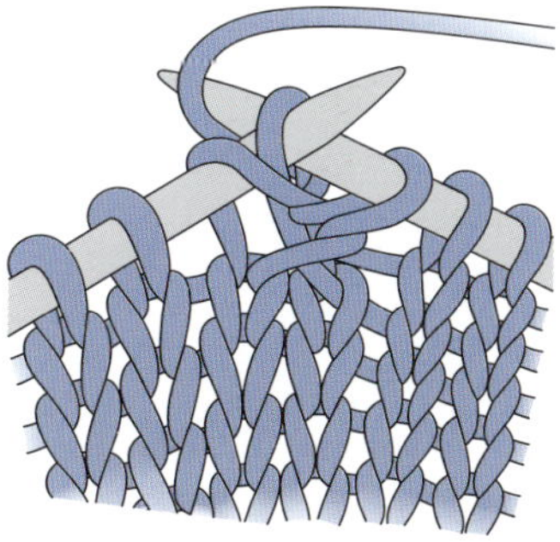

2 Tricotez la première maille à l'endroit en la prenant par son brin arrière, sans l'écouler.

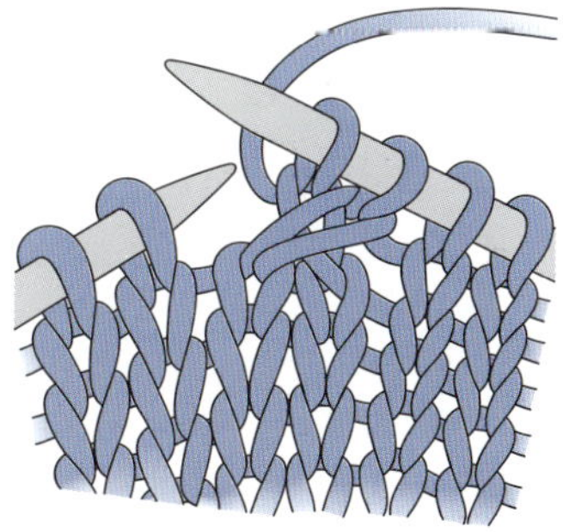

3 Écoulez les deux mailles de l'aiguille gauche.

Lecture des diagrammes

Un diagramme donne une description visuelle d'un point. Les symboles vous permettent d'avoir instantanément une vision schématique des motifs et des techniques mises en œuvre. Dès que l'on a compris le principe de lecture, les diagrammes s'avèrent plus simples et moins fastidieux à suivre que des explications, surtout dans le cas de points complexes comportant de nombreuses instructions répétitives.

SYMBOLES À DOUBLE LECTURE

Les points de ce livre étant destinés à être tricotés en rangs aller et retour, certains symboles se lisent différemment sur les rangs endroit et envers. Ainsi, une case vierge correspond à une maille endroit sur l'endroit, ou à une maille envers sur l'envers; une case avec un point noir correspond à une maille envers sur l'endroit, ou à une maille endroit sur l'envers.

SENS DE LECTURE

Chaque case du diagramme représente une maille, chaque rangée horizontale de cases représente un rang. Lisez le diagramme dans le sens de la progression du tricot, c'est-à-dire de bas en haut. Suivez les rangs endroit de droite à gauche, et les rangs envers de gauche à droite. Dans la grande majorité des cas, le premier rang est un rang endroit : les rangs endroit portent donc un nombre impair. Quand un point commence par un rang envers, les rangs impairs sont numérotés à gauche du diagramme. Lorsque vous avez terminé de tricoter la séquence de rangs, répétez-la à partir du premier rang ou à partir du rang spécifié.

Diagramme d'un point simple
Sur les rangs endroit, on alterne des mailles endroit et des mailles envers. Sur les rangs envers, toutes les mailles sont tricotées à l'envers.

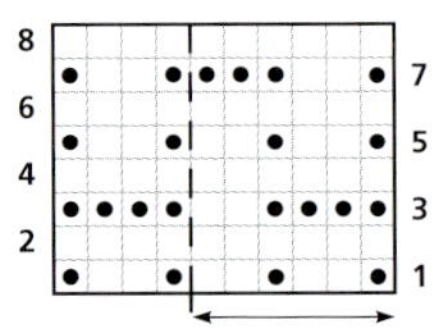

Sur un nombre de m. multiple de 6, + 4 m.

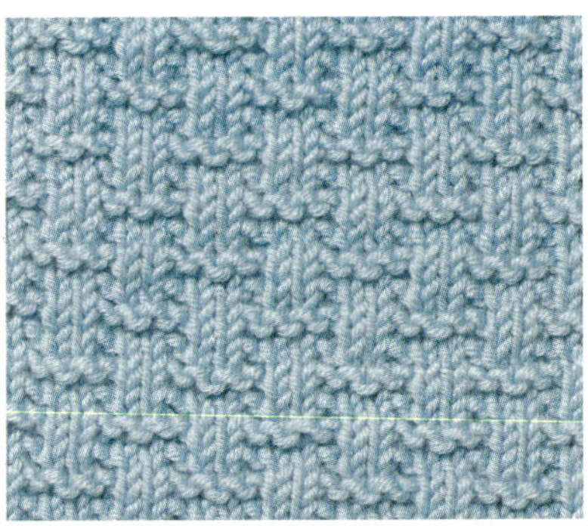

Lire les rangs dans le bon sens
Pour obtenir le point photographié, vous devez lire les rangs endroit (impairs) de droite à gauche, et les rangs envers (pairs) de gauche à droite.

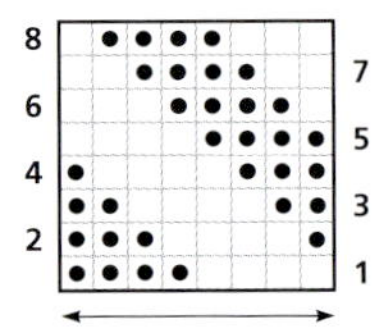

Sur un nombre de m. multiple de 8

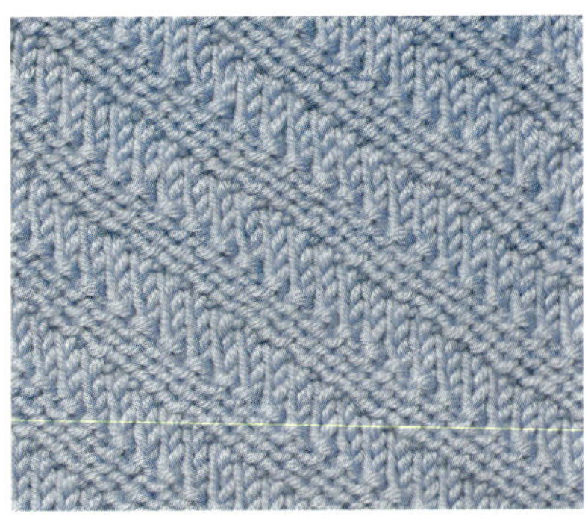

DÉCOUVRIR UN NOUVEAU POINT

Étudiez l'ensemble du diagramme avant de commencer à tricoter un nouveau point afin d'être sûr d'avoir compris la signification de chaque symbole. Lisez aussi avec attention les éventuelles notes. Les symboles de base sont récapitulés en bas de page. Quand un point fait appel à des symboles spéciaux, ils sont donnés en vis-à-vis du diagramme. Nota bene : il arrive qu'un symbole de base prenne une signification particulière et devienne un symbole spécial ; cela est alors indiqué dans une note.

Étudier le sens des symboles
Ce point comporte trois symboles : deux symboles de base expliqués en bas de page, un symbole spécial.

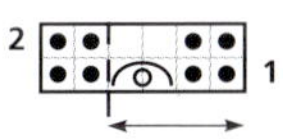

Sur un nombre de m. multiple de 4, + 2 m.

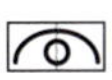 1 m. gl. à l'env. avec le fil der., 1 jeté, 1 m. end., rab. la m. gl. par-dessus le jeté et la m. end.

MAILLES VIRTUELLES

Certains diagrammes comportent des mailles « virtuelles », c'est-à-dire des mailles qui ont été supprimées lors des rangs précédents ou qui vont être ajoutées lors des rangs suivants. Ces cases sont grisées. Ne les prenez pas en compte quand vous montez les mailles ni quand vous lisez un rang. Ce procédé est systématiquement employé pour les points qui ne présentent pas le même nombre de mailles sur tous les rangs, mais aussi pour certains points à nombre de mailles constant.

Omettre les mailles virtuelles
Pour cet exemple (Point de mûre, page 25), les explications montrent que la séquence est de quatre mailles sur chaque rang. Les cases grisées donnent une bonne lisibilité du point.

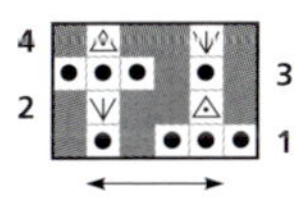

Sur un nombre de m. multiple de 4

DIAGRAMME SUPPLÉMENTAIRE

Il arrive qu'un diagramme supplémentaire soit nécessaire pour détailler une partie du point. Cette partie est encadrée sur le diagramme principal, avec une numérotation distincte des rangs concernés. La même numérotation est appliquée au diagramme supplémentaire.

Lire un diagramme supplémentaire
Pour ce point (Noisettes, page 117), le diagramme supplémentaire montre comment tricoter la maille centrale sur les sept rangs encadrés du diagramme principal.

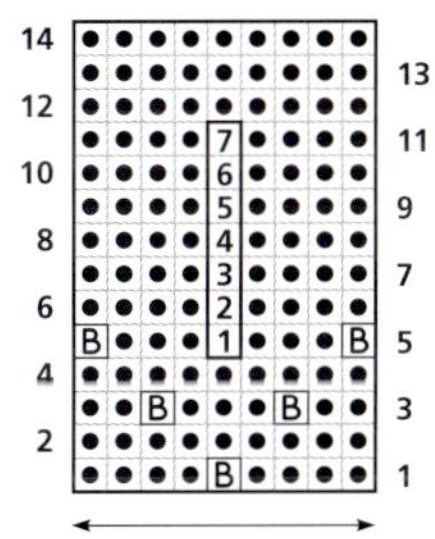

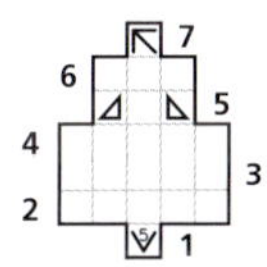

Panneau de 9 m. (le nombre de m. n'est pas le même sur tous les rgs)

Lecture des diagrammes, suite

SÉQUENCES DE MAILLES

Pour les panneaux et les motifs, le nombre de mailles précis est inscrit sous le diagramme. Pour tous les points constitués d'une séquence de mailles à répéter, vous trouverez sous le diagramme le nombre de mailles de la séquence (M), suivi du nombre des mailles à ajouter pour la symétrie (L). Au moment de tricoter votre échantillon, montez un nombre de mailles égal à : (M multiplié par 2 ou 3) + L. La séquence à répéter est indiquée par une flèche horizontale, bordée selon les cas par un ou deux pointillés verticaux. Si le fil est très fin, montez davantage de mailles selon le même principe.

Un seul pointillé vertical

Le pointillé est alors tracé sur le côté gauche du diagramme. Sur les rangs endroit, répétez la séquence jusqu'à ce qu'il ne reste plus que L mailles sur l'aiguille gauche, puis tricotez les mailles situées après le pointillé pour terminer le rang. Sur les rangs envers, tricotez une fois les mailles précédant le pointillé, puis répétez la séquence jusqu'à la fin du rang.

Deux pointillés verticaux

Sur l'endroit comme sur l'envers, tricotez une fois les mailles précédant le premier pointillé, répétez la séquence autant de fois que possible, puis tricotez les mailles situées après le second pointillé pour terminer le rang.

Tracés additionnels

Afin que vous compreniez mieux la structure d'un point au premier coup d'œil, des tracés soulignent certains éléments, par exemple le sens d'une bande de mailles croisées ou les bords d'une torsade. Ces tracés n'affectent pas la façon de tricoter les mailles.

SÉQUENCES DE RANGS

Répétez la séquence de rangs du diagramme jusqu'à obtenir la hauteur voulue. Dans les cas où la séquence ne doit pas être répétée intégralement, cela est indiqué dans une note.

Calculer le nombre de mailles à monter
Sur le diagramme ci-dessous, M = 6 et L = 1. Pour votre échantillon, montez (3 x 6) + 1 = 19 mailles.

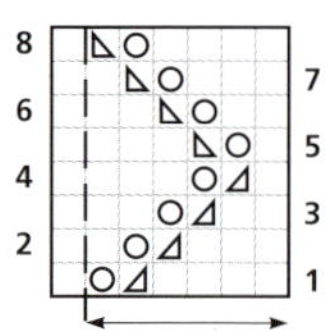

Sur un nombre de m. multiple de 6, + 1 m.

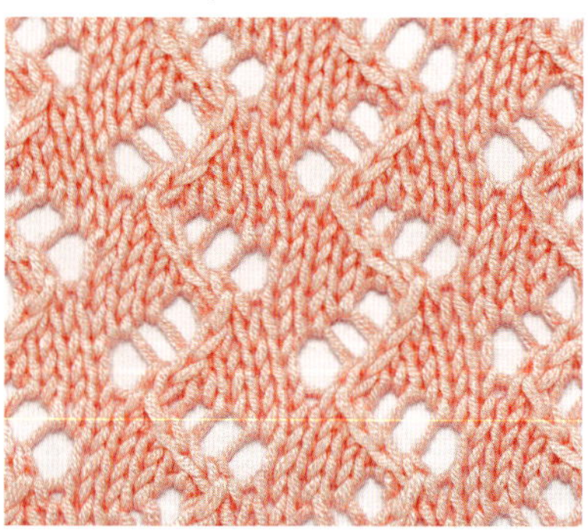

Lisières soignées
Les mailles (L) placées de part et d'autre de la séquence (M) assurent la symétrie des motifs. Notez que ces mailles ne sont pas réparties également à droite et à gauche.

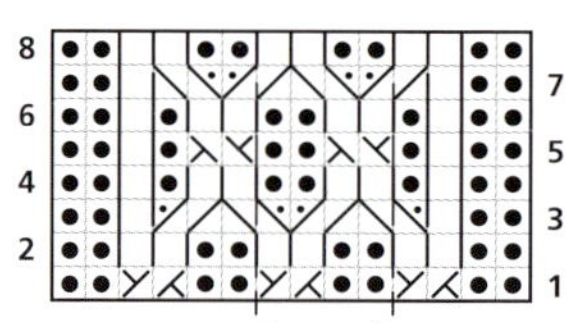

Sur un nombre de m. multiple de 4, + 10 m.

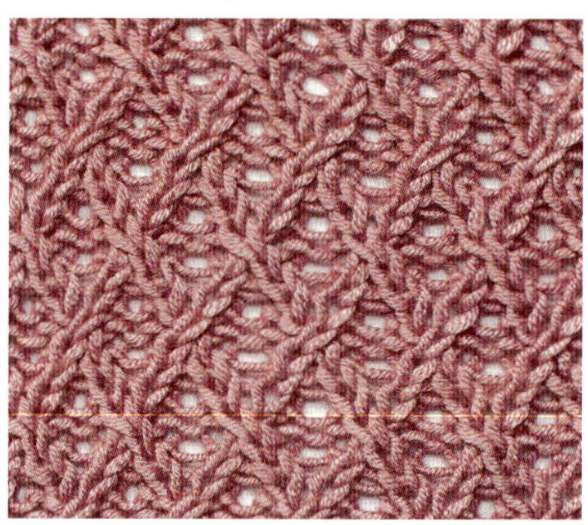

Comprendre la structure d'un point
Dans l'exemple ci-dessous, les lignes verticales qui encadrent les trois panneaux de torsades soulignent la structure du point et aident à suivre aisément le diagramme.

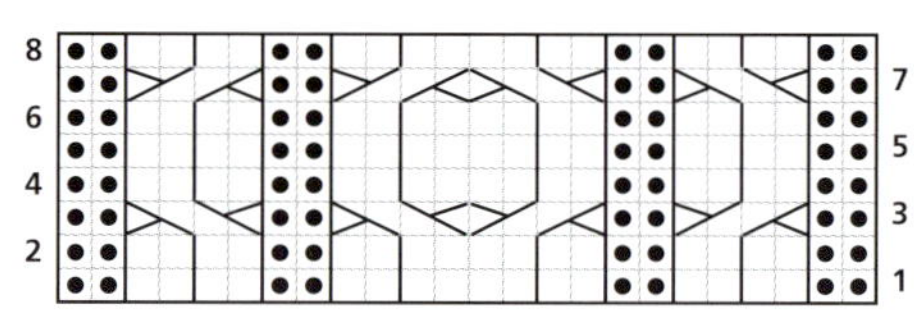

Torsade sur 4 m. **2 torsades sur 4 m. = 8 m.** **Torsade sur 4 m.**

MOTIFS EN COULEUR

Les diagrammes en couleur de ce livre doivent être tricotés en jersey endroit (tous les rangs endroit à l'endroit, tous les rangs envers à l'envers), en tricotant chaque maille dans la couleur indiquée. Il existe deux façons de procéder : le jacquard et les incrustations. Choisissez la mieux adaptée en fonction de la taille des motifs, en sachant que vous pouvez aussi combiner les deux. Dans les deux cas, vous devez croiser les fils sur l'envers à chaque changement de couleur.

Jacquard

Vous devez croiser sur l'envers les fils non utilisés au moins toutes les trois mailles.

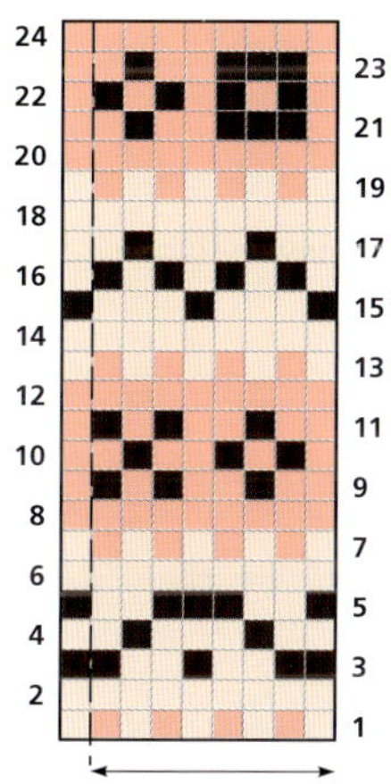

Sur un nombre de m. multiple de 8, +1 m.

Jacquard

On fait suivre sur l'envers tous les fils nécessaires, d'un bout à l'autre du rang, en les croisant à intervalles réguliers. Il s'agit de la meilleure méthode pour les frises de petits motifs répétitifs. Notez qu'elle accroît l'épaisseur de l'ouvrage.

Incrustation

Dans le cas d'un grand motif sur un fond uniforme, on utilise un fil distinct pour chaque zone de couleur.

Incrustation

Pour tricoter le motif ci-dessous, utilisez trois fils blancs (un pour la partie droite de l'ouvrage, un pour la partie gauche, un pour le centre) et deux fils bleu clair.

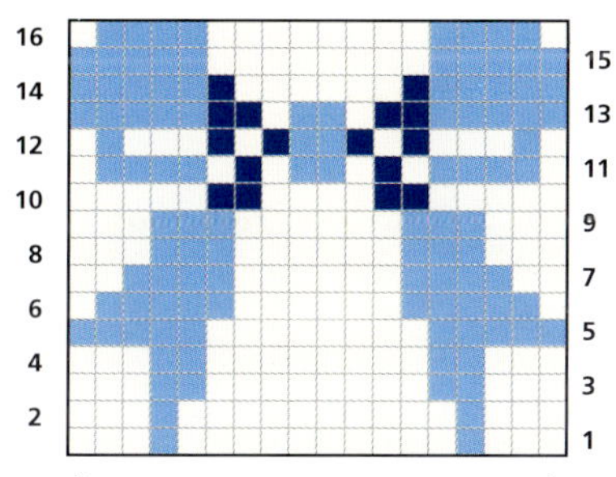

Motif sur 18 m.

Du 11e au 13e rang, il est plus simple de réaliser le nœud du centre en jacquard, c'est-à-dire en utilisant simultanément les trois couleurs.

ASTUCES

- Placez une feuille de papier sur le diagramme de façon à masquer la partie située au-dessus du rang que vous êtes en train de tricoter. Il est ainsi plus facile de vous repérer par rapport aux rangs déjà exécutés sans être perturbé par ceux à venir.
- Agrandissez le diagramme choisi à la photocopieuse afin de pouvoir le consulter aisément en toutes circonstances sans être encombré par le livre. Cela vous permet aussi de l'annoter sans salir l'original.
- Hachurez les rangs au fur et à mesure que vous les tricotez.
- Surlignez le sens des mailles croisées ou des torsades.
- Pour mieux comprendre la structure d'un point complexe, vous pouvez photocopier la séquence en plusieurs exemplaires et les coller bout à bout.

Abréviations et symboles

Cette double page récapitule les abréviations et symboles de base employés au fil des pages. Les abréviations et symboles spéciaux sont donnés au cas par cas à côté du diagramme du point concerné.

Abréviations

aig.	aiguille(s)
augm.	augmentation(s)
aux.	auxiliaire
dble(s)	double(s)
der.	derrière
dern.	dernier(s), dernière(s)
dev.	devant
dim.	diminution(s)
écoul.	écouler, écoulez
end.	endroit
enrl.	enroulée(s)
ens.	ensemble
env.	envers
gl.	glissée(s), glissez
inter.	intercalaire
m.	maille(s)
mont.	montez
préc.	précédent
rép.	répétez
rab.	rabattez
relev.	relevez
rest.	restante(s)
rg(s)	rang(s)
sple(s)	simple(s)
srjt(s)	surjet(s)
suiv.	suivant(s), suivante(s)
sup.	supérieur
term.	terminez
tric.	tricotez
virt.	virtuelle(s)

MAILLES CROISÉES

2 CD = 2 mailles endroit croisées à droite
Tric. la 2e m. à l'end. sans l'écoul., 1 m. end. dans le brin arrière de la 1re m. sans l'écoul., écoul. les 2 m.

2 CG = 2 mailles endroit croisées à gauche
1 m. end. dans le brin arrière de la 2e m. sans l'écoul., tric. la 1re m. à l'end. sans l'écoul., écoul. les 2 m.

1+1 CD = 1 maille endroit et 1 maille envers croisées à droite
Sur l'end. Sans les écoul. tric. à l'end. la 2e m., puis la 1re m. à l'env.; écoul. les 2 m.
Sur l'env. Tric. à l'end. la 2e maille sans l'écoul., 1 m. env. dans le brin arrière de la 1re m. sans l'écoul., écoul. les 2 m.

1+1 CG = 1 maille endroit et 1 maille envers croisées à gauche
1 m. env. dans le brin arrière de la 2e m. sans l'écoul., tric. la 1re m. à l'end. sans l'écoul., écoul. les 2 m.

TORSADES

T2D = torsade à droite sur 2 mailles endroit
Gl. 1 m. sur l'aig. aux. der., 1 m. end., tric. à l'end. la m. de l'aig. aux.

T2G = torsade à gauche sur 2 mailles endroit
Gl. 1 m. sur l'aig. aux. dev., 1 m. end., tric. à l'end. la m. de l'aig. aux.

T1+1D = torsade à droite sur 1 maille endroit et 1 maille envers
Gl. 1 m. sur l'aig. aux. der., 1 m. end., tric. à l'env. la m. de l'aig. aux.

T1+1G = torsade à gauche sur 1 maille endroit et 1 maille envers
Gl. 1 m. sur l'aig. aux. dev., 1 m. env., tric. à l'end. la m. de l'aig. aux.

T3D = torsade à droite sur 3 mailles endroit
Gl. 1 m. sur l'aig. aux. der., 2 m. end., tric. à l'end. la m. de l'aig. aux.

T3G = torsade à gauche sur 3 mailles endroit
Gl. 2 m. sur l'aig. aux. dev., 1 m. end., tric. à l'end. les 2 m. de l'aig. aux.

T2+1D = torsade à droite sur 2 mailles endroit et 1 maille envers
Gl. 1 m. sur l'aig. aux. der., 2 m. end., tric. à l'env. la m. de l'aig. aux.

T2+1G = torsade à gauche sur 2 mailles endroit et 1 maille envers
Gl. 2 m. sur l'aig. aux. dev., 1 m. env., tric. à l'end. les 2 m. de l'aig. aux.

T4D = torsade à droite sur 4 mailles endroit
Gl. 2 m. sur l'aig. aux. der., 2 m. end., tric. à l'end. les 2 m. de l'aig. aux.

T4G = torsade à gauche sur 4 mailles endroit
Gl. 2 m. sur l'aig. aux dev., 2 m. end., tric. à l'end. les 2 m. de l'aig. aux.

T2+2D = torsade à droite sur 2 mailles endroit et 2 mailles envers
Gl. 2 m. sur l'aig. aux. der., 2 m. end., tric. à l'env. les 2 m. de l'aig. aux.

T2+2G = torsade à gauche sur 2 mailles endroit et 2 mailles envers
Gl. 2 m. sur l'aig. aux. dev., 2 m. env., tric. à l'end. les 2 m. de l'aig. aux.

T3+2D = torsade à droite sur 3 mailles endroit et 2 mailles envers
Gl. 2 m. sur l'aig. aux. der., 3 m. end., tric. à l'env. les 2 m. de l'aig. aux.

T3+2G = torsade à gauche sur 3 mailles endroit et 2 mailles envers
Gl. 3 m. sur l'aig. aux. dev., 2 m. env., tric. à l'end. les 3 m. de l'aig. aux.

T6D = torsade à droite sur 6 mailles endroit
Gl. 3 m. sur l'aig. aux. der., 3 m. end., tric. à l'end. les 3 m. de l'aig. aux.

T6G = torsade à gauche sur 6 mailles endroit
Gl. 3 m. sur l'aig. aux. dev., 3 m. end., tric. à l'end. les 3 m. de l'aig. aux.

T3+3D = torsade à droite sur 3 mailles endroit et 3 mailles envers
Gl. 3 m. sur l'aig. aux. der., 3 m. end., tric. à l'env. les 3 m. de l'aig. aux.

T3+3G = torsade à gauche sur 3 mailles endroit et 3 mailles envers
Gl. 3 m. sur l'aig. aux. dev., 3 m. env., tric. à l'end. les 3 m. de l'aig. aux.

Symboles

- m. end. sur l'end.; m. env. sur l'env.
- m. env. sur l'end.; m. end. sur l'env.
- m. end. torse sur l'end.; m. env. torse sur l'env. *(page 195)*
- 2 m. ens. à l'end. *(page 196)*
- srjt sple à l'end. *(page 196)*
- 2 m. ens. à l'env.
- dim. dble à l'end. centrée *(page 197)*
- 3 m. ens. à l'end.
- srjt dble à l'end. *(page 196)*
- augm. inter. dev. à l'end. *(page 198)*
- augm. inter. dev. à l'env. *(page 198)*
- augm. inter. der. à l'end. *(page 198)*
- jeté *(page 197)*
- m. virt. *(page 201)*
- augm. sple à l'end. *(page 198)*
- augm. sple à l'env.
- 2 CD (m. croisées) ou T2D (torsades)
- 2 CG (m. croisées) ou T2G (torsades)
- 1+1 CD (m. croisées) ou T1+1D (torsades)
- 1+1 CG (m. croisées) ou T1+1G (torsades)
- T3D
- T3G
- T2+1D
- T2+1G
- T4D
- T4G
- T2+2D
- T2+2G
- T3+2D
- T3+2G
- T6D
- T6G
- T3+3D
- T3+3G

Index

Abréviations et symboles

aig.	aiguille(s)
augm.	augmentation(s)
aux.	auxiliaire
dble(s)	double(s)
der.	derrière
dern.	dernier(s), dernière(s)
dev.	devant
dim.	diminution(s)
écoul.	écouler, écoulez
end.	endroit
enrl.	enroulée(s)
ens.	ensemble
env.	envers
gl.	glissée(s), glissez
inter.	intercalaire
m.	maille(s)
mont.	montez
préc.	précédent
rép.	répétez
rab.	rabattez
relev.	relevez
rest.	restante(s)
rg(s)	rang(s)
sple(s)	simple(s)
srjt(s)	surjet(s)
suiv.	suivant(s), suivante(s)
sup.	supérieur
term.	terminez
tric.	tricotez
virt.	virtuelle(s)

m. end. sur l'end.; m. env. sur l'env.

m. env. sur l'end.; m. end. sur l'env.

m. end. torse sur l'end.; m. env. torse sur l'env. *(page 195)*

2 m. ens. à l'end. *(page 196)*

srjt sple à l'end. *(page 196)*

2 m. ens. à l'env.

dim. dble à l'end. centrée *(page 197)*

3 m. ens. à l'end.

srjt dble à l'end. *(page 196)*

augm. inter. dev. à l'end. *(page 198)*

augm. inter. dev. à l'env. *(page 198)*

augm. inter. der. à l'end. *(page 198)*

jeté *(page 197)*

m. virt. *(page 201)*

augm. sple à l'end. *(page 198)*

augm. sple à l'env.

MAILLES CROISÉES

2 CD = 2 mailles endroit croisées à droite. Tric. la 2e m. à l'end. sans l'écoul., 1 m. end. dans le brin arrière de la 1re m. sans l'écoul., écoul. les 2 m.

2 CG = 2 mailles endroit croisées à gauche. 1 m. end. dans le brin arrière de la 2e m. sans l'écoul., tric. la 1re m. à l'end. sans l'écoul., écoul. les 2 m.

1+1 CD = 1 maille endroit et 1 maille envers croisées à droite.
Sur l'end. Sans les écoul. tric. à l'end. la 2e m., puis la 1re m. à l'env.; écoul. les 2 m.
Sur l'env. Tric. à l'end. la 2e maille sans l'écoul., 1 m. env. dans le brin arrière de la 1re m. sans l'écoul., écoul. les 2 m.

1+1 CG = 1 maille endroit et 1 maille envers croisées à gauche. 1 m. env. dans le brin arrière de la 2e m. sans l'écoul., tric. la 1re m. à l'end. sans l'écoul., écoul. les 2 m.

TORSADES

T2D = torsade à droite sur 2 mailles endroit. Gl. 1 m. sur l'aig. aux. der., 1 m. end., tric. à l'end. la m. de l'aig. aux.

T2G = torsade à gauche sur 2 mailles endroit. Gl. 1 m. sur l'aig. aux. dev., 1 m. end., tric. à l'end. la m. de l'aig. aux.

T1+1D = torsade à droite sur 1 maille endroit et 1 maille envers. Gl. 1 m. sur l'aig. aux. der., 1 m. end., tric. à l'env. la m. de l'aig. aux.

T1+1G = torsade à gauche sur 1 maille endroit et 1 maille envers. Gl. 1 m. sur l'aig. aux. dev., 1 m. env., tric. à l'end. la m. de l'aig. aux.

T3D = torsade à droite sur 3 mailles endroit. Gl. 1 m. sur l'aig. aux. der., 2 m. end., tric. à l'end. la m. de l'aig. aux.

T3G = torsade à gauche sur 3 mailles endroit. Gl. 2 m. sur l'aig. aux. dev., 1 m. end., tric. à l'end. les 2 m. de l'aig. aux.

T2+1D = torsade à droite sur 2 mailles endroit et 1 maille envers. Gl. 1 m. sur l'aig. aux. der., 2 m. end., tric. à l'env. la m. de l'aig. aux.

T2+1G = torsade à gauche sur 2 mailles endroit et 1 maille envers. Gl. 2 m. sur l'aig. aux. dev., 1 m. env., tric. à l'end. les 2 m. de l'aig. aux.

T4D = torsade à droite sur 4 mailles endroit. Gl. 2 m. sur l'aig. aux. der., 2 m. end., tric. à l'end. les 2 m. de l'aig. aux.

T4G = torsade à gauche sur 4 mailles endroit. Gl. 2 m. sur l'aig. aux dev., 2 m. end., tric. à l'end. les 2 m. de l'aig. aux.

T2+2D = torsade à droite sur 2 mailles endroit et 2 mailles envers. Gl. 2 m. sur l'aig. aux. der., 2 m. end., tric. à l'env. les 2 m. de l'aig. aux.

T2+2G = torsade à gauche sur 2 mailles endroit et 2 mailles envers. Gl. 2 m. sur l'aig. aux. dev., 2 m. env., tric. à l'end. les 2 m. de l'aig. aux.

T3+2D = torsade à droite sur 3 mailles endroit et 2 mailles envers.
Gl. 2 m. sur l'aig. aux. der., 3 m. end., tric. à l'env. les 2 m. de l'aig. aux.

T3+2G = torsade à gauche sur 3 mailles endroit et 2 mailles envers.
Gl. 3 m. sur l'aig. aux. dev., 2 m. env., tric. à l'end. les 3 m. de l'aig. aux.

T6D = torsade à droite sur 6 mailles endroit. Gl. 3 m. sur l'aig. aux. der., 3 m. end., tric. à l'end. les 3 m. de l'aig. aux.

T6G = torsade à gauche sur 6 mailles endroit. Gl. 3 m. sur l'aig. aux. dev., 3 m. end., tric. à l'end. les 3 m. de l'aig. aux.

T3+3D = torsade à droite sur 3 mailles endroit et 3 mailles envers.
Gl. 3 m. sur l'aig. aux. der., 3 m. end., tric. à l'env. les 3 m. de l'aig. aux.

T3+3G = torsade à gauche sur 3 mailles endroit et 3 mailles envers.
Gl. 3 m. sur l'aig. aux. dev., 3 m. env., tric. à l'end. les 3 m. de l'aig. aux.

Aux éditions Fleurus

SAVOIR CRÉER

Créa-passion
Créations en tricotin géant
Macramé mode

De fil en aiguille
L'encyclopédie du tricot
Le guide Fleurus du tricot
Le tricot, c'est facile !
Tout chauds, tout beaux !
Hot dogs !
Chouette, des chaussettes chaudes !
300 points de tricot
Animaux tricotés
Tricoter en attendant Bébé
Tricots pour petites filles

Le guide Fleurus du crochet
Le crochet, c'est facile !

100 fleurs au tricot et au crochet
75 motifs nature au tricot et au crochet
75 poissons et coquillages au tricot et au crochet
Petits animaux et personnages au crochet

La couture pratique
Couture pour la maison
Vêtements de poupées mannequins
Couture simple pour enfants sages
Couture créative pour enfants espiègles
Appliqué, jeux de motifs et de couleurs
Couture rapide

Tendance Sacs
Tendance Vintage
Mes sacs et moi

Fleurs au point de croix
Souvenirs d'enfance au point de croix
Douceurs et gourmandises au point de croix
Mode d'hier et d'aujourd'hui au point de croix

IDÉES-JEUX
Le tricotin, j'adore !

MA MALLE À...
Ma malle à tricotin
Ma malle à scoubidous

MES CRÉATIONS
Bracelets brésiliens
Perles de rocaille
Tricotin
Scoubidous
Premiers tricots

TROIS PETITS POINTS
Ma vie à broder
Ma vraie nature
Trop chou !

Remerciements

Un remerciement spécial à Susan Horan et Luise Roberts pour leur contribution à ce livre. Merci aussi à Brown Sheep Company, Inc., à Debbie Bliss et à Sublime Yarns.

En mémoire de Melody Griffiths

Cet ouvrage est dédié à la mémoire de Melody Griffiths, qui est décédée durant les dernières étapes de la publication. Melody était une auteure et une styliste exceptionnelle, une grande professionnelle et, par-dessus tout, une amie merveilleuse. Elle nous manque beaucoup.